망고와 수류탄
생활사 이론

MANGO TO SHURYUDAN : SEIKATSUSHI NO RIRON
by Masahiko Kishi
All rights reserved.
Original Japanese edition published by Keiso Shobo Publishing Co., Ltd.
Korean translation copyright © 2021 by Secondthesis
This Korean edition published by arrangement with Keiso Shobo Publishing Co., Ltd. Tokyo,
through HonnoKizuna, Inc., Tokyo, and BC Agency.

망고와 수류탄 - 생활사 이론

지은이 기시 마사히코
옮긴이 정세경

1판 1쇄 발행 2021년 1월 5일
　5쇄 발행 2025년 7월 14일

펴낸곳 두번째테제
펴낸이 장원
등록 2017년 3월 2일 제2017-000034호
주소 (13290) 경기도 성남시 수정구 수정북로 92, 태평동락커뮤니티 301호
전화 031-754-8804
팩스 0303-3441-7392
전자우편 secondthesis@gmail.com
홈페이지 secondthesis.com
블로그 blog.naver.com/secondthesis

ISBN 979-11-90186-09-4 (03330)

이 도서의 국립중앙도서관 출판예정도서목록(CIP)은
서지정보유통지원시스템 홈페이지(http://seoji.nl.go.kr)와
국가자료공동목록시스템(http://www.nl.go.kr/kolisnte)에서
이용하실 수 있습니다(CIP 제어번호: CIP 2020051910).

이 책의 한국어판 저작권은 BC 에이전시를 통해 저작권자와 독점 계약을 맺은 두번째테제
에게 있습니다. 저작권법에 의해 한국 내에서 보호를 받는 저작물이므로
무단 전재와 복제를 금합니다.

책값은 뒤표지에 있습니다. 잘못된 책은 바꾸어 드립니다.

* 이 책의 본문에는 MAPO꽃섬체를 사용했습니다.

생활사 이론

기시 마사히코 지음

망고와 수류탄

정세경 옮김

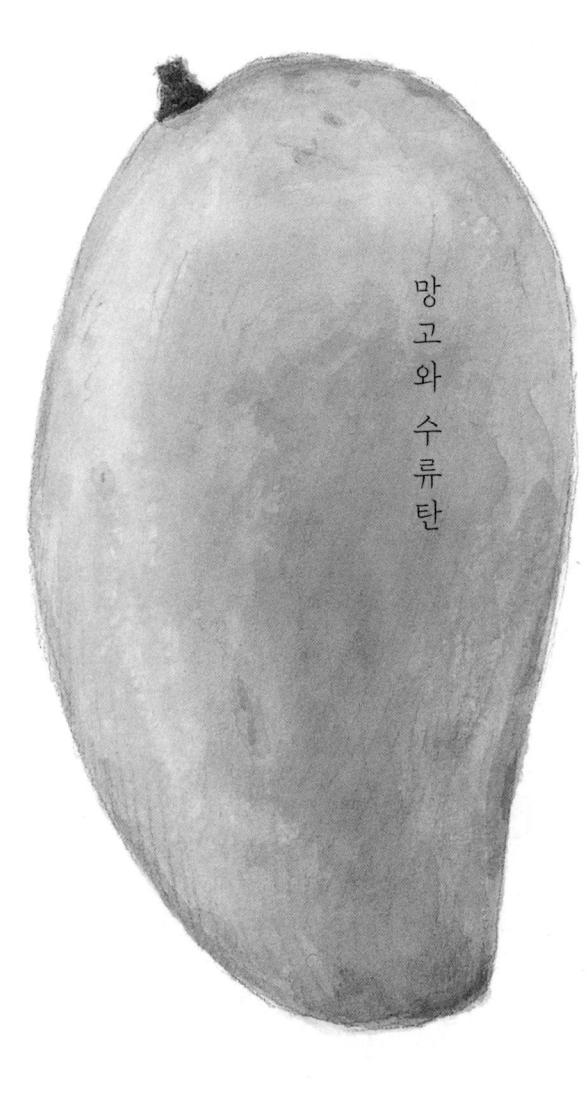

한국 독자들에게

이야기란 무엇일까요? 우리들은 개인의 이야기로부터 사회와 역사를 상상하고 고찰할 수 있을까요?

이 책은 《단편적인 것의 사회학》, 《보통의 행복》, 《거리의 인생》, 《처음 만난 오키나와》에 이어 한국어로 번역되는 저의 다섯 번째 책입니다. 이렇게 많은 책이 일본의 가장 중요한 이웃나라 한국에서 출판되어 진심으로 놀랍고 기쁩니다.

저에 대해 잘 모르시는 독자 분들을 위해 간단히 자기소개를 하겠습니다. 저는 사회학자이고 동시에 작가이기도 합니다. 주로 오키나와를 대상으로 현장조사 및 연구를 하고 있습니다.

오키나와는 일본 내에서도 '특별'한 장소입니다. 그곳은 최근까지 일본과는 완전히 다른 별개의 왕국이었습니다. 일본이 이곳을 무력으로 침략하여 일본의 일부로 삼은 것입니다. 하지만 오키나와는 자신들만의 문화와 언어, 정체성을 계속 지켜 왔습니다. 동시에 아열대에 위치한 오키나와는 세계 유수의 아름다운 바다 그리고 독자적 문화와 음악, 요리로 일본에서도 가장 인기 있는 관광지이기도 합니다.

1945년, 제2차 세계대전 말기에 이곳 오키나와는 미군과 일본군의 처참한 지상전의 무대가 되었고 오키나와에 살던 수많은 일반 시민이 희생되었습니다. 아시아와 태평양의 여러 나라들을 침략하고, 오키나와와 히로시마 그리고 나가사키를 비롯한 곳에서 자국민을 대량으로 희생시킨 일본은 전쟁에서 패했습니다. 그 후 오키나와에는 류큐 정부라는 '식민지 자치 정부'가 세워져, 1972년까지 미군의 점령을 받게 됩니다. 일본에 복귀하고 나서도 방대한 미군 기지는 아직도 남아 있으며, 오키나와는 경제적 어려움이라는 큰 문제를 겪고 있습니다.

저희 일본인들은 기지와 빈곤을 오키나와에 강제한 채로 그리고 그때의 지상전에 대한 책임을 아무도 지지 않은 채로 세계에서 가장 아름다운 바다와 독자적인 전통문화, 그리고 요리를 즐기고 있는 것입니다.

저는 25년 정도 오키나와를 다니며 현지 일반인들의 '생활사'를 조금씩 청취조사하고 있습니다. 그리고 이를 몇 개의 책과 논문으로 펴냈습니다. 이름도 없는 거리를 걸으며 만난 한 명, 한 명의 성장 과정과 인생 이야기를 곰곰이 듣는 것. 이것이 조사와 연구를 하는 저의 방법입니다. 그런데 이런 개인의 이야기를 통해 사회를 생각하는 사회학이라고 하는 것이 원래부터 가능한 것일까요? 사회라고 하는 것은 더 거대하고 방대하며 규모가 큰 설문조사와 난해한 이론으로써만 이해하고 분석할 수 있는 것 아닌가요?

개인의 이야기를 듣는다는 것은 무엇일까요? 개인의 이야기로 사회라는 것을 어떻게 알 수 있을까요?

우선 사회학에는 대규모 양적조사로 거대 구조와 역사를 분석하는 방법이 있습니다. 이 방법에서 조사 대상이 되는 표본은 편차를 가능한 한 제거한 '대표성'이 있는 것이어야 합니다. 그렇지 않으면 모집단에 대해 추측할 수 없기 때문입니다. 하지만 우리들이 손에 든 것은 사회의 대표도 전형도 아닌, 각자 개성적이고 다양하고 복잡한, '우연히 만난 개인'의 이야기입니다.

이로부터 양적조사와는 다르면서도 사회 전체에 대해 이해하기를 그만두고 단지 어떤 개인의 이야기에 초점을 맞춘 방법이 생겨났습니다. 하지만 새로 생겨난 방법에는 그 나름의 문제가 있습니다. 이 방법은 개인의 이야기에서 밖으로 나와 거대한 사회구조나 역사에 대해 고찰하는 것을 금지합니다. 마치 개인의 생활사를 '소설'과 동등한 것으로 삼고 '감상할 것'을 요구하는 듯합니다.

나는 사회학에 이 두 가지 방법만 있다는 것이 젊은 시절부터 참을 수 없이 불만스러웠습니다. 특히 오키나와에서 청취조사를 하다 보면 이야기와 역사는 '동일한 것'이라는 걸 실감합니다. 그때까지의 사회학에서는 이 '이야기와 역사를 동시에 인식하는 것'이 불가능했습니다. 여기서부터 개인의 이야기에서 사회 전체를 생각하는 방법에 대한 저의 모색이 시작되었습니다.

오키나와에서 생활사를 듣다 보면 (이것은 한국도 같을 것이라 생각하지만) 정말 이름도 없는 일반 개인의 이야기일지라도 오키나와 전후사 그 자체라고 생각하는 일이 많습니다. 저는 이것을 양적조사의 한 조각으로 삼을 수 없으며 단순히 가공된 '이야기'로 여기며 감상하는 것 또한 할 수 없습니다. 이 이야기는 어떤 것의 대표도 전형도 평균도 아닌 개별의 개성적인 개인의 이야기이지만 동시에 오키나와 전후사의 거대한 사회변동과 역사적 상황 그 자체이기도 합니다.

개인의 생활사를 사회와 역사 분석을 위한 단순한 자료로 여겨 버리면 그 풍부함과 재미, 인생의 아픔과 애달픔을 이해할 수 없습니다. 하지만 거꾸로 생활사를 사회적이고 역사적인 실재와 떨어뜨리고 소설처럼 '재미있는 이야기'로만 여기게 되면, 그 배후에 존재하는 이야기를 만들어 낸 사회적이고 역사적인 구조를 이해할 수 없게 되어 버립니다.

특히 후자, 즉 개인의 이야기를 사회적, 역사적 실재와 떨어뜨려 놓는 사고방식은 사실 '소수자' 연구에서 주로 쓰이는 방법입니다. 사회에서 약한 위치에 놓인 사람들은 대규모 양적조사로 다 담기지 않는 사람들이기도 합니다. 따라서 우리가 그들에 대해 조사하려면 대부분의 경우 대표성이 없는 질적 자료로부터 접근하는 수밖에 없습니다. 그런데 여기서 진자가 거꾸로 움직이게 됩니다. 즉 소수자들에게 가까이 다가가기 위해 그 사실성과 역사성을 보지 않고 단지 그 이야기를 마치 문학인 양 맛보는 방법이 되어 버리는 것입니다. 이것은 지금 소수자를 연구하는 사회학에서 주류의 연구 방법이 되었습니다.

언뜻 보면 이것은 좋은 방법처럼 보이지만 오키나와에서 혹은 한국에서도 이야기를 듣다 보면 이 방법으로는 이야기가 표현하고 있는 것을 이해하기란 불가능합니다. 개인의 이야기를 사회와 분리시켜 '그 자체'의 재미를 감상하는 방법은 개인의 개별성과 특유성을 존중하는 것 같지만 사실은 사회와 역사를 생각하는 우리들의 눈을 가리는 것입니다.

이렇게 해서 오키나와 사람들의 개인적 이야기로부터 오키나와의 전후사와 사회구조를 생각하기 위한 그리고 '일본'이 오키나와 (그리고 근방의 아시아 국가들)에게 해 온 일들을 생각하기 위한 방법을 모색하는 여정이 시작되었습니다.

이 책은 그 여정의 첫걸음에 지나지 않습니다. 여기에 실린 모든 이야기들은 자신이 선택하지도 않은 시대, 혹은 특정 장소에서 우연히 태어난 사람들이 혹독한 사회적 조건과 구조적 제약 속에서 좀 더 나은 인생을 살아가려고 힘껏 노력한 증거들입니다. 개인의 이야기에서 출발하여 거대한 역사와 사회구조를 저 멀리 상상하는 방법을 찾아가는 여정을, 한국의 독자 분들과 함께 계속할 수 있기를 진심으로 바랍니다.

기시 마사히코

차례

한국 독자들에게 5

들어가며 13
망고와 수류탄―이야기가 태어나는 순간의 길이 42
인용부 벗기기―포스트구축주의 사회학의 방법 64
바다의 밀가루―이야기 속 복수複數의 시간 109
푸딩과 사슴벌레―디테일, 실재로 가는 회로 125
오키나와를 이야기하는 방법 바꾸기―실재에 대한 신념 155
조정과 개입―사회조사의 사회적 타당성 185
폭음 아래에서 산다는 것―선택과 책임에 대해 248
담배와 코코아―'인간에 관한 이론'을 위해 270
참고문헌 295
초출일람 300

옮긴이의 말 301

일러두기

1. 이 책은 일본 케이쇼쇼보에서 출간한 **マンゴと手榴弾―生活史の理論**(勁草書房, 2018)을 완역한 것이다.
2. 주석은 모두 각주로 처리했으며, 옮긴이가 보충한 부분은 [옮긴이]로 표기했다. 도서 제목에는 겹화살괄호(《 》)를, 이외 매체에는 홑화살괄호(〈 〉)를 사용했다.
3. 외국 인명, 지명은 국립국어원의 외래어 표기법과 용례를 따랐다. 다만 국내에서 이미 굳어진 인명과 지명의 경우 통용되는 표기로 옮겼다. 의미 전달을 위해 필요한 경우 원어와 한자를 병기했다.
4. 각 장 말미에 수록된 참고문헌은 전부 본문 뒤에 한곳에 모아서 수록했다.

들어가며

이 책은 생활사 조사 방법론과 이론에 대해 적은 것이다. 나는 개인의 인생 이야기인 생활사에 근거한 조사를 다음과 같이 정의한다.

생활사 조사는 개인의 이야기에 입각한 종합적인 사회조사이다. 이것은 특정 사회문제, 역사적 사건의 당사자 혹은 관계자가 구술한 인생 경험의 이야기를 거시적인 역사와 사회구조에 연결한다. 이야기를 '역사와 구조'에 연결하여 그곳에 감추어진 '합리성'을 이해하고 기술하는 것이 생활사 조사의 목적이다[기시 2016: 156].

생활사 조사는 사람들의 인생 속에 실제로 존재하는 삶의 고단함, 고통, 고독, 행복, 슬픔, 기쁨, 분노, 불안, 희망을 청취하는 조사이다. 이것은 조사 현장에서 들은 이야기를 통해 그 사람들이 어떤 역사적 상황과 사회구조 속에서 살아왔는지를 생각하는 것이다. 통계나 문서 자료 등의 힘도 빌리면서 특정한 역사적, 사회적 조건(내

방식으로 말하자면 '역사와 구조') 속에서 살아가는 사람들의 인생에 대해 생각하는 방법인 것이다.

개인을 통해 사회를 생각하고 사회를 통해 개인을 이해한다. 우리는 바란 적도 없는데 특정 시대 특정 장소에 태어나, 미리 정해진 협소한 조건 안에서 조금 더 나은 삶을 위해 필사적으로 살아간다.

우리는 우리 인생에서 일어나는 여러 일들이 개인의 문제가 아니라 사회적 문제라는 것 그리고 우리 각자의 인생 안에서 사회적 문제를 경험하고 있다는 것을 생활사 청취를 통해 깨닫게 된다. 우리들은 역사와 구조에 의해 우리 인생 대부분을 규정당하고 있다. 그런 의미에서 우리들은 혼자가 아니다. 동시에 우리들은 그런 역사와 구조 속에서 각자의 고유한 인생을 보낼 수밖에 없다. 그리하여 우리는, 혼자다.

생활사의 이야기는 이 사실을 가르쳐준다.

하지만 '이야기語り'라는 개념은 너무나도 많은 의미를 부여받고 있고 또한 너무나도 많은 것을 기대받고 있다. 그 결과 '이야기'는 자주 사실과 관계없는 내러티브, 스토리, 자기 제시로 불리기도 한다. 결국 이야기는 생활사를 통한 인생 연구라기보다 이야기 그 자체 혹은 이야기된 장소에서 일어난 상호 행위의 연구가 되어 버렸다.

확실히 이야기라고 하는 생활사로부터 현실을 그려 내기는 무척 어렵다. 이야기에서 직접 세계 그 자체에 대해 서술하는 것은 넘어서는 안 되는 경계를 넘어 버리는 것처럼 느껴지기도 한다.

하지만 이런 경계 넘기는 사실, 이야기 그 자체에 의해 생긴다.

우리들은 이야기를 들은 결과 이야기 바깥으로 나와 버리게 된다. 대화를 거듭할수록 대화 밖으로 나오게 되는 것이다. 대화 밖으로, '현장'으로. 생활사가 다루는 것은 사람들의 '실제' 고통과 슬픔, 그리고 기쁨이다. 사람들은 실제 각자의 인생을 살아가고 있으며, 인생은 그저 있는 스토리가 아니다.

이 책은 이러한 관심에서 출발해서 어떻게 해서든 생활사 조사에 현실을 되돌려줄 방법을 찾으려는 시도이다. 나는 최근 3년 정도 이 시도에 집중해 왔고, 그동안 여러 곳에 투고한 논문과 에세이의 대부분을 이 책에 수록했다. 개별 관심과 동기에 따라 쓴 각각의 글이지만, 나열해서 보니 하나로 통일된 '이론'이 되어 있었다. 필요한 곳에는 수정을 가하거나 글을 추가하였고, 여기 이렇게 한 권의 책이 되었다.

이 책에 생활사를 사용한 실제 분석은 그렇게 많지 않다. 오히려 이 책은 생활사를 사용해 역사와 구조를 분석하기 위한 준비이다. 각주와 참고문헌도 극히 적으며, 어딘가 부족하고 단편적인, 논문인지 에세이인지 알 수 없는 문장으로 가득 차 버렸지만, 이 책은 어떤 성과이기보다는 특정 방법론에 대한 비판인 동시에 새로운 이론을 위한 중간 보고서이며 그를 위한 발상과 아이디어의 나열이다. 그렇게 읽어 주면 좋겠다.

여기 서장에서는 수록된 각각의 논문과 에세이가 어떤 내용인지 소개하면서 '생활사 이론' 전체를 요약하고자 한다. 각각의 장은 번호도 없으며 어디서부터 어떻게 읽어 나가더라도 상관없다.

… 그래서 나도 다쳐서 여기, 이렇게. 물을 마셨더니,
여기(목)로 물이 막 새어나왔어.

- 그, 탄환 같은 것에 맞은 건가요?
응, 탄환. 함포 파편. 목에.
(부인: 잘도 살아남았네(웃음). 구더기도 끓었었지. 나을 때까지 계속.
구더기가.)

- 약도 없었고요?
당연히 없었지. 그래서 그때 파리, 까만 파리가 많이 생겼어.
그러니까 이렇게 (상처 부위에) 구멍이 있잖아. 그대로 두기는
좀 그렇고 그래서 웃옷을 잘라 둘둘 말았더니, 썩은 내가 나서,
파리가 자꾸 붙어. 그걸 쫓을 방법도 없고. 그런데 또 목은 마르지,
물 마시면 여기(목에 난 구멍)에서 (물이 새어) 나오지.

- 도중에 마실 물은 어떻게 해결하셨어요?
우물가가 죄다 시체였어. 거기 집중 포화 당했으니까.
그래서 물 마시러 가다가 쓰러져 죽은 사람도 있고.
우물가에서 죽은 사람도 있고. 물을 퍼서 자기 가족한테 가져다
주려다가 쓰러져 죽은 사람도 있고. 물통에 들은 물 그걸
또 뺏어 가는 사람도 있었고. …그러니까 기시 씨,
당신 대학교수라지. 오키나와 전투를 가지고 일본이 피해자라고
생각하면 안 돼. 가해자야.

- 맞습니다.

그 진주만 공습이 시작이야. 일본도 원자폭탄 맞았다고 그랬다고 뭐. 피해자 의식만 있어 가지고. 그렇게만 가르쳐서 그래.

- 네. …그, 가족 분들은 한 명씩 돌아가신 건가요? 도중에.
그렇지.

- 약한 분들부터?
걸을 수 없게 된 사람부터. 더 이상 못 걷게 되어서 그냥 그대로.
길 한가운데에서.

이것은 쇼와 9년[1]에 나하那覇에서 태어난 남성의 이야기이다. 오키나와전戰 당시 열한 살. 가족과 함께 남부 격전지에서 도망가던 중, 미군의 함포 사격 파편으로 인해 부상을 입어 목에 구멍이 생겼다고 한다. 물을 마시면 그 구멍에서 물이 새어나왔다. 상처 부위에는 구더기도 끓었다.

이야기 도중에 구술자는 몇 번이고 내 이름을 불렀다.

아들과 딸, 그리고 손주와 증손주들의 사진을 확대해서 걸어 놓은 거실에 앉아, 차와 코카콜라를 마시며 오키나와전과 전후 생활사를 들었다. 그 이야기 중에 나는 몇 번이나 '기시岸'라는 고유명사로 불렸다. 차와 함께 빨간 코카콜라 캔을 내어주었을 때, 왠지 오키나와스럽다고 생각한 것을 기억한다.

---

[1] 쇼와昭和는 20세기 일본의 연호 중 하나로 1926년 12월 25일부터 1989년 1월 7일까지이다. 쇼와 9년은 1934년이다. [옮긴이]

구술자는 이야기를 마친 후, 벽을 가득 채운 가족사진을 보며 한 명 한 명 설명을 해 주었다. 이 아들은 지금 여기에서 일하고 있소. 이 딸아이는 지금 일을 하고 있지. 이 손주는 대회에서 좋은 성적을 냈지. 이 아들은 최근 결혼했어. 이 증손주는 태어난 지 얼마 안 되었고.

나이차[2]로서, 일본인으로서, 가해자로서, 몇 시간에 걸쳐 생활사 이야기를 들은 후, 나하시 중심지에서 조금 떨어진 그 집에서 나왔다. 차로 호텔까지 태워 주겠다고 아니면 택시를 불러 주겠다고 말하는 걸 겨우 거절하고 혼자서 큰길까지 한동안 걸었다. 그곳은 좀 높은 지대여서 도중에 있던 아파트 주차장에 서니 전망이 참 좋았다. 그래서 그곳 그늘에서 땀을 식히며 나하의 거리를 내려다보았다. 거리 저편에는 수평선이 보였다. 이런 시간도 청취조사의 일부이다.

구술청취조사라는 것은 구술자와의 대화이다. 그리고 그 대화는 구술 청취가 끝난 뒤에도 언제까지고 이어진다. 구술 청취 '현장'은 처음 건네는 한마디 말부터 마지막 인사 사이만을 말하는 것이 아니다. 그것은 사전 약속 잡기와 확인, 소개받기, 인사 돌기부터 시작해 구술 청취가 끝난 이후에도 감사 편지를 보내는 것과 사전 확인 연락, 작성한 원고 송부, 혹은 전화나 전자메일, 손편지를 보내는 것 그리고 몇 년만의 재회에서 마시는 차 한잔처럼 청취조

---

2 오키나와인이 아닌 일본인, 본토 사람, 내지 사람이라는 의미. 오키나와인은 자신들을 일본 본토 사람들과 구별하여 우치난추라고 부른다. [옮긴이]

사 그 자체에서 한참 먼 후까지도 이어지는 것이다. 이토록 길고 긴 '관계의 시간'을 통해 우리들은 구술자와의 사이 혹은 구술자가 구술한 이야기 사이에 '규범적 관계'를 맺는다. _ '망고와 수류탄'

생활사 구술 청취는 물론, 이쪽이 일방적으로 질문하고 구술자가 단지 그것에 대답하는 것을 말하는 것이 아니다. 어떤 이야기가 어느 정도 구술되는가 하는 것은 대부분의 경우 우연에 좌우된다. 조사자의 경험, 구술자의 자질, 그때 당시의 상황과 몸 컨디션, 혹은 날씨조차도 영향을 미친다. 특히 조사자의 존재는 의외로 크다. 어떤 타이밍에 어떤 것을 물을지와 같은 조사 내용에 대해서도 그렇고 어떤 경로를 통해 누구에게 소개를 받을지, 어떤 입장에서 어떤 형식과 스타일로 구술청취조사에 임할지 같은 것들이 구술청취조사의 꽤 많은 것들을 정한다.

그렇다고 해도 우리들은 구술 청취의 내용을 자의적으로 결정할 수 없다. 우선 우리는 듣고 싶은 것이 있어서 조사 장소에 가서 구술자를 만난다. 그러나 구술자는 우리에게 그닥 관심이 없다. 이런 이야기를 듣고 싶어서 오는 사람들이란 대체 어떤 사람들인가 하는 일반적 호기심 이상은 없을 것이다. 하지만 우리들은 다르다. 알고 싶은 것이 있고, 그래서 그 장소에 간다. 우리들은 동화同和 대책[3] 이전의 피차별부락의 생활에 대해, 전후 오키나와 노동력의 이

---

3 전근대 일본의 신분제도에 따른 최하층민이 살던 곳을 '부락'이라고 부른다. 이곳의 주거 환경을 개선하기 위해 이뤄진 다양한 대책을 동화 대책이라고 부른다. 아직도 이곳 출신 사람들에 대해서는 취업과 결혼에 차별이 존재한다. [옮긴이]

동에 대해, 섭식장애 당사자 자조 그룹에서 행하는 새로운 방법에 대해 알고 싶기 때문에 그 장소로 달려간다. 혹은 그런 장소에서 그런 영역에서 살아온 사람들의 생활사를 듣고 싶어서 그런 장소에 들어간다. 우리들은 구술 청취의 진행과 내용에 꽤나 큰 영향을 미치면서도 그 이상으로 '배우기' 위해 현장에 간다.

구술 청취는 대화다. 나는 구체적 질문 항목도 그 무엇도 정하지 않은 채 현장에 간다. 세세하게 질문을 미리 정하면 재미없는 일문일답이 되어 버린다. 그래서 아무것도 정하지 않고 그저 그때의 대화에 모든 것을 맡기는 편이다. 태어난 해나 가족 구성 등 가장 중요한 것을 묻는 걸 잊어버리는 경우도 많다. "태어난 때는?", "가족은 어떻게 되나요?"처럼 처음부터 나와야 할 질문들이 몇 개 있다. 구술자를 만나 인사하고 자기소개를 한 후 구술 청취의 취지와 목적을 간단히 설명하고 첫 말 한마디를 하기만 하면 다음은 그저 상대가 노 젓는 배에 타고 그것이 떠 가는 방향에 전부를 맡긴다. 최초 질문에 이어서 구술자가 무언가를 말한다. 조사자는 그것을 듣고 다음 질문을 한다. 혹은 와, 흠, 그런 일이 있었다고요? 같은 것을 말한다. 그러고는 구술자가 다시 무언가를 말한다. 그것에 대해 조사자는 다시 다음 질문을 하고 맞장구를 치고 혹은 입을 다문 채 고개만 끄덕인다. 웃거나 울거나 하는 적도 있다. 예상 외의 이야기를 듣고는 깜짝 놀라거나 혹은 받아들이기 힘든 이야기를 듣고 복잡한 심정이 되기도 한다. 그 반대로 구술자가 질문을 하는 경우도 많다. 정신을 차려 보면 두 시간, 세 시간이나 지나 있고 처음

던진 말 한마디가 다음 말을 낳는다. 그리고 그것이 다시 다음 이야기로 이어져 어느새 전후 오키나와의 70년, 80년이라는 시간이 그 속에서 흐르게 되는 것이다. 이야기 속에는 복수複数의 시간이 흐르고 있으므로 잘 포개어진 인생 이야기는 그저 하나의 '스토리'에 불과한 것이 아니라 흐르는 그 시간들과 '실제로' 관계가 있는 어떤 것이라는 단적인 사실에 이른다. 이야기 속에서 실제로 수십 년이라는 시간이 흐른다. 그리고 그 시간을 지내 온 구술자는 지금 우리 눈앞에 앉아 온화한 얼굴로 그 시간에 대해 말한다. 그 이야기를 들을 때 우리들은 그 시간이 실제 흘렀다는 것, 그 시간 속에 생겨난 일들이 정말로 있었던 일들이라는 걸 깨닫는다. 이야기 속 모든 것이 실재実在하는 것이다. _ '바다의 밀가루'

우리들이 구술자와 그 이야기 사이에서 '규범적' 관계를 맺는다는 것은 어떤 의미일까? 우선 구술 청취는 대화이다. 하나의 발화에 다음 발화를 쌓아, 서로 순서대로 하나씩 말을 섞어 가는 동안, 우리는 구술자가 지나온 70년 혹은 80년이라고 하는 시간의 극히 일부분을 함께 엿본다. 구술 청취가 끝나고 나면 구술자로부터 "옛날 기억을 끄집어낼 수 있어서 좋았다"고 거꾸로 감사 인사를 받는 경우도 많다. 생활사의 구술청취조사 사이에 흐르는 시간은 ㄱ때 '실제로' 흐르고 있는 것이다.

우리들은 작은 말들을 주고받으면서 그 시간을 함께 보낸다. 그때 섞인 말들 하나하나가 작고 가벼운 것들이긴 해도 점점 쌓이게 되면 수십 년 치 무게를 지니게 된다. 구술자가 말하는 단어 하나하나는 우리들을 부르는 말이다. 앞에서 든 예처럼 기시 씨 하면서 고유명사를 부르지는 않더라도 구술 청취한 모든 이야기는 무엇인가를 부른다. 어떤 주장을 하고 무엇인가를 들어 주기를 바라고 있다. 지금 하는 이야기가 정말이라고, 실제로 있었던 일이라고, 이 세계와 어떤 형태로든 관계하고 있다고 주장한다. 이야기를 듣는 우리도 무언가 적당한 이야기를 들려 달라고 부탁하는 것이 아니다. 그리고 구술자도 무언가 적당한 이야기를 할 생각으로 이야기하고 있는 것이 아니다. 당신의 성장 과정과 인생을 가르쳐주세요 하고 부탁하고, 구술자는 그것을 받아 자신의 성장 과정과 인생에 대해 말하는 것이다. 그중에는 믿기 어려운 것, 혼자 고집스레 믿고 있는 것 혹은 착각, 거짓과 과장이 섞여 있을지도 모르겠다. 그런 것들이 섞여 있다고 할지라도 거기서 구술된 인생 이야기는 그렇기에 더욱 '전체적으로 진실'이 된다. 이야기는 베이면 피를 흘린다.

이렇게 주장을 지닌 말을 받고 이쪽도 다시 말을 꺼내 드는 걸 반복하는 동안 우리들은 무언가로 끌려들어 간다. 우리들은 서서히 이야기의 '내용'에 관계하게 된다. 그때, 우리 조사자들에게는 어떤 '책임'이 생긴다. 그 구술자는 "기시 씨, 기시 씨"라고 몇 번이고 내 이름을 부르며 일본인은 가해자라고 말했다. 나는 그렇다고 대답했다. 나는 그때 우연히 그 신념을 공유했을 뿐이지만 이 문장을 쓰는 지금도 그것이 사실이라고, 실제로 그렇다고 생각하고 있다. 그것은 단순한 화법, 스토리, 내러티브, 리얼리티가 아니다. 구술 청취 현장에서 "그렇습니다"라고 고개를 끄덕였는데 나중에 혼자 연구실에 돌아와, 그건 단지 이야기다, 스토리였다고 말하는 건 할 수 없다. 그것은 윤리적이고 동시에 논리적인 것이다. _ '인용부 벗기기'

구술된 에피소드가 '실제로 있었던 일'이라고 해서 그 구술이 길 한가운데 있는 작은 돌과 같은 의미로 실재한다고 말하는 것이 아니다. 그런 게 아니라, 우리들은 대화를 반복하면서 어떤 규범적 관계성 안으로 편성되어 들어가는 것이다. 동시에 이야기를 그렇게 '다루지 않을 수 없는 상태'로 끌려들어 간다. 이것은 단순한 실재론이 아니라 '약속으로서의 실재론'이다.

그렇기 때문에 더욱 이렇게 말할 수 있는 것일지도 모른다. 약속해 버린 뒤에 이야기 속에 구술된 것들은 길 한가운데 있는 작은 돌처럼 실재한다고.

우리들은 길 위의 작은 돌과 같은 이야기를 기록한다. 구술자와의 사이에서 몇 번이나 짧은 말들을 섞으면서 우리들은 우리 자신의 '이론'을 바꾸어 가며 미세한 조정을 수없이 반복해서 어떤 '이해'에 근접해 간다. 우리들이 생활사나 민족지에서 끝없이 미세한 디테일을 그리는 것은 이 상호적이고 미세한 조정을 독자와의 사이에서 재현해내기 위해서이다. 구술자와 나누었던 이야기를 이번에는 우리 기록하는 이들이 독자들에게 이야기해야 한다. 쓰는 사람들은 곧잘 구술 청취 현장에서 강한 인상을 받은 에피소드를 골라서 적어 낸다. 구술자와의 사이에서 달성된 이해를 독자와의 사이에서 다시 한번 달성하기 위해서이다. 우리들은 조사 혹은 연구라고 하는 장소에 들어감으로써 많은 화자들과 독자들 혹은 다른 필자들과의 사이에 몇 번이고 반복되는 대화에 참가한다. 그곳에 방관자는 없다. 조사자/필자는 화자와 맺은 규범적, 규약적規約的 관계를 이번에는 독자와의 사이에 구축하려고 한다. 구술자에게 고유한 이름으로 불린 나는, 이번에는 고유한 이름이 아닌, 고유한 디테일을 사용해 독자에게 말을 건다. 일본인이 그 전쟁에서 무엇을 했는지를 계속해서 말하기 위해.

1948년, 오키나와현 이에지마伊江島에서 미군의 LCT(상륙용 함정)가 대규모 폭발 사고를 일으켰다. 섬 안에 야적되어 있던 대량의 불발탄을 섬 바깥으로 옮기려는 작업을 하다가 이 포탄이 배 안에서 무너져 폭발한 사고다. 이 폭발로 큰 불길이 일었는데, 마침 항구에 있었던 정기선 승객들이 다수 희생되었고 결과적으로 이 사건은 주민 102명이 사망하는 대참사가 되었다(《오키나와타임즈》 2017년 5월 17일).

1938년에 이에지마에서 태어난 당시 열 살이었던 여성이 생활사 조사 중 이 사고에 대해 다음과 같이 말했다.

… 그래서, 이에지마라고 하면, 미군 하고 얽힌 사건,
사고가 여러 가지 있지만요, 잊히지가 않아.
전후 3년 정도 되었을 때 LCT라고 하는 배 사건이 있었어요.
그건 정말이지 차마 눈뜨고 볼 수 없었어요.

- 그건 어떤 사건이었나요?

그 배, 폭탄이랑 탄약을 실은 배 말이에요. 그 배가 폭발한 거예요.
마침 그때 연락선이 들어오는 땐데, 그 LCT가 폭발해 가지고
120명 정도 죽었지. 아무튼 사람이 진짜 많이 죽었어요.
게다가 우리 아버지도 타고 있었고.
뭐랄까, 우리 아버지는 영감이 엄청 뛰어나다고 할까,
재밌는 일이 있었어요. 예를 들어 그, (전쟁 중에) 소개疎開[4] 할
적에도, 조금이라도 늦어 버리면 가족이 다 죽을 수도 있었는데,
우리 아버지는 확 결단을 해 가지고, 바로 배를 타고
모토부本部로 (소개했어요).
이 LCT 사건 때도 이 배(연락선)에 타고 있었는데.
남동생이 아파서. 그 제일 막냇동생이. 그래서 사과를 사러 갔는데,
나하까지. 그래서 사과를 사 가지고 빨리 가져다줘야지 하고.
배가 (항구에) 도착하기도 전에 뛰어내려서. 그 쇠사슬이
있잖아요. 그때 배는 아직 해안에 닿지도 않았는데 (바다에)
뛰어내려서 무사했지요. 그때는 그렇게 끔찍한 일이 있었어요.
나도 마침 그때 언니 둘이랑 셋이서 장을 보러 갔었는데,
바다 근처는 아니었지만, 바다에서 이백, 삼백 미터 정도
떨어진 데에서 장을 보고 돌아가는데, (폭발로 생긴 바람으로)
언니도 다쳐 가지고. 찰과상이긴 했지만.
그랬더니 사촌 애랑, 내 사촌 애 걔네 엄마가
(연락선에 타고) 있으니까 마중을 나갔거든요.
갔더니 둘 다 죽은 거야. 정말 보기 끔찍했어.
사촌 애는 내장이 다 튀어나와 가지고, 그걸 쥐고 살려 달라고

---

4 전쟁을 피해서 다른 곳으로 이주하는 것. [옮긴이]

살려 달라고 하면서 울고 있는 거야.
그리고 다른 어떤 엄마는 숨이 넘어가는데도,
지 애를 껴안고 있는 것도 봤어요. 얼마나 무서운지,
정말 무서워서. 지옥을 그려 놓은 것 같다고 그랬어요.
LCT 사건이란 게, 그렇게 엄청난 사건이었어요. 여러 가지로.

- 그랬군요. 군함 사고였지만 이에지마 일반인 분들이 많이 희생
되었군요….
(군용선도 민간선도) 같은 항구를 썼으니까요. 군항이라고
말한 적도 없고, 다들 같이 썼으니까요. 폭약을 쌓아 가지고
지프차에 실어서 들어간 사람이 있어서 그 차 타이어가 신관을
건드려서 그렇게 되었다는 이야기도 있고. 배는 물론이고 다들
죽어 버렸지요. 희생된 사람이 엄청나게 있었지요.

다른 구술청취조사 중에 1936년에 태어난 남성이 우연히 같은
사건에 대해 말한 적이 있었다.

… 아, 그리고 하나 더. 전쟁이 끝나고, 지금 생각났는데 말이야.
깜짝 놀란 게, 우리 마을에서부터 그 모토부 도구치渡久地에
가는 도중에 말이야, 그 가미모토부上本部라고 하는,
지금은 합병되어 가지고 모토부정本部町이 되었지만.
그곳은 도로에서 현도県道에서 보일 정도로 이삼백 미터
정도 떨어져 있는 그 비행장, 임시 비행장 있잖아요. 우군友軍의.
거기에 하늘에서 떨어트리는 폭탄이 수백이랄까, 수천 개

있었을 거야. 이중 삼중으로 줄을 세워서 주욱 놨더라구요.
그걸 전쟁 끝나고 처리한다고 미군이 배로 도구치항에서
이에지마로 옮기는 거지. 이에지마 기지 쪽으로 운반한다고.
그랬더니 몇 척째인지 모르겠는데 우리 마을에서도 들릴 정도로
어마어마하게 큰 소리가 난 거예요. 쾅, 쾅 하는.
이에지마에 도착했을 때 그 포탄이 하나 굴러 가지고 터진거야.
그랬더니 배에 쌓아 둔 남은 그게 전부, 펑.

- 와, 엄청난 사고였네요.
뭐, 밤새도록 계속 쾅쾅댔었던 거 같아요.

- 그걸 들었습니까? 들렸었나요?
그래 그래, 그랬다니까, 들렸다니까.

- 아, 그래요.
굉장했지. 물론 거기서 일하는 사람도 일반 주민도 희생이
된 거지. 전쟁 끝나고 폭탄이라든지 그런 거 처리하는 위험한
작업이었지. 목숨을 걸고 하는 작업이었어.

말할 것도 없이 디테일이라는 것은 언제나 애매하고 착각을 포함하고 있다. 예를 들어 이 두 이야기에서도 같은 사건이 언급되고 있지만, 희생자의 수(102명 아니면 120명)라든지, 포탄을 이동시킨 방향(이에지마에서 밖으로 혹은 밖에서 이에지마로)에 대해, 여러 어긋남이 발생하고 있다.

이 '어긋남을 포함한 이야기'를 어떻게 보아야 할까? 지금까지의 생활사 방법론에 따르면 이 어긋남 자체가 '복수複数의 스토리의 풍부함'이며 '현실의 다양성'이라고 해석되었다. 이것은 정말로 일어난 일로부터는 일단 떨어진, 세계에 복수로 존재하는 이야기라는 방법으로 이해되었다.

오키나와 전쟁이나 전후의 생활사를 청취할 때, 이야기에 등장하는 역사적 사건이나 일들에 대해서는 그때마다 사실관계를 알아보며 녹취를 풀거나 편집을 한다. 이때 위에서 말한 것과 같은, 작은 어긋남이 발견되는 일은 수도 없이 많다. 이야기 그 자체를 바꿔 쓰거나 하지 않지만, 필요하다면 사실관계에 대해 주석을 다는 경우도 있다.

그리고 이런 작업을 하면서 항상 드는 생각은 거꾸로 사람들의 이야기가 역사적 사실과 매우 '합치한다'는 것이다. 이 두 이야기는 각각 실제 사건을 거의 정확히 묘사하고 있다. 불발탄의 처리, 미국의 상륙 선박, 섬의 연락선, 쌓아 놓은 짐들이 무너진 것, 엄청난 일반 시민 희생자.

그뿐만이 아니다. 사과, 우연히 그날만 바다로 뛰어들어 목숨을 건진 아버지, 장을 보던 언니, 사촌 동생의 내장, 죽어가면서 아이를 껴안고 있던 어떤 엄마, 나중에 모토부정으로 합병된 가미모토부, '밤새도록 계속된' 폭발음. 이러한 디테일들이 그때의 사실을 서술하는 데 덧붙여져, 우리는 이야기를 통해 '그 장소에 놓'이게 된다.

게다가 이 두 구술자는 서로가 그곳에, 같은 시간에 있었다는 것을 알지 못한다. 다른 날, 다른 장소에서 구술된 둘의 생활사가 일순간 딱, 교차한 것이다. 다른 날 다른 장소에서 태어난 둘은 이 순간 똑같은 폭발음을 들었다. 둘의 생활사는 이 순간만 교차했고 곧바로 다음 순간 헤어져서 전혀 다른 인생을 걸어왔다. 그리고 다양한 우연에 의해 나와 만나서 그 폭발 사고의 기억을 이야기했다.

생활사는 사실이다. 얼마간의 착각과 과장, 상황에 따라서는 의도적 거짓말을 포함하면서도 그래도 역시 구술되는 대부분은 사실이다. 그것은 실제 일어난 일인 것이다. 실제 일어난 일이기 때문에 사과와 바다에 뛰어든 아버지, 장을 보러 간 언니, 사촌의 내장, 아이를 품고 죽어가는 엄마, 나중에 합병한 모토부정의 일부가 된 가미모토부, 밤새도록 들리던 폭발음, 그리고 두 구술자가 서로 알지도 못한 채 같은 장소에 있었다는 사실에 우리가 감동하는 것이다. 여기에 착각이 포함되어 있다는 것은 문제가 되지 않는다. 오히려 사실이라고 하는 것은 본래 착각을 포함하지 않으면 안 된다. 착각하는 것이 불가능하다면 그것을 바로잡는 것 또한 할 수 없기 때문이다.

이런 의미로 질적조사에서 그려지는 디테일이란 '리얼리티의 복수성'을 부르짖기 위한 것이 아닌 우리들의 기억이나 경험, 이야기가 세계와 연결되어 있다는 것, 그것이 실제로 일어난 무엇이었다는 것을 전하기 위함이라는 것, 그리고 무엇보다도 그것을 실제로 경험한 사람이 있고 그 사람이 구술자로서 바로 지금 내 눈앞에 존재하며 천천히 인생 이야기를 하고 있다는 이러한 몇 겹으로 포개어진 '사실'을 최후에는 독자에게 건네주기 위해 존재한다는 것이다. 그러므로 이야기의 디테일이라는 것은 실재에 도달하는 길이기도 하다. _ '푸딩과 사슴벌레'

물론 우리들의 신념이나 판단은 몇 개로 나뉜다. 신념이나 판단은 항상 복수로 존재한다. 때로 그 복수성은 복원이 불가능할 정도로 넓고, 깊은 것일 때도 있다. 하지만 세계는 하나밖에 없다. 우리들이 세계 바깥으로 나갈 수 없다고 한다면 어떻게 다른 세계가 존재한다는 것을 알 수 있을까? 우리들은 우리가 틀어박힌 이 세계에서 살아갈 수밖에 없다. 그래서 우리들은 세계가 실재한다는 일상적 신념을 근거로 그 세계에 관한 여러 사정을 이야기하고 있는 것이다. _ '오키나와를 이야기하는 방법 바꾸기'

우리들은 적어도 자신이 이야기할 때에는 실재하는 세계에 대한 신념에 근거하여 이야기한다. 사실인지 아닌지 판단하기 어려운, '스토리'만을 단순히 이야기하는 일은 거의 없다. 그런데 '구술자에게 다가간다'는 말이 생활사 방법론에서 자주 언급된다. 이 말은 어느 쪽인가 하면 다양한 이야기, 다원적인 현실을 '있는 그대로 받아들인다'는 의미로 쓰여 왔다. 하지만 우리들은 단순히 바람을 표명하거나 혹은 직접적으로 명령하거나 하는 경우를 빼고는 통상의 대화에서 반드시 어떠한 실재에 근거하여 이야기한다. 이것은 '문법적'인 문제이다. 이 경우 '구술자에게 다가간다'는 의미는 무엇일까? 사실성을 무시하고 단순히 스토리로 다루는 것일까? 아니면 사실성을 받아들이고, 정말로 일어난 일로써 듣고, 나아가 사실관계에 오류가 있다면 그것을 수정하는 태도일까?

도널드 데이빗슨은 언어라는 것은 존재하지 않는다고 말했다[데이빗슨 2010: 142-171]. 좀 더 정확히 말하면, 철학자가 생각하는 의미의 언어란 존재하지 않는다. 철학자는 언어를 자신과 세계 사이에 있는 안경, 혹은 스크린과 같은 것으로 여기며, 우리가 그것을 익혀서 체득하고 내면화해서 따라야 하는 외재적 체계라고 생각해 왔다. 즉 언어는 자기 자신과 세계로부터 독립해 있고, 자기와 세계의 사이에 존재하며, 그 독자적 기능을 주장하고 있다고 말이다.

하지만 데이빗슨은 언어란 그런 것이 아니며, 그런 의미로서의 언어란 존재하지 않는다고 말한다. 세계와 자기 자신 사이에는 아무 것도 없다. 그러므로 그는 서로 번역 불가능한 '세계관'으로서의 개념틀이라는 사고방식도 부정한다[데이빗슨 1991: 192-212]. 그렇다면 '서로 알다', '이해하다'는 어떤 것일까? 이는 복수의 다른 개념틀이나 세계관이 단번에 융합하는 것이 아닌, 세세한 단어를 끝없이 주고받으며 그때그때 서로가 가진 '진행 이론passing theory[5]'을 상호 조정해 가는 과정일 것이다.

생활사나 질적조사 방법론은 긴 시간 동안 '스토리'라는 개념을 중심으로 조직되어 왔다. 그것은 실재와 단절된, 구술자와 세계 사이를 가로막는 그 무엇이다. 여기에 데이빗슨적인 생각이 허용된다

---

5 데이빗슨은 대화 전 상대방에 대해 가지는 사전 인식, 예상 등을 사전 이론이라 부르고, 대화 시작과 동시에 이뤄지는 상대방에 대한 이해 등을 진행 이론이라 불렀다. 화자가 의미가 불명확한 발화를 하면 청자는 자신의 진행 이론을 수정하며 서로의 의견과 이해를 조율한다. [옮긴이]

면 이렇게 말할 수 있다. 스토리라는 것은 존재하지 않는다. 적어도 일부 사회학자들이 생각해 온 의미의, 즉 나와 세계를 떨어뜨려 놓는 것, 우리와 세계를 매개하는 것으로서 스토리는 없다.

데이빗슨은 우리가 '눈을 통해서' 세계를 보는 것이 아니라 '눈으로' 본다고 기술한다. 동시에 '언어를 통해서' 세계를 아는 것이 아니라, '언어로' 세계를 알게 된다. 그것은 '공공公共 감각기관'과 같은 것이다. 오키나와 전투 직후에 많은 희생자를 낸 군용선 사고는 실제로 있었다. 구술자도 이야기를 통해 그런 일이 있었다고 우리에게 전한다. 이들은 세계와 단절된 '스토리'라는 것을 '사용해서' 어떤 것을 만들어 낸 것이 아니다. 다만 그런 일이 있었다는 것을 우리에게 전한 것이다.

우리들은 우리 자신이 체득한 지식과 이론을 사용해 이 이야기를 해석한다. 우리들은 어떤 시대 어떤 장소에서 이러한 일이 있었다는 걸 이 이야기'로' 알게 된다. 그리고 그 일에 어떤 의미가 있는지를 생각한다.

이렇게 바꾸어 말해도 좋을 것 같다. 우리가 "'오키나와전이란 무엇인가'가 어떻게 구술되는가"를 분석해야 할까? (물론 이것은 이것대로 아주 중요한 연구 프로젝트가 된다.) 아니면 '오키나와전이란 무엇인가'를 분석해야 할까? 우리가 이러한 인용부를 늘리는 것이 아니라 줄이는 방향으로 나아가는 게 좋지 않을까?

아들에게 사과를 전해 주기 위해 바다에 뛰어든 아버지라는 '스토리'는, 자기 제시를 위해 혹은 새로운 내러티브 개발을 위해 혹은 유니크한 문화 정치를 위해 '이용된' 것이 아니다. 이것은 단지 이런 일이 있었다는 것을 전하고 있는 것이다. 그리고 우리들은 구술된 사건에 대해서 우리 자신 고유의 권리로 이 이야기를 예를 들어 자기, 이야기, 정치의 기능이라는 관점에서 해석한다. 그리고 우리들은 이런 이야기를 구술한 구술자가 실제로 존재하고 그래서 어떤 이야기를 했으므로 자기 자신이나 이야기, 정치를 말할 수 있었다고 한다. 이렇게 말할 수 있었다는 일 자체가 실제 존재했다는 것을 전하기 위해서. 그 실제 일어난 구술 현장에서 일어난 일에 대해 우리가 이야기한 것도 이윽고 다른 사람들에 의해 이해되고, 해석되어 갈 것이다.

우리들은 스토리를 듣기 위해 조사를 하고 있는 것일까? 오키나와 부락, 의료와 빈곤, 혹은 가족에 대해, 역사나 인생에 대해, 어떤 특정의 것을 듣기 위해 조사하고 있는 것은 아닐까? 우리가 무엇이 이야기되는지를 쏙 빼고 스토리만을 듣는 것이 가능한가? 혹은 거꾸로 어떤 특정한 것을 빼고, 스토리만 이야기하는 것은 가능한가?

생활사 구술 중에 착각이 섞여 있어서 그것을 수정하는 것이 가능하다면, 우리들은 우리 자신의 목적에 따라 구술자와 같이 그것을 수정하면 된다. 오키나와 전후 역사상 가장 큰 사건의 희생자 수가 정확히 몇 명인지 그 사실관계는 오키나와 사람들의 생활사를 생각해 보면 매우 중요하다. 그러니 이야기 중에 구술자가 무언가 틀린 것을 말한다면 우리는 그것을 수정하면 된다. 그리고 만약 틀린 것이 구술자의 생활사에서 아주 중요한 것을 전하는 것이라면 그것을 수정하는 대신 틀린 형태 그대로 우리들 자신의 이론 구조 안에서 해석하면 된다.

그리고 만약 원래부터 수정이 불가능한 이야기나, 단순한 이해도 분석도 할 수 없는 이야기라면 우리들은 그런 것이 이 세상에 실재한다는 불가사의하고 아름다운 사실에 대해 말하면 된다.

물론 나카노 다카시中野卓의 '오이나리상'[6] 이야기[나카노 1977]처럼, 실재한다고는 생각할 수 없는 이야기에 대해서는 부정하기보다는 그 실재성을 보류하는 것도 가능하다. 그러나 이런 경우에도 이 이야기가 이 세상에서 아무 위치도 갖고 있지 않다는 것이 아니다. 우리들은 그런 이야기나 '스토리'를 구술자 인생 전체와 관련해서 생각한다. 혹은 그 인생 전체를 그 구술자가 살아온 역사와 구조 안에 위치시켜 생각하기도 한다. 그것은 구술자의 이야기를 받아들여, 우리들 나름대로의 방법으로 대화를 계속해 나가는 것과 같다.

그건 그렇고 구술자의 인생이라는 것은 어디서부터 알 수 있을까? 물론 '완전히' 아는 것은 할 수 없다. 그럼에도 만약 우리들이 어느 정도는 사람들의 인생에 대해 알 수 있다고 한다면, 그것은 구술자의 이야기만을 통해서 가능하다. 그를 통해서만 우리는 사람들의 인생에 대해 알 수 있다. 우리들에게는 그 인생을 살아온 당사자에게 물어보는 방법밖에는 없는 것이다. 우리가 진위를 결정하기 어

---

6 곡물의 신으로, 여우의 형상을 하고 있다. [옮긴이]

려운 정도의 이야기가 구술자에게서 구술된 경우에도 우리는 그 이야기를 그 사람의 인생 궤도 안에서 생각할 수밖에 없으며, 그 인생이 어떤 인생이었는가에 대해서 그 구술자의 이야기로부터 배울 수밖에 없다. 그러므로 구술된 인생으로서 생활사는 그 대부분이 '사실이다'라고 말해야 한다. 이야기 중 일부분에 우리들의 실재성에 관한 신념과 맞지 않는 것이 있다 하더라도 그 이야기 전부를 사실과는 떨어진 것으로 치부해 버린다는 것은 불가능하다. 적어도 이야기 대부분은 사실과 관련되어 있어야 한다. 그렇지 않으면 우리가 처음부터 이야기를 이해하는 것 자체가 불가능할 것이다. 이야기를 이해하기 위해서는 생활사 이야기 대부분이 사실이어야만 한다.

그렇다면 구술된 것이 사실이라고 할 때 혹은 구술된 것을 역사와 구조 속에서 이해한다고 할 때, 우리들이 이야기를 바탕으로 '중범위'의 어떤 사회적인 것을 말하고, 그것이 '타당한' 언명이 되는 것은 어떻게 가능한가? 양적조사에서는 이 '타당한 것을 서술'하기 위한 절차가 이미 상당히 다듬어져 있다. 그리고 다양한 방법론과 논의 혹은 학부생을 위한 교과서 등에는 질적조사가 '재미는 있지만 모호'한 것으로 되어 있다. 질적조사가 목표로 삼아야 하는 것은 재미이지 타당성이 아니다. 그것은 정통 과학에 더 가깝다고 여겨지는 양적조사의 영역이다. 질적조사는 따지자면 과학적이기보다 문학적 영역에 지분을 갖고 있으며 '재미'와 '발견적 가치'가 그 가치라고 규정되어 왔다. 하지만 그렇다고 해서 일본어권 사회학에서

'재미'만 있는 질적조사가 높이 평가받는 경우는 거의 없다. 일본어권 사회학 역시 어떤 일반화와 이론화를 추구하고 대표성이나 타당성과 같은 것에 끝없이 질문을 던진다.

이 책에서 몇 번이고 비판하고 있는 사실과 분리된 '스토리'에 대한 방법론들도 일반적인 타당성은 양적조사에서만 추구될 수 있다고 전제한다. 그래서 이들은 사실로부터 자신을 떨어뜨려 놓는 것이 가능한 것이다.

하지만 전후 오키나와에서 일어난 사회변동이 어떤 것이었는지, 오키나와전이라고 하는 역사적 사건은 어떤 것인지, 혹은 그 안에서 살아온 사람들의 인생은 어떤 것인지에 대한 것을 생활사와 질적 데이터로 서술할 때, 어떻게 해도 일반화와 이론화가 필요하게 된다. 그러자면 데이터나 구술자의 대표성, 전형성, 그리고 타당성이 요구된다.

말할 것도 없이, 내가 만나 이야기를 들은 구술자들은 그 어떠한 '대표성'도 없다. '오키나와전을 경험한 사람의 대표'란 무엇일까? 여기서 삭제되어야 할 편향성이란 대체 무엇이란 말인가? 그런 것은 없다.

대표성과 전형성이 전혀 확보되지 않은 상태에서 수십 명의 이야기를 바탕으로 오키나와전과 오키나와 전후에 대해 그리고 그곳에서 살아온 이들의 인생에 대해 서술할 때 실증주의적 절차가 보증되지 않는다고 해서, 사실과 사실을 기록한 문장의 타당성을 전부 버려야 하는 건 아니다.

우리들은 구술자와 대화를 계속해 나가면서 그 대화 '안'으로 끌려들어 간다. 그리고 구술자와 이야기 그 사이에 규범적 관계를 맺는다. 하지만 이 대화는 단지 구술 청취 현장의 '지금, 여기'에서만 생기는 것도 아니고, 대화 상대도 구술자이기만 한 것도 아니다. 사회조사라는 것은 여러 사람들과 여러 장소에서 긴 시간을 들여 한 몇몇 대화의 모음이다.

이 대화 중 우리들은 생각지도 못한 채 '조정과 개입'에 맞닥뜨리기도 한다.

오사카의 어떤 '도시형 피차별부락'에서 실태조사를 하고 있었을 때, 어떤 대답의 해석을 두고 조사원들 사이에서 의견이 나뉜 적이 있었다. 그것은 그 응답자의 다른 대답과 확연히 모순되는 내용이었고 조사원들은 협의해서 이를 '명백한 응답 실수'로 간주하고 해당 부분을 고쳐 썼다. 이를 '자의적 해석이 사회적으로 구축되어 버렸다'고 해야 할까, 아니면 '대화와 조정을 통해 잠정적으로 타당성에 조금 근접했다'고 해야 하는 걸까?

혹은 이런 일도 있었다. 오키나와에서 했던 구술청취조사에서 조사의 취지와 이론적 틀까지 되도록이면 가장 먼저 밝히도록 했는데, 어떤 구술자가 사전 체크를 위해 보낸 원고를 "좀 더 조사자가 만든 틀에 맞게" 고쳤던 것이다. 물론 감사한 일이었지만 나는 설명을 하고 이를 원래대로 돌려놓았다. 이렇게 조사자와 구술자가 이론적 틀까지 공유해서 그 방향으로 자신의 이야기를 '고쳤다'는 것은 너무나도 흥미로운 일이었다. 게다가 그 반대 경우도 있었는데, 오키나와의 계층 격차에 대한 내 강의에 출석했던 어떤 오키나와 출신 연구자가 강의와 회식을 마치고 장문의 메일을 보내 온 적도 있었다. 그 메일은 굉장히 정중한 말로 쓰여 있었지만 나의 이론적 틀에 대한 위화감을 표명하는 메일이었다. _ '조정과 개입'

물론 이러한 두 가지 예만으로 나의 논문 혹은 연구가 '타당성에 더욱 근접했다'고 주장할 수는 없을 것이다. 하지만 이런 현장에서의 조정이나 관계자의 적극적 개입은 양적, 질적조사를 막론하고 사회조사에서는 반드시 생긴다. 사회조사는 조사를 둘러싼 대화, 조정, 개입, 관여, 이의 제기, 동조, 지원에 의해 끝없는 사회적 커뮤니케이션 안으로 들어가게 된다. 이것이 한편으로는 현장으로의 개입과 검열로 작용할 수도 있겠지만, 사회조사의 '타당성'이란 것이 있다면 그것은 조사자 외의 사람들과 대화와 평가, 조정을 통해서만 얻을 수 있는 것이다. 즉 밖으로부터의 조정과 개입은 조사의 타당성의 기반이다.

사회조사 특히 질적조사는 당사자 외에도 활동가나 행정, 미디어 등 항상 외부의 눈에 노출되며 이런저런 평가를 받는다. 이것은 검열이 아니며, 타당성을 위해 필요한 것이다. 구술청취조사는 대화이지만, 그 대화는 조사 현장에서 완결되지 않는다. 질적조사가 취할 수 있는 것이 '어느 정도 사회적으로 받아들여질 수 있는 잠정적 타당성'이라면—그리고 이는 양적조사의 경우에도 별로 다르지 않다고 생각하지만—사람들과 함께 있고, 사람들에게 노출되며, 사람들에게 개입되는 것은 질적조사의 잠정적 타당성의 토대이다.

역사적 사건이나 일어난 일을 묘사하기 위해 당사자나 관계자의 구술을 청취하는 '구술사'라는 방법과, 사회학이 하는 생활사가 어떻게 다른가 하면, 사실 딱히 다를 것은 없지만, 그 역점을 어디에 두느냐에 차이가 있다. 전자의 경우 특정 역사적 사건 그 자체를 묘사하는 것에 역점을 두고 있는 반면, 후자는 역사와 구조 가운데에서 사람들이 어떻게 살아왔는지를 그리는 것에 역점을 둔다. 하지만 이는 말이 쉬울 뿐, 생활사의 과제가 어떻게 가능한가에 대해서 공통의 이해나 정의가 있는 것도 아니다.

최근 대량으로 출판되는 젊은 연구자들이 쓴 질적조사 책을 읽어 보면 그 대상이나 테마가 다양함에도 각자에게는 공통의, 지금까지 이론화되지 않은 이론이 있다. 한센병 요양소에서의 생활, 필리핀 슬럼에서의 복서 생활, 여성 노숙자의 생활, 피차별부락 출신을 향한 차별, 포르노 여배우들의 '자기' 구축 등에 대한 민속지를 읽으면 아무리 혹독한 생활 속에서도 사람은 풍부한 의미를 부여하고 그곳에서 살고 있다는 것. 혹은 극단적으로 제약된 조건 속에서도 있는 힘껏 노력해서 최대한 '좀 더 좋은' 삶을 살고자 한다는 것이 묘사되어 있다.

나는 이런 제한된 조건 속에서도 필사적으로 살아가고자 하는 것을 '타자의 합리성'이라고 표현하며, 그것을 기술하는 것이 질적 사회학의 목표 중 하나라고 생각한다. 이론적, 방법론적 서적으로서 이 책은 무척 불충분하고 부족하며 특히 이 점에 대해서는 거의 논의를 펼치지 못했다. 그럼에도 이후의 방향성을 제시하는 짧은

에세이 두 편을 실었다. _ '폭음 아래에서 산다는 것', '담배와 코코아'

모든 것은 상호 행위이며 대화이다. 우리들은 오키나와 전투가 어떤 것이었는지를 대화 중에 서로 이야기한다. 그 대화 자체를 기술하는 것은 그 나름대로 중요한 프로젝트이다. 하지만 적어도 그 대화 중 우리가 '오키나와전이 지금 여기 대화 중에 어떻게 이야기 되는가'를 서술하는 일은 거의 없다. 우리는 단지, 오키나와전이 어떤 것이었는지를 말할 뿐이다.

구술 청취가 끝나고 연구실로 돌아와도 그 대화는 계속 이어진다. 끝나는 것이 아니다. 감사합니다, 많은 공부가 되었습니다, 아니요, 저야말로, 옛날 기억이 나서 좋았어요, 같은 대화를 나누며 조사 현장은 우선 종료된다. 하지만 우리는 그 '다음의 발화'를 해야만 한다. 연구실에 돌아갔다고 해서 상호 행위 바깥에 서서 그 대화를 기술하는 것은 내게는 무척 어려운 일이다.

구술자와의 대화 중에는 어떤 규범적 관계, 혹은 '약속으로서의 실재론'에 휘말리게 된다. 조사 후, 혹은 그 바깥에서 대화는 끊기지 않고 계속된다. 우리들은 거기서 잠정적 타당성, 사회적으로 받아들이기 쉬움이라는 타당성을 가까스로 얻을 수 있다.

이것은 '그것만 얻으면 된다'는 낙관적인 의미로 말하는 것이 아니다. 우리에게는 이것밖에 없다. 혹은, 우리는 이미 이것을 하고 있다,라고 바꿔 말할 수 있다.

우리는 대화를 계속할 필요가 있다. 언어라고 하는 속박, 스토리라고 하는 속박으로부터 도망쳐, 좀 더 자유롭게 세계에 대해 이야기를 나누는 것이 가능할 것이다.

이 책을 정리하면서 많은 분들로부터 조언과 비판을 받았다. 그중에서도 특히 기타다 아키히로北田曉大, 이나바 신이치로稻葉一郎, 사이토 나오코斎藤直子 씨에게 진심으로 고맙다는 말을 전하고 싶다. 이 세 명과 일상적으로 나눈 대화나 토론에 이 책의 많은 부분 신세를 졌다. 또한 이 서문에 대해서는 시미즈 유야清水雄也 씨와 주희철朱喜哲 씨가 꼼꼼히 의견을 주었다.

그리고 앞으로도 대화는 이어진다.

망고와 수류탄
이야기가 태어나는 순간의 길이

생활사가 구술되는 현장이란 어떤 것일까? 그것은 언제 시작되어 언제 끝나는 것일까? 현장에서 만들어지는 관계란 어떠한 것일까? 그 관계는 조사 이후에도 얼마나 이어지는 것일까?

우리들은 구술 청취 현장에서 마주 앉는 것만으로도 긴 시간, 여러 장소를 넘나드는 과정에 필연적으로 말려든다. 그런 사회관계 안에서 우리들은 그 이야기를 멋대로 받아들이거나, 버리거나, 해석하거나, 잊어버리거나 할 수 없다. 게다가 우리가 청취한 이야기를, 그 이야기가 서술하는 세계에서 따로 떼어내는 것 또한 불가능하다. 하지만 우리들은 가끔 그렇게 할 때도 있다. 이는 특히 구축주의나 포스트모더니즘이라고 불리는 사상에서 자주 주장되는 것이다. 구축주의와 포스트모더니즘을 전면으로 내세우는 분위기가 거의 없어지기는 했지만, 이 조류들은 아직도 우리들의 사고방식을 특정 방향에 고정한다.

이야기를 세계와 따로 떼어내는 것은 이야기 내용과 이야기하는 그 형식을 따로 떼어내는 것과 같다. 이 견해에 따르면 이야기 속에 구술되는 것은 무엇이어도 괜찮다. 다만 어떻게 이야기되는지가 문제시된다. 하지만 우리들은 이야기에 '의해' 무언가를 하는(예를 들면 '현실을 구축하는') 것이 아니다(그런 해석도 가능하지만 거기에는 이미 어떤 종류의 '단절'이 동반된다). 우리들은 이야기를 그냥 이야기하는 것이다. 그리고 그것을 듣는 것은 듣는다는 것 그 자체에 의해 이야기의 인용부[1]를 해제하고, 그것을 다른 문장의 안으로 끌어넣는 것이다. 이야기를 듣는다는 것은 인용부를 벗기는 것이다. 특수하고 명확한 목적을 가지고 특정 이야기에 한정적으로 인용부를 씌운 채 두는 것은 어떤 연구에서는 있을 수 있는 일인 반면, 내가 하고 싶은 것은 그런 것이 아니다.

내가 하는 조사 연구의 테마는 오키나와이다. 나는 오키나와에 관심을 가지고, 오키나와를 생각한다. 그리고 오키나와 사람들이 오키나와에 대해 이야기하는 것을 듣고, 연구한다. 그 이야기는 오키나와에 대한 이야기이며, 오키나와에서 나고 자란, 오키나와 사람들에 대한 이야기이다. 거기에는 오키나와가 구술되어 있으며, 따라서 구술된 오키나와라는 것이 '존재'한다.

생활사의 구술청취조사는 다양한 사람들을 대상으로, 다양한 장소에서, 다양한 상황 아래에서 실시된다. 실제 그 과정도 다 다르

---

[1] 따옴표와 낫표를 아울러 이르는 말로, 이 책에서는 구술자의 구술 및 이야기에 씌워져 있는 부호를 말한다. [옮긴이]

기에 하나의 동일한 인터뷰는 존재하지 않는다.

하지만 대부분의 인터뷰는 비슷한 몇 가지 질문으로 시작한다. 그것은 시작 신호이면서 동시에 깊은 바다로 잠수하기 전 크게 들이마시는 최후의 심호흡이다. "태어나신 곳은 이 근처인가요?", "연세가 어떻게 되세요?" 자기소개나 조사의 취지를 설명하는 등 정해진 절차를 밟은 다음, 짧은 한마디 말을 뱉고 그 한마디가 또 다음 말을 만들면 그것이 또 다음 질문을 끌어낸다. 정신을 차리고 보면 한 사람의 길고 긴 일생이 구술되고 있다.

- 오키나와가 전문이고요, 2년 정도 전에 집단 취직[2]하고서
귀향한 분들 이야기로 책을 썼습니다. 향수병이라든지
그런 것들로요. 한 분씩 만나 뵙고, 개인사라든지 자신의 역사
같은 것을 듣는 작업을 하고 있습니다. 그래서 매년 학생들을
오키나와에 데려와서 같이 공부하는데요, 여러 곳을 취재하면서.
올해부터는 오키나와의 나이 드신 분들을 한 분씩 만나서
인생의 족적 같은 것을 여쭤 보고, 기록으로 남겨야겠다고
생각해서. 오키나와 전체에 대해 교과서적인 걸 공부한다기보다는
실제로 오키나와에서 살고 있는 분들을 학생들이 찾아 뵙고
이야기를 듣는 게 가장 큰, 중요한 공부가 되지 않을까 해서요.
(중략)
- 연세가 지금 어떻게 되시나요?
팔십.

---

2 오키나와에서 본토에 집단으로 돈을 벌러 나가는 것. [옮긴이]

- 젊으시네요!

에이, 그렇지도 않아. 팔십이 되었으니까 이 이야기(인터뷰)도 겨우 한다고 한 거야. 지금까지 아무에게도 말한 적이 없어. 집단 자결[3] 때 구사일생으로… 의식불명이 되고 상처도 남았지만. 처음이야 정말, 나, 여기 여러분한테 그거(말하기로 결심)한 게.

이야기가 태어나는 순간은 질량과 크기가 없는 단순한 점이 아니다. 그 순간에는 무게도 길이도 있다. 생활사 구술청취조사에는 사실, 최초의 질문을 하기까지 길고 긴 도움닫기가 존재한다. 그 대부분은 지극히 사무적이며, 일상적인 절차이다. 이는 동시에 성실함이 굉장히 필요한 단계이다. 구술 청취를 사회학자만 하는 것은 아니며, 또한 같은 사회학자라고 해도 연구 실행 방법은 각기 다르다. 하지만 적어도 사람에게 무언가를 듣기 위해서 이런 도움닫기를 지나야 한다는 것은 똑같다.

여기에서 예로 든 한 오키나와 여성의 이야기는 내가 예전에 소속했던 대학 수업의 일환으로 실시한 조사에서 들은 것이다. 내가 있던 학과에는 '사회조사사士 과정'이라는 것이 있어서 몇 개의 수업을 듣고 학점을 따면 사회조사협회라고 하는 곳이 인정하는 '사회조사사' 자격증을 취득할 수 있었다. 나는 이 과정을 10년 정도

---

3 오키나와전 당시 미군이 상륙하자 일본군은 오키나와 주민들에게 포로가 될 바에는 국가와 천황을 위해 자결하라고 강요했고, 군대에서 쓰는 무기인 수류탄을 나눠 주었다. 하지만 이 사건은 국가를 위한 희생이 아닌 군대에 의한 주민 학살이었으며, 주민과 가족이 서로를 죽이도록 강요받은 비극이었다. [옮긴이]

담당하고 있었고 '사회조사 입문', '질적조사 방법' 등 몇 개의 수업을 담당하고 있었다. 그중 '사회조사 실습'이 있었다. 이 수업은 매년 개설되는 과목으로, 여름방학에 3박 4일 합숙을 해야 하는 꽤나 힘든 수업이었고 마지막에는 전원이 보고서를 써야 했다.

2015년도에는 오키나와현 내에 있는 지역 노인클럽과 연계해서 지역 고령자의 생활사를 구술 청취해, 그것을 있는 그대로 편집 없이 보존한다는 취지로 진행했다. 예전에는 복지와 지역 부흥, 전통문화, 기지 문제, 기업 활동 등 특정 지역에서 각각 다른 테마로 나누어 실습을 했지만, 그해에는 고령자의 생활사를 조사하기로 하고 학생 15명을 4개 그룹으로 나누어 나흘간 총 20명의 사람들로부터 이야기를 들었다.

이 프로젝트를 실시하기 위해 전년도 겨울, 이곳의 노인클럽 사무소를 방문해서 조사의 취지를 설명했더니 흔쾌히 허락해 주었다. 회장님은 이 프로젝트에 대해서 특별히 기뻐했고, 이야기해 줄 사람들이 세상을 떠나기 전에 꼭 지역 사람들의 경험을 글로 남기고 싶다고 말했다. 물론 구술자 소개나 조정도 기쁜 마음으로 받아 주셨다. 실제 조정 등 실무는 이 클럽의 직원에게 부탁하였다. 만난 적도 없고 알지도 못하는 내가 갑자기 꺼낸 이 이야기에 회장님도 직원 분도 전면적으로 협조해 주었다. 특히 직원 K씨에게는 큰 신세를 졌다.

9월 초순의 합숙이 다가옴에 따라 7월 중에는 20명 거의 전원의 구술자를 소개받을 수 있었다. 나는 모든 구술조사 대상자에게 직접 전화를 했고 승낙해 준 것에 대해 감사를 표했다. 그리고 수업에서 조사를 하는 취지와 의도도 설명했다. 그중 한 팔십 세 정도 된 여성이 "나는 지금까지 그 누구에게도 말한 적이 없지만, 외딴 섬에서 일어난 집단 자결 중에 살아남은 사람이오"라고 밝힌 것이다. 나는 사전에 직원에게서 사정을 들었음에도 불구하고 긴장이 되었다.

15명 학생을 4개 그룹으로 나누어, 각각의 구술자의 자택 혹은 근처 공민관 등을 빌려서 동시 진행으로 구술청취조사를 했다. 그래서 모든 그룹의 조사에 동행하는 것은 불가능했지만, 그 여성을 조사할 때에는 나도 동행했다.

그리고 2015년 9월 1일 조사 당일, 나하 시내에 있는 공민관에서 구술자를 만났다. 예약한 방에 들어가 인사를 하고 조사의 취지를 설명한 후, 첫 질문을 하는 것으로 이야기가 시작되었다.

그 여성의 이야기가 정말로 시작되었다고 말할 수 있는 것은 언제일까? 첫 질문 때일 수도 있고, 내가 처음 노인클럽에 연락을 넣은 때부터일 수도 있다. 혹은 1997년 즈음 내가 최초로 오키나와 조사를 시작한 때부터일지도 모르고, 또한 1945년 집단 자결 때부터일지도 모른다. 아니면 이 여성이 태어난 1935년에 이미 이 모든 이야기가 시작되었는지도 모른다. 이야기가 구술되는 현장은 언제, 어디서부터 시작하는 것일까? 그것은 다양한 폭과 길이로 기술할 수 있다. 하지만 이것만은 말할 수 있다. 이야기는 그 현장에서만 이야기되는 것이 아니다. 그것은 나의 연구 이력, 대학 커리큘럼의 구성, 사전 조정과 많은 이들의 협력이라고 하는 극히 세속적이며 사무적인 과정 안에 그리고 무엇보다도, 구술자와 조사자의 인생 안에 삽입되어 있다. 구술 현장에 이르기까지의 모든 연락, 인사, 조정, 교섭, 탄원, 조언, 상담 등에 의해 조사자는 구술자와의 사이에 어떤 특정의 구체적인 관계를 구축한다. 물론 거기에는 어긋남과 오해, 문제가 항상 존재한다. 하지만 그것들을 모두 포함해서 우리들은 모두, 어떤 사회관계 안으로 말려들어 간다.

이렇게 해서 이야기는 시작된다.

- 원래 아버님은 어떤 일을 하셨나요?
어업. 그쪽은 반농반어거든. 구역장님인가 그 사람도 했었으니까,
어부였어. 가다랑어로 엄청 유명했다는 거 같아.
근해에서 잡아 가지고 금방 오니까, 신선할 때 가다랑어포로
만들려고, 진짜 좋았다나 봐, 평판이. 국물을 내면 맛있어서.
하루에 세 번 정도 왕복해서 깃발을 끝까지 올려 가지고
돌아오고 그랬지. 대어라고 쓴 깃발을 달고. 그때는 뭐,
가다랑어쯤이야 바로 머리를 잘라서 바다에 버렸지.

- 아까워라(웃음).
그러니까 그, 뭐였더라, 까마귀! 새까만 까마귀가 이걸 먹으러
온다고. 마을 사람들이 다 나와서 이런 판을 깔고 가다랑어 머리를
잘라서 버리거든. 하루 세 번이나 가득 잡아 와서. 아주 힘들었어.

- 지금은 전혀 잡히지 않게 되었죠.

배도 없지.

- 그래도 비교적 여유 있는 생활이었나요?

그렇지, 거기서는 그렇지 않았을까? (형제들 중에는)
공무원도 있었고. 그러니까 우리들도 어쩌면 학교에
보내줬을지도 모르고. 기대는 좀 했었지(웃음).
고등학교랑 대학교까지는 어떻게든 보내주지 않을까 하고.
나도 교사가 되려고 생각했는데. 오빠들이 다 선생이니까.
그런데 우리 부모는 안 된다고. 그래도 남자애들은 다 고등학교
합격해서. (오키나와 본섬에 있는) ○○고등학교라고.
여기서는 ○○고등학교만 갈 수 있었거든. 다들 학교로
진학한다고 모두 나가서 배웅해 주고 와서는
(나만 못 간 게 분해서) 이불을 뒤집어쓰고 누워 있었어.
그랬더니 일하러 나와 달라고 부탁한다고, 어업조합사무소
전무님이 온 거야. 엄마가 막 화내면서
"효도하고 싶으면 일하러 가거라." 하고 이불을 걷어 내더라고.
깜짝 놀라서 일어났더니, "취직하면 안 되겠니?" 하더라고.
중학교 졸업하고 다음 날이었는데 말야! (웃음) 다음 날부터
바로 일하러 갔지. 수산조합이라는 데를. 수협이지.
거기서 삼 년 정도 일했지. 저쪽(오키나와 본섬)에서 고등학교
졸업하는 건 엄청 힘들어. 하숙집도 찾아야 하고.
학교에 있는 경우도 있지만 말이야. 당시에는 없었을 걸.
혼자 하숙집 찾아서. 그런 거부터 학교에 여러 가지 그, 책값이랑

수업료도 들고. 그러니까 먹어야 되지, 생활해야 되지,
학교에 돈도 내야 하지, 간단히 (고등학교에는) 못 가는 거지.
여기에서. 그러니까 벌써 아버지는 젊었을 때부터 여자애는
진학 안 시킨다고 계속 말했었어. 그러니까
'후리문나인ふりむんないん'이라고 알아요? 오키나와 사투리.

- '후리문나인'이라면 바보라는….
바보가 된다고. 여자애들 공부시키면 바보 된다고.
그런 뜻이야(웃음). 왜 그런가 하면, 집안일 안 돕지, 농사 안 하지,
다들 취직해서 나가 버린다고. 그래서 이런 말이 있는 거야.
우리 아버님이 항상 그렇게 말했는데.
그래도 마지막에 오빠 말로는, 자살하려고 앉아 있었는데.
이제 곧 폭탄이 터지고, 수류탄을 던지려고 하는데,
아버지는 내 옆에 앉아 있던 바로 위에 언니한테
"너희 자매도 진학시켜 주려고 생각했는데, 세상이 이런 지경이
되어 가지고. 속상하구나"라고 말했다는 거야. 아버지가.

가족 이야기는 자연히 집단 자결 당시의 이야기로 흘러간다. 이 연배의 여성들 대부분은 고등교육을 받지 못했다. 가난했던 것도 있고, 처음부터 여자아이에게 교육시키는 것 자체가 드문 일이었다. 구술자인 이 여성은 어떻게 해서라도 학교에 가고 싶었지만 중학교를 졸업하고 바로, 고향의 수협에 취직해야 했다. 마지막까지 딸의 진학을 반대했던 부친은, 집단 자결의 순간에 학교에 보내주

지 못한 것을 미안해했다. 그 직후 구술자인 이 여성은 아버지와 사별한다.

- 아버님이 돌아가신 게, 집단 자결 때…
집단 자결 거기서는 아니고. 이렇게, 집단 자결 장소에,
가족 13명이요. 산파까지 같이 있었으니까. 가족 13명이 이렇게
둘러앉아. 한가득이죠. 마을 사람들 거의가 모였으니까.
수류탄을 들고 있었어요. 그리고 두 개씩 나눠 받았으니까,
그거를 신관을 하나 뽑고, 여기저기서 폭발해 버려 가지고,
아악, 아악, 소리지르고. (우리들이 받은 수류탄은) 신관을 뽑아도
어떻게 된 일인지 안 터지는 거야. 한 개 더 있었으니까 마저
뽑았는데도, 그 두 번째 것도 안 터졌나봐.
그러니까 그때, 성냥을 그어, 성냥을 그으란 말이야 하는 거야.
불을 붙이라고. 그렇게 해서 던지라는 사람도 있고.
그래서 난리가 났는데 엄마가 일어나더니 "버려." 하더라고.
엄청 큰 목소리로. 그 동그란 거 버려. 인간은 살 수만 있다면
그게 언제까지가 되더라도 살아야 한다고, 스스로 목숨을
버리면 안 된다고, 목숨이 곧 보물이라고. 큰소리로.
목숨이 보물이다!라고 말했어, 벌떡 일어나서는.
그러자 그때 가족 전부가 일어나서 도망치는데 아버지는
내 손을 잡고 있었고, 동생은 언니가 업고 있었거든.
그리고 사촌도 저 아래서 어린 아기를 업고 도망가려고 했거든.
나랑 아버지가 먼저, 아마도 (줄) 앞에 있었던 게 아닌가 하고
생각하는데, 동생이 뒤에서 봤다고 하니까.

동생이 뒤에서 본 것이 무엇이었는지는 이 이야기의 뒷편에 다시 구술된다.

- 저… 자결이 있었던 게 언제쯤이었나요. 1945년? 쇼와 20년이죠.
3월인가 4월쯤인가요?
3월이요. 28일쯤 산에 올라갔으니. 우리 집 땅굴에 들어가 있었어.
집들마다 자기 땅에 굴을 팠지. 굴을 파서 이거저거 먹을 거를
전부 넣어서, 그래서 아주 나중에도 불편함 없이 먹을 수 있게
쌀을 전부 넣고, 입을 거, 물건, 죄다 넣었지.
그리고 (땅굴에) 들어갔는데, 일본군이, ○○(지명)에 모이라고 명
령한 거야. 바로 산에 올라가라고 그랬어.
그래서 거기를 나와서 다들 졸졸, 관청에 (줄) 맨 앞사람이
이렇게 줄을 두 개 가지고. 구역장인가? 다들 이거를 붙잡으라고,
길 잃어버리면 안 되니까. 계속 이렇게 해서 산을 올라갔단
말이야. 그 줄을 잡고.
어른이고 애고 할 거 없이. 이 사람에 붙어서 올라갔어.
그리고 다들 모인 게 딱, 골짜기. 이쪽 안에는 물이 조금
흐르더라고. 그래서 폭발해 가지고. 수류탄이 터져 가지고.
죽은 사람이 데굴데굴 아래로 굴러가는 거야. 골짜기로 전부.

- 모이고 나서 일본군이 지시한 건가요?
모이라고 그래서 모였더니 촌장님이 불려 가서,
그리고 저쪽에 가서는 소곤소곤 말하더니. 그리고 수류탄을
사람들에게 나눠 주더라고. 수류탄을. 모두에게.

그랬더니 촌장님이 다들 일어나라고. 그러더니. 천황 폐하 만세,
두 번, 세 번 그랬나? 천황 폐하 만세 그러더니. 거기까지는
기억하고 있어요. 그러고 바로 여기저기 폭발해 가지고.
그랬더니 불발탄을 받은 사람들은 큰일이 난 거지. 다들 뭐,
터져 버린 데는 다친 사람도 있고 죽은 사람도 있고.
불발탄 가진 사람은 자기들은 안 죽었는데 주변엔 죄다 죽어
널브러져 난리가 나서. 우리들은 도망쳤는데, 엄마가 그렇게
말해 줬으니까. 거기에 남은 사람들은 서로 죽이고 했다지.
그런데 그때 미군이 상륙한 거야. 자살하고 난리가 났는데.
박격포라고 그러나. 상륙할 때 그걸 엄청 퍼붓는 거야.
'휘유우…' 하고 소리가 날 때는 저 멀리 날아가는 거고,
'퓨!' 하는 소리를 내고 올 때는 벌써 바로 여기에 타다닥 하고
떨어지는 거지. 퓨- 퓨- 하고 소리가 나니까.
이 근처라고 생각해서. 그러고는 아버지가 어서 엎드리라고
손을 놓더니. 내가 이렇게 엎드렸거든. 학교에서도 맨날
연습했으니까. 엎드리는 연습은 항상 하고 그랬거든.
1학년 때부터 학교에서. 그랬더니 어떤 이상한 소리가 나서,
아버지가 '키-잉' 하는 소리를 내는 거예요. 옆에서,
옆에 엎드려 있던 아버지가. 뒤에서 엄마가 "삿따세さったせ-"
라고 하는거야. 사투리로 '당했다'는 말이니까,
나는 깜짝 놀라서 도망가려고 했는데, 흙도 돌도 막 튀어서
내 등에 마구 떨어지는 거야. 그랬더니 두 걸음 가서는
일어서려고 했던 기억은 있는데, 그때부터는 뭐,
어떻게 되었는지 전혀 모르겠어.

벌써 의식이 몽롱해서. 나는 도망가야지 도망가야지 했는데,
벌써 아버지는 죽었다고 엄마가 말하는 게 들렸으니까.
보지 말아야지, 보지 말고 도망가야지 하고 생각했거든.
마침 집단 자결하려고 앉아 있었을 때 다들 가족 전부가
앉아 있는데, 엄마가 다들 함께 있으니까 무섭지 않다고,
옆에 보지 말고 가만히 눈을 감고 앉아 있으라고,
조용히 앉아 있으라고. 다들 같이 있으니까 무섭지 않으니까,
그렇게 말했어요. 나는 눈을 꽉 감고 이렇게 앉아 있었거든.
아버지가 당했다는 얘기를 듣고 이젠 보지 말고 도망가려고,
그거밖에 할 수 없었어. 그래서 전혀 본 게 없어 나는.
며칠 후에 강으로 내려왔는데. 어떻게 해서 거기까지 갔는지
기억은 없어요. 누가 손을 잡아끌어서 거기까지 갔는지,
내 발로 걸어갔는지. 며칠이 지났는지도. 내가 정신을 차렸을 때는
물이 마시고 싶은 거야. 부상당한 사람은 목이 마르니까.
물을 달라고 말을 했나봐. 언니가 물을 길어 와서 마시려고
했는데 썩은 내가 나. 이렇게 멀리 떨어져서도 알겠는 거야.
그 썩은 내가.

- 물에서 냄새가 났다구요?
응. 썩은 내가 나. 그래서 정신이 좀 들었어.
물이 너무 썩은 내가 나는 거야. 그리고 다시 자는 거야 나는.
그래서 기억이 또 없어. 그리고 또 한 번 무슨 소동이 있었는지
주위가 시끄러운 게 들렸어. "같이 가는 게 나았을걸."
"니 아버지 곁으로 가는 게 나았을걸." 하고 엄마 목소리가

들리는 거야. 내 이름을 부르고. 나를 테루코(가명)라고 하는데,
테루코는 우리 테루코는 아빠 곁에 가는 게 좋았을걸 하고,
엄마 목소리가 들렸거든. 그래서 아, 나는 이제 틀렸나보다
하고 생각했어. 그런 말이 들렸으니까.
그래서 다들 저, 주위에 이렇게, 가족들이 다들 나를 한가운데
눕혀 놓고 앉아 있는 기분이 들더라고. 일어나 보려고 생각도
해 봤는데 몸이 일어나지지 않아. 귀만 들려.
며칠이나 걸려 도망쳤는지. 다들 도망쳐 와 보니 거기에
강이 흐르는 거야. 작은 강 근처까지 도망 와서.
생활하려면 물이 있어야 하잖아. 그래서 강이 흐르는 곳으로
도망 온 거지. 그때는 정신을 차렸어. 머리는.
조금씩 기운을 차렸어. 그런데 도망치는 중에는 먹을 게
하나도 없었지. 그곳에 도착해서 처음으로 물을 마셨어.
내가 물을 마셨을 때, 썩은 내! 하고 말했을 때, 오빠랑 언니가
다음 날 아침에 가 봤더니 사람 피가 있더래.
여기저기 사람들이 쓰러져 있었다고. 물이 고여 있길래
떠 와 가지고 마시게 했더니 사람 피였던 거야. 그게.
그리고 그때부터 다들 먹을 걸 찾고 남자들은 오두막을 만들었어.
소철나무밖에 없었으니까, 산에는. 그때부터 몇 년, 며칠을
생활할지 모르니까. 우선은 먹을 거랑 잘 곳을 확보하려고.
어른들은, 남자들은 전부 비자나무를 잘라 와서 집을 만드는 거야.
나무를 베어 와서 집을 만들었지.
또 여자들은 다 같이 산을 돌아다니면서 소철나무를 찾는 거지.
소철나무는 바로 먹을 수는 없어. 발효시켜야 돼.

이걸 잘못하면 독이 돼. 먹고 죽는다고. 예전에 그래서 한 가족이
다 죽은 적도 있다고 하더라고. 가뭄에 소철나무를 그대로 먹어서.
어른들은 그걸 잘 알고 있어서 발효를 시킨 거지.
구멍을 만들고 소철 잎이랑 주변에서 나는 풀을 베어서 전부
이 구멍에 넣어 가지고. 소철나무도 쪼개서 이렇게 넣고.
며칠이지, 일주일 정도였을까, 발효시키고 나서 꺼낸 게.
그리고 그걸 말리거나, 조그맣게 썰어서 말리고. 여러 가지
하지 않으면 먹을 수가 없었어. 그걸 이렇게 큰 솥에다,
열 몇 명이었으니까. 그걸로 죽을 끓였지. 그거 말고도
먹을 수 있는 건 뭐라도. 풀이나, 나무 싹도(웃음) 전부 찾아
가지고 와서 같이 거기다 넣는 거지. 그리고 가끔 미군이
지나간 데에 남은 휴대용 식량이라든지. 그 사람들은 아마
알았을 거야. 여기 사람들이 숨어 있는 거. 알았을 거라고
나는 생각해. 치즈랑 마요네즈 같은 거 그리고 저, 과자, 초콜릿,
그런게 남아 있는 거야, 상자에. 처음엔 치즈가 뭔지 모르니까
비누라고 생각하고 강에 가서 그걸 옷에다가 발라서 빨래를
하려고 했는데, 끈적끈적 거리는 거야(웃음). 그리고 마요네즈는
말이지, 그건 뭐랄까, 죽에 넣어서 먹었어. 처음부터 기름
아닌가 싶어서. 식사라는 게 그랬어. 물 같은 죽. 그걸 하루
한 번 먹었어. 아침만 먹었던 거로 기억하고 있어.
저녁밥은 먹은 기억이 전혀 없어. 하루에 한 끼. 처음에는
소철나무를 제대로 먹을 수 있게 되기까지 엄청 힘들었어.
쑥이라든지, 이런 거 저런 거 산에 곧잘 있었는데. 그런 걸
찾아와서, 어른들이 먹을 수 있는지 아닌지 전부 골라 내서

못 먹는 건 버리고. 우리들(아이들)은 뭐든 일단 따 오고 보는
거야. 어른이고 애고 할 거 없이 전부 먹을 거 찾는 작업만 하는
거지. 그때부터는. 그리고 강에 내려와서, 집도 생겨 가지고.
강에 내려와서, 그리고 내가 다친 거 아닌가 하고 엄마가
걱정해서 발가벗기고 옷을 전부 빨았더니, 물이 시뻘건 거야.
모래랑 돌, 자주 텔레비전에 나오잖아. 폭탄이 지면에 떨어졌을 때
펑, 하고 흙이 막 튀잖아. 그런 거라고 생각했어.
그런데 사실은 아버지의 피, 머리 파편, 그런게 내 등에 떨어진
거야. 강에서 빨았는데 강이 시뻘건 물이 되어서 흐르더라고.
아버지 피를 내가 뒤집어썼던 거야. 어렴풋이 알겠더라고.
(전후) 50년이 지나고 동생이 말하더라고.
누나가 흙이랑 돌이 떨어져 내렸다고 말한 건 사실 아버지의 그게
전부 떨어져서 누나가 뒤집어쓴 거라고. 강에 흘려보냈을 때
아, 피구나, 하는 건 알고 있었지만. 너무 충격이었지.
아버지의 그게 전부 나한테. 머리의 큰 뼈까지도. 내 등에
큰 돌이 떨어졌다고 생각했는데. 그게 전부 저거였다고.
아버지의 저거. 아버지의. 50년이 지나고서야 그렇게 말해
주더라고. 동생이. 그 애는 언니가 업고 있었으니까 뒤쪽에서
(언니 어깨너머로 그 장면을) 본 거야.

언어로 대상을 고정하는 것은 권력 작용, 극단적으로는 폭력이
라고 오랫동안 이야기되어 왔다. 확실히 이 주장에는 이유가 있다.
고정된 국민, 인종, 민족, 가족 혹은 정체성의 개념이 우리들을 속
박하고, 타자를 배제하며 불평등한 사회를 만들어 왔다는 것에 대

해 전적으로 동의한다. 예를 들어 일본인, 남성과 같은 개념이 우리들을 억압하고 자유를 빼앗는 것을 생각해 보면, 인간이 살아가는 방법이나 존재하는 방법에 관한 고정적 이미지를 해체하는 것이 얼마나 중요한지 아무리 강조해도 지나치지 않다.

이러한 생각 방식이 병에 담겨 바다로 흘러가 일본의 사회학이라는 변방에, 그중에서도 질적조사 사회학이라는 멀리 떨어진 작은 섬에까지 떠내려왔다. 하지만 그것은 표류하면서 어느새 구술자가 말하는 이야기를 사실로부터 혹은 세계로부터 딱 잘라 떨어뜨려 놓으라는 명령으로 변해 있었다. 무엇이 구술되고 있는지 보는 것을 금지하고, 그것이 어떻게 이야기되는가만을 보자고 하는 연구는 소수자인 구술자를 '보호'한다는 명목으로 주장되어 왔다. 이야기를 사실관계로 환원해 버리면 무엇인가를 손상시키게 된다는 것이다. 그것을 피하기 위해서 구축주의라는 간판이 사용되었다.

하지만 거꾸로, 이야기를 사실로부터 혹은 세계로부터 떨어뜨려 놓음으로써 우리가 이야기를 무용한 것으로 만들고 있지는 않은가? 구술한 여성은 건네 받은 수류탄이 두 개였다고 말했다. 그것은 한 개였을지도 모르고 세 개였을지도 모른다. 하지만 몇 개이든 수류탄이 건네어진 것은 '사실'이다. 구체적인 사실관계에 대해서 착각이나 혼란이 생길 가능성은 항상 있다. 그런 부분을 자세하고 철저히 담아 내는 작업도 어떤 목적에서는 필요하다. 하지만 우리가 그 여성이 말한 경험 그 '대부분이 사실'이라는 것을 전제하지 않는다면 구술 청취 현장에 참가하는 것조차 불가능할 것이다. 그리고 구술자로부터 들은 이야기에 근거해서 우리가 이야기를 계속 이어 가는 것 또한 불가능할 것이다.

이는 당사자에게 다가간다든가, 당사자가 되어 본다든가, 같은 것을 경험한다든가 하는 것이 아니다. 좀 더 세속적이고 평범한 의미로 혹은 '논리적'인 의미로 이야기를 듣는다는 것은 인용부를 벗기는 것이다.

권력 비판에서 '범주에 대한 비판'은 곧잘 사실 그 자체를 파기하기도 했다. 그러고서 일본인이나 남성과 같은 것은 어디에도 존재하지 않는다고 주장한다. 이야기가 보여주는 대상은 세계에 실재하지 않으며, 그런 것을 찾는 것 자체가 당사자의 이야기를 손상하는 것이라고 주장한다.

하지만 그 여성의 이야기를 들은 후 우리가 그 이야기를 세계로부터 떨어뜨릴 수 있을까? 그 이야기가 무엇인가에 대해 서술한 것이 아니라 단지 구술자가 여러 범주를 '사용'한 것, 예를 들면 자기제시, 현장의 정의를 하는 것에 지나지 않는 것일까? 일본인이나 남성은 존재하지 않는다고 한다. 그렇다면 오키나와인 그리고 여성도 존재하지 않는 것일까?

구술의 현장을 발화의 현장만이 아니라 그 앞뒤로 수개월 혹은 수년에 걸친 장기간의 과정이라고 생각하면, 구술 청취가 구술자와 조사자가 공동으로 인용부를 벗겨 나가는 작업이라는 게 명확해진다. 우리들은 어떤 하나의 혹은 복수의 규범적 관계성 안에 긴 시간에 걸쳐 끌려들어 간다. 이 관계성 안에서는 서로의 발화에 인용부를 달아 둔 채로 놓아둘 수 없다.

물론 이것이 어떤 특정 사회관계 안에서 반드시 의견과 신념, 가치가 일치한다거나, 구술된 이야기가 무엇이든 전부 실재한다는 의미는 아니다. 하지만 우리들이 '착각했다'는 것에 대해서 그건 착각이었다고 말할 수 있는 까닭은 그 상대가 대부분 합리적이기 때문이다. 우리들은 대화의 상대와 실재, 그리고 타당성에 대한 신념의 대부분을 공유하고 있다. 그렇지 않으면 애초부터 대화라고 하는 것이 불가능하지 않겠는가? 이건 조금도 특별한 것이 아니다.

우리들은 항상 구체적인 사회관계 안에서만 이야기할 수 있다. 그리고 그 안에서 언어는 대부분의 경우 진실인지 거짓인지, 정확한지 오해인지 질문받는다. 적어도 우리는 구체적인 사회관계 안에서 텍스트를 텍스트인 채로 놓아둘 수 없다.

그리고 너무나도 중요하고 당연한 것이어서 굳이 말할 필요도 없지만, 구술 청취 과정의 처음부터 끝까지 듣는 입장인 나는 구술자의 '이야기' 혹은 '스토리'를 듣겠다고 부탁한 적이 없다. 나는 오키나와전에서 체험한 것 혹은 더 넓은 의미로서 전후부터 지금까지 오키나와에서 생활한 분들의 생활사를 들려 달라고 부탁해 왔다.

"당신이 '오키나와전이라고 하는 개념'을 '어떻게 구술하는가'에 관심이 있는데요"와 같은 부탁이 가능할 리 없다. 이것은 사회학자 혹은 취재나 인터뷰를 하는 대부분의 사람들 모두 그럴 것이다. '이야기'를 듣기 위해 현장까지 오는 사람은 거의 없지 않을까? "당신이 무엇을 이야기하는지가 아닌, 그것을 어떻게 구술하는가에만 관심이 있습니다"라고 말하고 취재를 부탁하는 사람은 없을 것이다. 우리는 어떤 것에 대해 이야기를 들려 달라고 부탁하러 그곳에 가는 것이다. 그리고 우리들은 무언가에 대해 들은 그 이야기를 바탕으로 다시금 이야기를 시작한다.

지난번 다른 용건으로 오키나와 출장을 갔을 때, 몇 개월 만에 노인클럽 사무소에 가서 회장님과 직원에게 다시 한번 감사 인사를 전했다. 그리고 학생들이 쓴 보고서에는 구술자 모두의 이름을 익명으로 하겠다고 말하자, 회장님은 꼭 본명을 써 달라고, 지명도 전부 넣어 달라고 당부했다.

무엇 하나 부끄러울 것이 없어요. 그 전쟁을 살아 낸 우치난추가 전쟁 후 열심히 버텨 낸 덕분에 지금의 오키나와가 있는 거예요. 선생님, 전부 사실이니까, 사실을 있는 그대로 써서 남겨 주세요. 꼭 그렇게 해 주세요.

구술청취조사로부터 3개월이 지나, 초고를 완성했다. 구술자 쪽에 전화를 걸어 다시 한번 감사 인사를 하고 초고를 우편으로 보냈다. 바로 전화가 왔고 게재해도 좋다는 허락을 받았다.

그리고 며칠 후, 전화가 한 번 더 왔다. … 그때 이후로 이런저런 기억이 나서, 그때 아버지가 돌아가신 현장에서 엄마가 한 말이 지금 생각이 났어. 그래서 전해 줘야겠다고 생각해서. 엄마가 한 말은 이런 거였어.

평화로운 세상이 되면, 오빠(오키나와 본토에서 학교에 다니던 차남)
가 가족을 찾으러 와 줄 거야. 그러니까 (아빠가 돌아가신 장소를)
바로 알 수 있도록, 저기 나무에 이름을 새겨 두렴.

구술청취조사 날, 학생 몇 명과 함께 공민관에 가서 구술자를 기다리던 때에 그 여성이 커다란 짐을 들고 왔었다. 보자기를 펼쳐 보니 거기에는 본 적도 없는 커다란 반찬통이 있었고 그 안에는 반으로 자른 후 먹기 좋게 칼집을 넣어 얼린, 잘 익은 망고가 한가득 들어 있었다. 학생들을 위해 일부러 준비해서 가지고 오신 것이다. 한여름 오키나와, 에어컨이 틀어진 공민관에서 구술청취조사를 하는 와중에 망고는 자연히 녹아서 딱 먹기 좋게 되었다. 그 여성은 집단 자결의 경험을 이야기하는 중간에 몇 번이나, 얼려 와서 다행이라고 말했다. 먹기 좋은 상태의 온도가 된 망고를 내지에서 온 젊은 학생들에게 먹이고 싶다고 생각한 것이다. 우리들은 집단 자결뿐만 아니라 그 섬의 전후의 모습, 이후 본섬에 이동한 이후의 생활사 이야기에 귀를 기울이며 달고 진한 망고를 베어 물었다.

인터뷰가 끝나고 보니 산뜻한 노란 과즙이 내 검정 폴로 셔츠에 묻어 있었다. 학생들이 그걸 보고 웃었다.

감사합니다 하고 몇 번이나 인사를 하고 회의실을 나오자, 높은 지대에 있는 공민관 창문으로 저 멀리 집단 자결이 있었던 섬이 희미하게 보였다.

당연한 것이지만 지금 여기 오키나와에 살고 있는 사람들 대부분은 그 오키나와전을 살아 낸 사람들의 자식이고 손자들이다. 나는 한동안 조용히 바다 위 아득하게 멀리 떠오르는 섬 그림자를 가만히 보고 있었고, 학생 중 한 명이 기념사진을 찍자고 말했다. 내가 아이폰 셔터를 누를 때 그 여성은 빙그레 웃으며 '피-스' 사인을 만들었다.

  1945년 저 섬에서 그녀는 일본군에게 두 개의 수류탄을 건네받았다. 그리고 2015년 이 공민관에서 수류탄 대신 그녀가 우리에게 건네준 것은 몇 개의 다디단 망고였다.

인용부 벗기기
포스트구축주의 사회학의 방법

이 장에서는 사회학의 질적조사 방법론 가운데 하나를 비판적으로 검토하면서 '포스트구축주의' 사회학의 새로운 방법을 모색하려고 한다. 주로 언급할 것은 사쿠라이 아츠시桜井厚의 '대화적 구축주의対話的構築主義'라는 라이프 스토리 연구 방법론이다. 우선 질적조사 현장에서 겪는 '타자 이해'의 어려움에 대해 정리하고 이것에 대한 사쿠라이의 방법론을 검토한다. 다음으로 도널드 데이빗슨의 개념상대주의 비판 논의를 참고한 후, '좀 더 실용적인' 사회학의 방법론은 어떠해야 하는가에 대해 매우 간단히 그림을 그려 보겠다.

기본적으로 사쿠라이 아츠시의 방법론은 타자 이해의 어려움에 정면으로 맞서는 것에서 출발했지만, 몇 가지 포스트모던 이론의 영향으로 결국은 이해 그 자체를 상대화해 버렸고, 타자와 세계에 대한 다양한 기술 가능성을 스스로 닫아 버렸다는 것이 내

의견이다. 사쿠라이의 문제를 극복하기 위해서 데이빗슨의 논의가 큰 도움이 될 것이라 생각한다.

물론 내게는 데이빗슨에 대해서나 질적 사회조사 방법론에 대해서 충분한 논의를 전개할 만한 능력이 없다. 그래도 현장조사에 기초한 사회학과 같은 영역에 대해 데이빗슨의 철학적 논의가 가지는 가능성, 그리고 구축주의[1] 이후의 사회조사가 추구해야 할 방법론을 고민하는 계기가 되면 좋겠다.

1. '불합리한 것' 이해하기

우리는 구술조사 현장에서 다양한 사람들과 만나고 이야기를 듣고 기록한다. 그리고 그 기록에 기초하여 논문을 쓴다. 즉, 우리들의 타자 이해는 단순히 듣기만 하는 것이 아니라 그들의 이야기에 기초하여 그 이야기에 대해 기록하는 것도 포함된다. 듣고 기록한다는 일련의 실천이 우리들에게는 이해한다는 것이다. 하지만 그것이 매우 어려울 때가 자주 있다.

사회학이라고 하는 영역은 지금은 매우 넓어져 버렸기 때문에 한마디로 정리하기 어렵지만, 행위의 합리성과 그 이해에 관한 막스 베버의 고전 《이해 사회학의 카테고리》는 현재에도 '듣고 기록하는' 사회학의 이치를 보여준다. 이 책은 다음 구절로 시작한다.

---

1 1990년대 일본에서 유행한 사상으로 우리가 가진 관념이 어떻게 사회적, 역사적으로 구축되어 왔는지를 밝히는 것. (후루이치 노리토시, 《그러니까, 이것이 사회학이군요》, 코난북스, 2017. 참고.) [옮긴이]

인간의 ('외적' 혹은 '내적') 행동은 다른 모든 일들처럼, 이뤄지는 과정 중에 여러 관계나 규칙성을 가지고 있다. 하지만 인간의 행동이 가지는 고유성은 여러 관계와 규칙의 경과를 이해 가능한 형태로 해명할 수 있다는 것이다[베버 1968:13].

사람들의 행위가 합리적이라는 의미는 첫째, 그 행위가 '여러 관계와 규칙성을 갖고 있다'는 것이며 둘째, 그 행위가 우리들이 '이해할 수 있는 행동'이라는 것이다. 베버가 사람들의 행위를 '이해 가능한 형태로 해명할 수 있다'고 기술했을 때, 해명하는 주체는 그것을 듣고 기록하는 사람을 말한다. 우리는 사람들의 행위를 '실용적[같은 책 15]'으로 즉 '왜 그 행위를 했는가'라는 동기를 통해 이해한다. 동기는 비경제적인 것까지 포함한 가장 넓은 의미의 '이해利害' 혹은 '유용성'이라고 해도 좋겠다.

하지만 이미 많이 지적되어 온 것처럼 타자의 합리성은 그렇게 간단히 이해하고 재기술할 수 없다. 사람들, 그리고 우리의 행위나 동기는 비합리성으로 가득 차 있다. 이 경우 '합리적이지 않은 것'이란 넓은 의미에서 이익이나 유용성과는 모순되는 것이다.

언뜻 보면 불합리한 행위와 언동에 대해 사회학자는 어떻게 접근할 수 있는가? 이 문제에 대해 고찰하는 것부터 시작해 보자.

어떤 종류의 비합리적 행위에 대해서는 '자기 책임'이라는 단어가 붙기도 한다. 충분한 정보가 있고, 또한 강제가 아닌 자발적 선택에 의한 결과로 얻은 불이익에 대한 책임은 이 선택을 한 사람에게 귀속된다.

몇 년 전에 오사카에서 이런 일이 있었다. 심각한 디플레이션과 불경기가 한창일 때, 어떤 공원에 노숙자 숫자가 급격히 증가했다. 그들은 공원에서 방수포로 텐트를 만들었고 수도를 사용했으며, 가재도구와 전자 제품을 늘리면서 점점 그 생활 공간을 넓히고 있었다. 주민들이 보기에 이것은 부당한 공원 불법 점거였다. 어느 날, 그 공원 주변에서 국제적 이벤트가 열리게 되었고, 오사카시는 이 노숙자들을 공원에서 나가게 하는 대신, 이들이 자립 지원 시설에 입주할 것을 제안하였다. 하지만 이 제안에 대해 노숙자들과 활동가들은 반대 운동을 전개했다. 이들은 '공원에서 살 권리'를 강하게 주장했다.

이 운동에 대해 인터넷과 수업 등에서 학생들로부터 매우 흥미로운 반응이 있었다. 그것은 '공원에서 사는 것이 권리인가?'라는 것이었다. 꾸밈없고 순수하다면 순수하다고 할 수 있는 이해 방법이었는데 그것은 아마도 다음과 같은 논리에 기초하고 있는 것 같았다. 우선 노숙자가 사회문제로 구성되는 이유는 공원이나 길 위에서 사는 것이 '문제'이기 때문이다. 이것이 문제인 것은 대부분의 사람들에게 노상이나 공원에 사는 것은 스스로 원해서가 아니라 사회적으로 강제된 것이기 때문이다.

따라서 이러한 연구와 사회운동의 한 가지 목표는 노숙자들을 길 위나 공원에서 지붕이 있는 곳으로 옮기는 것이다. 하지만 만약 행정이 제안한 자립 지원 시설에 입주하기를 거부하고 공원에 계속 살겠다는 것을 권리로 주장한다면 그것은 노숙자가 '자발적'으로 선택한 것이 되며 이는 곧 사회문제가 아니다.

즉 학생들에게 누군가가 그 자신의 의지나 선택의 결과로 공원에 산다면, 그 결과와 책임의 귀속이 어디인가를 둘러싸고 큰 혼란이 생겼던 것이다. 사회의 어떤 상태가 사회문제가 된다는 것의 배경에는, 그 상태가 자신이 자유롭게 선택한 결과가 아니라는 가정이 존재한다. 어딘가에 불이익을 입는 사람들이 있고 그것이 '사회의' 문제가 되려면 그것은 스스로 선택한 결과가 아니어야 한다. 한편으로 같은 불이익이 존재하고 그것이 스스로 선택한 것의 결과라면, 그것은 '사회의' 문제가 아니라 각 개인의 책임 문제이다.

오키나와 후텐마普天間 기지가 건설된 것은 1945년, 오키나와에서 전쟁이 한창일 때였다. 하지만 그 후 기노완宜野湾촌(시)의 인구는 1950년 1만 6천 명에서 복귀[2] 후 1975년 5만 4천 명, 그리고 현재는 9만 7천 명까지 증가했다. 기노완시의 땅은 시 중앙부 대부분이 기지로 사용되고 있다. 그 말은, 즉 현재 기노완 인구 대부분이 후텐마 기지가 '생기고 나서' 그 근처에 살게 되었다는 것이다. 혹은 그곳에서 태어나 현재까지도 계속 살고 있다는 뜻이 된다. 실제로 항공 사진을 보면 기지 주변에 마을이 늘어나고 길과 건물이 증가하고 있는 모습을 확인할 수 있다.

예상한 것이지만, 이 사실이 인터넷에서 악용되는 경우가 자주 있다. 후텐마 기지는 주택 밀집 지역에 있는 '세계에서 가장 위험한 기지'로 불리며, 이것이 반환이나 이전을 둘러싼 협의장에서도 이미 언급되고 있다. 그런데 그토록 위험한 기지가 '생기고 나서부터' 인구가 늘어나고 있다는 것은 그 사람들이 '스스로 선택해서' 폭음과 비행기 추락 위험이 있는 기지 주변에 살고 있다

---

2 2차 세계대전 이후 미군정 통치 아래 있던 오키나와가 1972년 일본 본토로 다시 편입된 것. [옮긴이]

는 것이 된다. 따라서 주민의 기지 피해는 충분한 정보를 바탕으로 자유롭게 선택한 결과이며, 그 책임은 국가에게도 지자체에게도 '사회'에게도 없다.

사회문제를 이해하고 기술하는 것이 어려운 이유는 그것이 부분적으로는 불이익을 가져오는 선택을 했기 때문에 생긴 것처럼 보이기 때문이다. 단순한 합리성으로 사람들의 행위를 설명할 수 없을 때, 우리가 그것을 '사회문제'라고 부르는 것일지도 모르겠다.

2. '차별받은 적 없는데요'

문제는 단순한 불이익의 상태만이 아니다. 그 상태를 어떻게 인식하는가 하는 문제도 있다. 우리들 스스로가 불이익 상태, 혹은 '사회문제'라는 상태에 있음을 알지 못하는 경우가 자주 있다. 어떠한 사회문제라고 하는 상태에 자처해서 있는 데다가 그 사회문제라고 하는 상태를 제대로 인식하지 못하는 일이 자주 있다. 왜 이것을 당사자가 인식하는 것이 중요한지 설명하자면, 그 상태가 본인들에게는 어떠한 좋지 못한 것, 스트레스를 가져오는 것, 불행한 것이라고 의식하는 것이 불이익과 사회문제의 기초적 부분을 구성하기 때문이다. 즉, 사회문제란 그것이 본인들에게 좋지 않다고 생각되어야 개선이 필요한 부정적 상황이 되는 것이다. 그런데 만약 본인들이 행복하게 살고 있다고 한다면 무엇을 개선해야 하는 걸까? 혹은 스스로 선택해서 그렇게 지내고 있다고 한다면?

  사회문제에 처해 있는 혹은 차별을 받는 당사자가 자신의 상황을 부인하는 것처럼 말한다면 사회학자는 큰 어려움에 부딪힌다. 나중에 기술하겠지만 만약 이 구술의 '내용'을 부정한다면 사회문제는 존속할 수 있으나 구술자의 존엄, 혹은 능력을 부정하게 된다. 거꾸로 이 구술 내용을 긍정한다면 구술자의 구술을 존중하게는 되지만 사회문제의 '문제성'은 없어진다.

  이 어려움을 가장 단순 명쾌하고 '폭력적으로' 해결한 사람이 피차별부락을 조사한 사회학자 야기 코스케八木晃介이다. 야기는 간단히, 방금 전의 두 개의 선택지 중 구술자의 구술을 부정하고 사회문제의 문제성을 이론 안에 유지하는 길을 골랐다. 그는 에세이에서 어떤 피차별부락 여성의 구술에 대해 다음과 같이 서술했다. 길어지지만 인용해 보겠다.

> 내가 학생이었던 시절, 은사께서 시켜서 몇 번이나 각지에 있는 피차별부락으로 사회학 조사를 위해 들어간 적이 있었어요. 그때 오사카 시내에 있는 어떤 피차별부락에서 경험한 충격은 지금도 내 머릿속에서 떠나지를 않습니다. 내 구술조사에 응해 준, 연배가 꽤 있는 여성이 다음과 같이 말했기 때문입니다. "나는 태어나서 지금까지 한 번도 이 마을 밖에 나간 적이 없으니까 차별받은 경험도 전혀 없어요." 확실히 피차별부락 내부에 사는 피차별자가 부락 차별을 받는다는 것은 거의 있을 수 없다고 할 수 있습니다. 그렇기 때문에 이 연배의 여성이 부락 내부의 대인관계에서 부락 차별을 받은 적이 없다고 하는 것은 나름 납득이 갑니다만, 한번 생각

해 보세요. 좁은 피차별부락에서 한 발자국도 나가지 않았다는 극단적으로 한정된 사회적 교통권 내부에 갇혀 있다는 것 자체가 차별 그 자체라고 할 수 있지 않을까요? 이 연배의 여성은 차별을 일상생활 세계에서의 대면적 차별, 예를 들어 노골적 차별 언동에 한해서만 이해하고 있는 것 같았습니다. 그리고 이른바 구조적 격리에 의한 사회적 차단을 차별로 생각하는 감성이나 인식 능력을 차별에 의해 박탈당한 것은 아닌가 하고 생각할 수밖에 없었습니다. 그렇습니다. 차별은 감성의 차원에서도 인간을 고장내는 힘을 가지고 있는 것입니다[야기 1992:57].

야기는 이 문장에 이어 도쿄의 다른 피차별부락에서 해방운동에 대해 부정적인 의견을 말한 남성("차별 같은 거 이제 없어요… 당신들이 차별, 차별하면서 시끄럽게 하니까 문제가 생기는 거라고요.")에 대해 이렇게 기술한다.

미조직 부락이 가진 '자는 아이 깨우지 마라'[3]는 의식이 얼마나 강한지, 새삼 깊은 인상을 받았습니다. 중요한 것은 그 정도로 강력한 차별이 있다는 것입니다. 자신이 부락 출신이라고 당당하게 가슴 펴고 말할 수 없고, 말하지 못하게 하는 사회구조가 뿌리 깊게 남아 있는 것입니다[같은 책 58].

피차별 당사자가 차별을 부정할 때 혹은 운동을 부정할 때, 야

---

3   겨우 잊고 지내는 것을 생각나게 하는 행동을 하지 말라는 의미. [옮긴이]

기는 그들이 차별에 의해 능력을 박탈당하고, 감성을 빼앗긴 존재라고 보았다. 야기에게 차별이란 '대면적인', '노골적인 차별 언동'으로 환원되지 않는다. 차별은 우리들의 의사와 의도, 감수성, 행위 능력을 깊은 수준까지 해체한다. 우리들은 차별적 구조에 의해 본래라면 마땅히 가지고 있을 합리적인(즉, 자신들에게 이익을 가져올) 판단력과 행위 능력을 박탈당하고 있다. 차별은 외부에서 우리들의 의도와 의사의 무의식적 수준까지 개입하고 우리에게 불이익이 될 선택지를 '고르도록' 하여 그 차별적 구조를 재생산하고 있다.

이러한 설명은 자기 책임 논리와 같은 차별적인 사고방식에 대항해, 당사자의 책임을 없애기 위해서 필요한 작업이었다. 하지만 '무의식 구조'까지 개입하여 조작하는 차별과 권력이라는 이 이론에 의해 구술 당사자는 어떻게 묘사되는가? 자세히 설명할 필요없이 한마디로 말하면 그들은 철저한 무능력자이다.

그러나 단순하고 무신경한 이 이론뿐만 아니라 '비합리적 행위자를 어떻게 이해하고 그 행위자와 구술을 어떻게 기술하는가'라는 문제는 현재에도 간단히 해결하기 어렵다. 책임을 없애게 되면 능력의 부정과 반드시 연결되기 때문이다.

예를 들어 폴 윌리스Paul E. Willis의 고전적 민속지인《해머 타운의 녀석들》[국역《학교와 계급 재생산》, 이매진, 2004.]에서는 노동자계급 아이들이 불량 비행 소년들('녀석들')의 '반학교 문화'에 물들어 학교 공부와 진학에서 멀어지다 결과적으로 '스스로' 다시 노동자계급이라는 불리한 위치로 들어가고 마는 과정을 그렸다[윌리스 1996].

윌리스는 불량문화라고 하는 하위문화의 사회적 기능에 주목함으로써 학교에 반항하고 진학의 길로부터 멀어져 버리는 불량소년들에게도 '합리성'이 있다고 주장한다. 즉, 중산계급 문화의 소굴인 학교에는 노동자계급의 아이들이 있을 곳이 없으니, 무리해서 자신들의 아비투스[4]에 반하는 행동을 하는 것보다 반학교 문화라는 하위문화를 습득하는 편이 '합리적'이라는 주장이다.

하지만 문제를 행위자 당사자의 판단이나 선택으로부터 하위문화라고 하는 사회적 수준으로 이동시키는 것으로는 근본적인 해결이 되지 않는다. 진학하는 편이 좋다는 것을 알면서도 왜 반학교 문화를 체득하는가 하는 점은 설명이 되지 않기 때문이다. 윌리스는 스스로 진학을 하지 않는 것에 대해 하위문화에 대한 설명을 가져다가 고전적인 민속지를 쓰는 것에는 성공했지만, '그런데 왜 아이들은 스스로 선택해서 반학교 문화로 들어가는 것인가'라는 의문이 생겨 버리고 만다. 어떠한 사회학적 매개물을 넣어도 결국 '그건 자신이 선택한 것이다'라는 사실은 사라지지 않는다.

만약 비합리적인 행위, 즉 자신에게 불이익이 되는 상황에 자발적으로 참여하는 행위를 한 행위자의 합리성을 유지한다면 불이익을 가져오는 상황은 부정된다. 자주 있는 일인데, 상대적으로 불리한 입장에 있는 사람들의 행위 능력과 책임 능력 혹은 '용감함'과 같은 긍정적인 면을 강조하면, 그 상황은 '그렇게 괴롭지 않은', '즐거운' 것이 된다. 만약 해머 타운의 비행 소년들이 합리

---

[4] 프랑스 사회이론가 피에르 부르디외가 말한 개념으로 특정 환경에서 형성된 성향 체계를 말한다. 같은 계급 구성원들은 같은 아비투스, 즉 문화적 체계를 가진다. [옮긴이]

적이라고 한다면 그것은 노동자계급에 다시 들어가는 것이 본인들에게 불이익만 가져오는 것이 아니라고 해석을 할 수밖에 없게 된다. 그 나름의 행복과 기쁨이 거기에 있다고 한다면 그 '녀석들'이 하고 있는 선택은 합리적인 것이다. 이 경우 격차나 빈곤은 해결해야 하는 문제가 아니게 되어 버린다.

역으로 불이익을 가져오는 상황의 존재를 유지하려고 한다면 그곳에 자발적으로 들어가는 행위자는 비합리적 존재일 것이다. 격차나 빈곤이라는 것이 해결해야만 하는 문제라면 스스로 그 길로 들어가는 '녀석들'은 하위문화 등의 중간적 요인의 존재를 고려했다 하더라도 역시 비합리적인 존재가 되어 버린다. 그 행위의 원인이나 요인은 행위자 본인의 상대적인 '무능력'에 의한 것이 된다. 야기 또한 이렇게 해석했다.

스스로 불리한 상황에 들어가는 것과 야기의 예처럼 자신의 상황에 대해 모순되는 인식을 하고 모순된 발언을 한다는 것은 조금 다른 문제일지도 모른다. 하지만 적어도 그것을 어떻게 이해하고 기술할지에 관해서라면 이는 매우 비슷한 문제이다. 차별을 당하고 있는 사람들이 차별받은 적 없다고 서술하였을 경우 그것을 이해하고 기술하는 우리들에게는 두 개의 선택지만이 존재한다. 하나는 그 구술자가 현실의 진짜 모습을 이해하고 있지 않다고 해석하는 것이다. 다른 하나는 그 구술자는 정말 차별받은 적이 없다고 해석하는 것이다.

생활사를 중심으로 연구하는 사회학자 다니 토미오谷福夫가 실제로 이 후자에 가까운 해석을 한 적이 있다[다니 1989, 2008]. 다니는 오키나와에서 본토에 돈을 벌러 간 후 되돌아온 사람들의 생활사를 대량으로 그리고 상세하게 구술청취조사했다. 그리고 '왜 그들은 오키나와로 되돌아와야 했는가'라는 의문을 풀어내서 오키나와 사회의 특질을 그려 내려고 했다. 실증주의자인 다니는 '왜 고향에 돌아왔는지' 그 이유로 두 개의 가설을 비교한다. 하나는 '본토에서 차별을 당해서 돌아왔다'는 가설이고, 다른 하나는 '고향 공동체에 자발적으로 돌아오는 길을 선택했다'는 가설이다. 귀향 경험자 31명에게 구술청취조사를 한 결과, '차별당했기 때문에 돌아왔다'고 답한 사람은 거의 없었다. 오히려 그 생활사 중에서 몇 번이고 언급된 것은 고향 오키나와에 대한 적극적인 의미 부여나 가족과 지역사회에 대한 애착이었다. 여기서 다니는 이런 결론을 내린다. 본토에 차별이 존재하는 것은 확실하지만, 귀향한 오키나와 사람들이 스스로 돌아온 이유로 든 것은 고향 공동체였다. 그러므로 '차별 가설'은 파기되며 '공동체 가설'이—검증되었다고까지는 말할 수 없지만—유력한 후보로 '도출'되었다. 최종적으로 다니는 오키나와 사회의 '사회학적' 특성에 대해 공동체 규범에 근거한 횡적 연결로 유지되는 사회라고 서술한다.

하지만 다니가 오키나와 사람에 대한 차별이 없었다는 말은 한마디도 하지 않고 있다는 점에 주의해야 한다. 다니는 오키나와 사람들이 서술한 귀향 '이유 구술'을 그대로 귀향 '이유'로 재기술한다. '차별받아서 돌아온 것이 아니라 고향 공동체로 돌아오고 싶어졌으니 돌아왔을 뿐이다'라는 이야기를 있는 그대로 '인용부를 벗기고' 채택하는 것은 '이유가 될 만한 차별은 존재하지 않았다'는 것과 넓은 의미에서 같은 것이다.

각각의 연구 배경과 문맥을 전부 무시하고 단순화한다면 여기서 소개한 야기와 다니의 이 두 가지 사례는 모두 '모순되는 이야기에 부딪혔을 때 사회학자가 그것을 어떻게 해석하는가'를 보여주는 아주 상징적인 예이다. 야기는 '이 사회에는 차별이 존재한다'는 전제를 유지하려고 '차별받은 적이 없다'는 구술을 구술자의 착각이라고 해석했다. 그 결과, 구술자는 현실을 올바로 해석하는 능력이 없는 것으로 되어 버렸다. 그 의도가 무엇이었든 야기가 부락의 구술자를 무능력자로 그려 버렸다는 것에는 변함이 없다. 이에 반해 다니는 오키나와의 구술자가 '(귀향의 이유로) 차별은 존재하지 않는다'고 말했을 때, 그것을 문자 그대로 해석하여 인용부를 벗기고 '이유가 될 만한 차별은 존재하지 않았다'고 다니 그 자신의 문장으로 서술하였다.

나에게는 이 두 해석 모두 문제를 안고 있는 것으로 보인다. 그래도 두 사회학자 중 어느 쪽이 구술자에 대해 성실했는가라고 한다면 그것은 다니라고 생각한다. 다니의 구술자들은 충분한 능력을 가지고 현실 사회에 대한 여러 해석을 이미 자발적으로 부여하고 있다. 사회학자는 그 이야기를 듣고 인용부를 벗겨내어 사회를 재기술하면 된다. '차별이 없었다'는 이야기의 의미는, 차별이 없었다는 것이다.

어떤 문제가 있어 보이는 현장에 대해 행위자의 비합리적인 행위나 발화가 있었을 경우, 행위자가 합리적이라면 그 문제는 문제가 아닌 것이 된다. 역으로 문제가 존재할 경우, 행위자는 합리적이지 않다. 여기서 생기는 것이 '인용부를 벗기는 것의 어려움'이다.

위에서 들은 예는 극단적인 것들로, 구술과 행위라고 하는 '자료'를 어떻게 해석하더라도 커다란 모순이 발생해 버린다. 그래서 사회학이나 인류학의 민속지에서는 자료를 해석하는 것 자체를 비판한다. 예를 들어, 몇몇 포스트식민주의 이론이나 문화 연구는 조사자가 자의적인 해석을 하는 것에 대한 권력성과 폭력성을 철저히 비판해 왔다. 더불어 자료 해석을 비판하며 일본의 생활사 연구에 '대화적 구축주의'라는 새로운 방법론을 만들어 낸 사람이 사쿠라이 아츠시이다.

3. 대화적 구축주의―'타자 배려'를 위한 인용부 해제 금지

사쿠라이 아츠시는 알프레드 슈츠를 번역하는 등의 연구를 통해 구축주의 사회 이론을 흡수하여 현재는 일본 사회학의 생활사(그가 부르는 방법에 따르면 '라이프 스토리')연구를 대표하는 한 사람이 되었다. 그가 제창하는 생활사 조사 방법론이 '대화적 구축주의'이고 지금 이 이론은 일본 사회학의 질적조사에서 하나의 기준이 되어 있다.

사쿠라이는 방금 전 언급한 야기의 해석을 강하게 비판한다. 차별받은 적 없다고 구술한 부락의 구술자를 '구조적인 격리로 인해 사회적으로 경험이 차단된 것을 차별로 느끼는 감성과 인식 능력조차 그 차별에 의해 박탈당해 버린 존재'라고 해석한 야기의 문장에 사쿠라이는 이렇게 덧붙인다.

이러한 차별의 구조론적 해석을 왜 일상생활자인 당사자가 공유할 필요가 있는가? 오히려 부락 주민의 라이프 스토리를 차별-피차별의 문맥에서 해석해야 한다는 연구자의 해석틀에 대해 질문해 보아야 하는 것 아닌가? 여하튼 이런 종류의 환원주의 혹은 구조의 복사본으로서의 인간상은 사람들의 스토리를 그저 조사 연구자의 해석을 뒷받침하는 용도로만 쓸 뿐이다.

(이런 이론에서—옮긴이) 여의치 않은 조사 자료는 버려지든지 혹은 자기의 틀에 맞도록 재해석될 뿐이며, 생활 주체인 스토리 구술자의 개성이나 창조성까지는 이해되기 어려울 것이다[사쿠라이 1996:43-44].

사쿠라이는 차별을 명백한 차별적 언동, 직업이나 시민권의 구조적 배제만으로 보지 않았다. 그것은 어떤 사람들에 대한 '범주화'이다. 개성을 가진 한 사람 한 사람의 존재에 대해 그 다양성과 개별성을 무시하고 '부락'이나 '자이니치在日'라고 하는 이름표를 붙이는 것. 이것이 사쿠라이 아쓰시가 생각하는 차별이다. 라벨링 이론 등의 사회학 이론, 혹은 포스트모더니즘이나 푸코, 에드워드 사이드의 어떤 해석과 같은 이론이 그 배경에 있는 것 같다. 사쿠라이에게 권력이나 폭력은 무엇보다도 언어로 작용한다. 손가락질하는 것, 이름 붙이는 것, 다 같은 것으로 딱지 붙이는 것, 차이를 무시하고 동일성을 가지고 자기 틀에 맞춰 타자를 서술하는 것. 즉, 사쿠라이에게는 '이해하는 것' 자체가 폭력이다. 그에게 어떤 종류의 이해는 이미 폭력이다.

[인용자 주·부락 사람들에 대해] 외부로부터 부여받는 것은 ○○

의 아이, 즉 부락이라고 하는 이름표이다. 그것은 '자기 자신을 인정받는다'라는 개인의 노력을 좌절시킨다. 어떤 사람은 이를 극단적으로 '이름을 잃어버리는 것'이라고 표현한다[같은 책 41].

지금까지 피차별부락 실태조사가 전국 규모로도 지역 규모로도 다수 실시되어 왔다. 그 대부분은 수량적 파악을 중심으로 한 방법에 치우쳐 있다…. 또한 구술청취조사도 이루어져 왔다…. 하지만 어느 쪽도 부락에서 살아가는 한 명 한 명의 개인 혹은 그들의 생활세계의 다양성에는 거의 관심을 보이지 않았다. 조사를 하는 쪽에서는 지구地区가 부락인지 아닌지, 대상자가 부락 주민인지 아닌지 그쪽으로만 관심을 쏟기 때문이다. 이 때문에 조사 연구자는 걸핏하면 부락 주민이니까 심한 차별을 경험하고 비참한 생활을 보내 왔을 것이라고 잠정적으로 결론짓는다. 그리고 거기에 맞는 사실이나 경험을 찾아내어 '불쌍하고 비참한 부락민 상'을 강조한다. 한편으로 차별 문제에 눈을 떠, 해방운동을 이끌어 가는 '자랑스러운 부락민 상'이 강조되기도 한다. 하지만 이것들 모두 어디까지나 '부락'이라고 하는 사회적 범주를 전제로 한 '조사자의 스토리'이다[42-43].

그 의도가 차별적/반차별적, 의식적/비의식적인가와는 관계없이 우리 조사 연구자들도 부락이라는 범주를 부여하는 '외부 시선'에서 결코 자유롭지 못하다. 다시 말하면 반차별의 입장이라고 해도 피차별부락이라는 사회집단 단위에 특권적 지위를 부여하고 이것을 개인적, 지역적으로 균일하게 획일화한다. 이것은 현실을 보지 않는다는 점에서 사회에서 일상적으로 있는 차별적 범주화의 외부 시선과 기능적으로 같은 것이다[44].

이 '언어론적으로 전환된 권력론' 아래에서는 어떤 것을 일반화해서 말하는 것 자체가 폭력이 된다. 따라서 사회학의 방법 그 자체가 재귀적인 비판 대상이 되는 것은 당연한 결과이다. 사쿠라이는 특히 '실증주의'나 '실태조사'를 강하게 비판했다. 양적, 질적조사 어느 쪽이든 실태를 파악하는 것이 목적인 이상 다르지 않다. 사쿠라이가 보기에 비판되어야 하는 것은 야기가 저질러 버린, '조사자의 스토리'에 맞추는 일방적이고 과한 일반화만이 아니다. 이것이 문제라면 조사 대상에 대해 '다른 해석'을 하면 그만이다. 하지만 사쿠라이는 처음부터 어떠한 일반화도 하면 안 된다고 말한다.

게다가 사쿠라이에 의하면 어떤 조사가 폭력인지 아닌지는 조사자의 '의도'로 환원될 수 없다. 차별을 고발하는 어떠한 강한 의지 아래서도 조사 대상자를 일반화하는 한 그것은 '무의식적 폭력'이 된다. 사쿠라이는 권력 개념을 '언어' 그 자체의 작용까지 확장하고 더욱이 그 '책임'을 의도로부터 단절시켜 굉장히 강력한 이론을 만들어 냈다.

이 논문을 내고 수년 후, 사쿠라이는 자신의 방법론인 '대화적 구축주의'의 선언적인 저작 《인터뷰의 사회학: 라이프 스토리를 듣는 방법インタビューの社会学: ライフストーリーの聞き方》(せりか書房, 2002)을 출간했다. 서두 부분에서 사쿠라이는 실증주의적인 사회조사, 특히 계량적 조사의 '정치성'을 강하게 비난한다. 길어지지만 중요한 부분이므로 아래에 인용하겠다.

> 생애사 연구 방법 대부분이 사회 문화적으로 지배적인 사람들이나 집단보다 소수자나 피차별자, 일탈자를 연구 대상으로 하고 있다는 것은 이런 조사의 목적이 어디에 있는가를 잘 보여준다. 대부분의 경우 기존의 사회적 지식과 가설을 비판하고 사회제도와의 갈등이나 사회변동 과정의 복잡함을 깊이 이해하는 것을 목적으로 한다. 하지만 주로 양적조사 방법이 의거해 온 실증주의가 '사회의 추상적인 지식에서 여성과 노동자, 비서구인의 사회생활에 대한 경험적 지식을 배제함으로써, 그들의 종속성을 유지하는' 기능을 결과적으로 해 왔다는 지적이 있다…. 사회과학자들만이 사회와 생활을 설명할 만한 충분한 지식을 가지고 있다는 것이 실증주의 접근의 암묵적 전제였다. 연구자 조직 안에서 논의되고 이해가 된다면 조사 대상인 생활자가 모르더라도 문제없다. 즉, 객관적으로 비판 가능한 것은 연구자이고 연구자의 지식이 우위라는 것이 당연시되어 왔다. 연구자 조직 안에서 문제가 제기되고 가설이 만들어지는 연역법에서는 기존 지식에 대한 비판이 연구자의 관심 영역 안에만 머문다. 또한 연역법에서는 생활자 측이 한 문제제기는 받아들여지지 않으며 연구자 자신의 위치가 질문받는 일도 드물다.
> 또한 양적조사 방법도 이런 기능을 하는 일원이다. 양적조사 방법에서는 샘플링이 무척 중요한 조사 과정으로 여겨진다. 하지만 통계적 샘플링에는 모집단의 특성이 이미 알려진 공식 통계가 사용되는 경우가 많다. 그러나 소수자를 비롯한 사회 주변에 있는 사람

들은 그런 공식 통계로는 파악이 되지 않거나 문자 그대로 대량 조사 안에서 소수로 여겨져 가려지거나 무시된다.

종속적으로 억압된 사람들의 라이프 스토리는 그/그녀들의 경험의 표현이며, 스스로 사회 세계에 의미를 부여해 다양한 문제를 밝힐 뿐만 아니라 자기 이해를 촉진하여 스스로 살아가는 방법을 만들어 내는 데 도움이 된다. '개인적인 것은 정치적인 것이다'라는 것은 페미니즘에서 나온 말이지만 지금까지 무시받고 배제되어 온 사람들이 자신의 언어로 과거부터 미래에 걸쳐 자신의 인생 경험을 말하기 시작하는 순간, 그것은 사회변혁의 기본적 도구가 될 수 있다.

나는 오랫동안 피차별부락 사람들의 라이프 스토리에 귀기울여 왔다. 그것이 차별적이고 지배적인 문화에 대항하거나 위화감을 드러내는 것일 뿐만 아니라, 그/그녀의 공동체의 해방 이념에서 상대적으로 자율적인 그/그녀 자신의 이야기를 낳는 문화 운동이라고 생각한다. '무엇을 위한 조사인가'라는 피조사자 자신으로부터의 물음은, 피조사자를 연구 객체로만 보아 온 실증주의 접근에서는 거의 고려된 적 없는 질문이었다. 하지만 새로운 생애사 연구에서 이는 구술자 주체가 직접 던질 수 있는 질문이며, 인터뷰 과정에서 조사자가 진지하게 받아들이고 스스로 질문하지 않으면 안 되는 과제가 될 수 있다[사쿠라이 :23-24].

인용문 중 '해방 이념에서 상대적으로 자율적인 그/그녀 자신의 이야기'라는 것은 이런 것이다. 사쿠라이는 부락을 기피하고 차별하는 의식과 '이야기' 등을 '지배적인 이야기'라고 부른다. 그는 이 이야기를 비판하는 것은 물론, 부락해방운동이나 동성애 집단 내부에서 이상화, 일반화된 '해방의 이야기'도 '모델 스토리'라며 비판한다.

예를 들어 부락 출신인 것을 숨기고 있었지만 해방운동을 접한 후 자신의 출신에 자부심을 갖고 해방운동에 참가하는 것 같은 이야기가 그렇다. 사쿠라이는 지배적인 이야기뿐만 아니라, 이 이상화된 모델 스토리도 틀이 정해진 이야기라며 비판한다. 그리고 이 '틀에 들어가지 않는' 개인의 다양한 이야기를 수집해야만 한다고 말한다.

그건 그렇고 여기서 사쿠라이가 비판하는 것이 양적조사만이 아니라는 것은 확실하다. 일반화를 행하는 조사라면 생활사 혹은 참여 관찰이라고 해도 반드시 폭력이 되고 만다. 이 폭력을 피하기 위해서 사쿠라이가 만들어 낸 것이 '대화적 구축주의'라는 방법론이다. 이 이론은 구술자가 '무엇을 이야기했는가'가 아니라 '어떻게 이야기했는가'를 중시한다[같은 책 28]. 이야기는 단순한 자료가 아니며 구술 청취 역시 단순히 자료를 뽑아내기 위한 도구가 아니다. 인터뷰 현장이란 무엇보다도 구술자와 조사자의 '상호작용'이 이루어지는 곳이며 이야기는 그 장소, 그때마다 이뤄진 상호작용의 결과로서 '구축되는' 것이다.

> 청취자가 다르면 또 청취 방법이 다르면 이야기는 다른 '의미 구조'를 만들어 내는데, 구술된 것은 듣는 방법에 따라 만들어지는 것이 아닌가 하는 의문이 든다…. 눈을 돌려야 하는 것은 라이프 스토리의 생성에 직접 관계하는 인터뷰 현장이 아닐까?[29]

지금까지의 실증주의적 접근에서는, 구술된 것은 체험된 것이나 일어난 일을 표상하는 것으로 받아들여져 왔다. 하지만 언어학적 지식은 언어의 다른 기능(지시적, 평가적 등)을 밝혀냈고, 이는 이야기를 해석할 때에도 받아들여지고 있다. 어떤 사람이 체험한 과거의 일은 구술/기술되면서 언어적 양식의 제약을 받아 표상된다. 즉, 과거에 체험한 일은 의도적 거짓말이거나 만들어 낸 이야기가 아니더라도 변형되어 전달된다. 게다가 이야기에는 구술자의 현재 동기가 작용한다. …구술자는 인터뷰 상황에서 이야기를 생산하는 연기자이며, 충분히 청중(조사자, 세간 등)을 의식한다. 단순한 정보 제공자가 아닌 것이다. 이런 의미에서 이야기는 과거에 일어난 일이나 구술자가 경험한 것을 이르기보다는, 인터뷰 상황에서 구술자와 조사자 쌍방의 관심에서 구축된 대화적 혼합체일 뿐이다. 특히 구술이라는 것은 과거에 일어난 일과 경험이 무엇인가를 서술하는 것 이상으로 '지금, 여기'를 구술자와 조사자 쌍방의 '주체'가 살아가는 것이다. 이는 대화적 구축주의 접근법에서는 기본적인 시점이다. 인터뷰 현장이야말로, 라이프 스토리를 구축하는 문화적 영위의 현장이다[30-31].

이런 방법론을 주장하는 사쿠라이 아츠시가 실제로 생활사를 사용해 구체적으로 어떤 논문을 썼을까? 한 예로, 그는 유명한 논문에서 인터뷰 과정을 통제하려고 하는 조사자를 놓고, 구술자가 다양한 전략을 써서 그 통제로부터 도망가려고 하는 장면을 묘사한다[사쿠라이 2000]. 어떤 피차별부락 구술청취조사 현장에서 조사자가 끈질기게 구술자의 출생연도와 사건의 발생연도를 들으려고 하자, 구술자는 빤질빤질 도망가기를 계속하다 마지막에는 '꼭 경찰 취조 같다'고 말했다. 사쿠라이는 이 인터뷰가 있었던 때의 대화 내용을 상세히 분석하여 조사자뿐만 아니라 구술자도 인터뷰의 진행에 관여하고 개입하고 있으며 이런 상호 행위 안에서 협동적으로 구축되는 구술조사에 대해 '다원적이고 다성聲적 이야기'로 이해해야 한다고 말한다.

사쿠라이는 《경계 문화의 라이프 스토리》 같은 아주 재미있으면서도 '지극히 보통인' 구술사 책도 썼는데[사쿠라이 2005], 어찌 되었든 사쿠라이의 방법론을 정말 엄밀히 따르면 생활사 조사 논문은 인터뷰 현장에서 일어나는 구술자와 청취자의 상호작용을 그대로 기술하는 것 이상은 아무것도 될 수 없을 것이다.

아무튼 사쿠라이의 방법론을 이렇게 이해했다고 치고, 이번 장 처음 부분에 소개한 '차별받은 적 없다'는 구술에 대해 사쿠라이는 어떤 해답을 내놓고 있을까? 처음 소개한 논문에서 사쿠라이는 야기의 '운동론적 해석'을 강하게 비난한 후, 이 해석에 대항하여 부락 사람들의 '정체성'에 관해 논의한다. 그리고 '일상생활은 전략이다'라고 기술한 후, '개인주의적 기지와 재치', '생업의 다의적 의미', '숨겨진 세계', '빈번한 사회 이동', '생활 세계의 변화'라는 표제어를 나열한다. 그 후 논문의 가장 마지막에 '부락 사람들의 생활 세계가 가지는 다양하고 풍부한 의미를 발굴해낼 필요가 있다'[사쿠라이 1996:63]라고 쓰며 논문을 마친다.

즉 그는 '차별받은 적 없다'는 구술에 대해 현실의 사회에서 차별이 있었는지 없었는지 결론을 내리지 않는다. 그 대신에 피차별부락의 다양한 삶의 방식을 그려 내는 것으로 그 대답을 대신하고 있다.

말하자면 여기에서는 비합리적인 행위나 이야기에 대해 사회학자가 취해야 할, 제3의 선택지가 제시되어 있다. 그는 구술자의 합리성을 유지하기 위해 차별의 존재를 부정하지 않으며 거꾸로 차별의 존재를 유지하기 위해 구술자의 합리성을 부정하는 것도 하지 않는다. 그 대신, 그는 구술자의 이야기에서 인용부를 벗기지 않는다. 그 이야기에 인용부를 씌운 채로 여러 가지가 구술되어 있음을 보여줌으로 해서 그 물음을 비껴 가고 있는 것이다. 그가 답하려고 하는 것은 그것이 무엇인가 하는 물음이 아니라 그것이 어떻게 서술되고 있는가 하는 물음인 것이다.

사쿠라이는 타자의 이야기를 '이해할 수 없다'고 하지 않으며 (사회학자로서 그런 주장은 꽤 하기 어려울 것이다.) 현실 그 자체가 '존재하지 않는다'고도 말하지 않았다. 하지만 내가 보기에는 사쿠라이가 전체적으로 어떤 상대주의적인 주장을 하고 있는 것처럼 보인다. 사쿠라이는 타자의 언어를 이해할 수 없는 것이라고 하지는 않지만 적어도 일방적인 일반화나 인용부의 해제가 폭력이라고 말함으로써, 의미의 이해보다 용법의 분석을 중시한다. 게다가 생활사나 '실재성' 그 자체가 인터뷰 현장에서 협동적으로 구축된다고 말할 때 그는 꽤나 상대주의적이다.

그런데 여기서 상대주의보다 문제가 되는 것은 위에서 정리한 사쿠라이의 방법론을 따를 때, 우리가 사회조사로 '실태를 조사해서 그것을 기록하는 것'이 불가능하다는 것이다. 즉, 구술자의 이야기에서 인터뷰 현장이 어떻게 조직화되어 있는지, 실재성이 어떻게 매번 달성되고 있는지를 분석하는 것은 가능하지만

'차별받은 적 없어요'라는 구술을 가지고 차별이 있었는지 없었는지, 그 실태를 설명하는 것은 불가능하다. 이미 인용한 것처럼 대화적 구축주의는 구술자가 '무엇을 말했는가'가 아니라 그것을 '어떻게 구술했는가'를 중시한다. 그리고 그때 사쿠라이는 우리에게 구술자가 이야기한 내용의 의미가 아니라 이야기의 용법을 물음으로써 이야기의 인용부를 벗기지 못하게 한다. 그가 이야기의 인용부를 일방적으로 벗기는 것을 폭력으로 정의하기 때문에, 이야기를 인용부 바깥으로 꺼내는 것은 불가능하다. 하지만 그는 다른 곳에서 극히 보통인 구술사 저작을 또한 집필했다. 나는 이것이 굉장히 심각한 모순이라고 생각한다.

물론 용법의 분석 그 자체는 가능한 것이며 그 또한 정당한 연구 프로젝트이기도 하다. 그리고 내용의 분석과 용법의 분석은 각기 다른 프로젝트로 성립할 수 있다. 하지만 그것을 '동시에' 수행하는 것은 어렵다.

그것은 이런 것이다. 만약 현실이라는 것이 거기에 있는 것이 아니라 전부 대화 안에서 구축되는 것이라고 한다면, 우리가 할 수 있는 것은 '오키나와 전쟁이란 무엇인가'에 대해 기술하는 것이 아니라, "'오키나와 전쟁이란 무엇인가'가 대화 중에 어떻게 구술되는가?"에 대해 기술하는 것뿐이다.

용법을 분석하면서 동시에 이야기를 '사용하여' 혹은 이야기에 '기초하여' 현실 사회에 대한 어떤 것을 서술하는 것이 가능할까? '차별받은 적 없어요'라는 구술이 인터뷰 현장에 어떻게 사용되었는지, 그 장소의 상호작용이 그 구술에 의해 어떻게 변화했는지를 기술하는 것은 가능하다. 하지만 우리들은 거기에서 직접, 차별이라고 하는 것이 어떻게 작동하고 어떤 영향을 끼쳤으며 어떻게 사람들을 규정하고 거기서 사람들이 어떻게 살아왔는지 하는, 현실의 문제에 관한 복잡한 묘사를 이끌어낼 수 없다. 우리들에게 가능한 것은 실태 서술과 단어의 용법 분석을 개별 프로젝트로 각각 진행하는 것일 뿐이다. 그리고 사쿠라이는 그 양쪽을 실천하는 대신, 어느 한쪽을 다른 한쪽보다 '정치적으로 죄가 무거운' 것이라며 배제해 버리고 말았다. 그는 인용부 벗기기를 마치 이야기의 소유권을 부당하게 이전하는 것처럼 이야기한다. 그렇다면 그에게는 민속방법론자가 되는 길이 남아 있었을 것이다. 민속방법론은 상호 행위를 분석하기 위한 굉장히 유력한 경험적 방법론으로 독자적 진화를 이뤄 왔으며 현대까지 거대한 업적을 쌓아 왔다. 하지만 사쿠라이는 순수한 상호 행위 분석으로 경험적 방법을 사용하는 민속방법론자가 되지 못했다. 그것은 그의 방법이 아직도 사회문제의 '내용'에 대해 개입하기 때문이다. 사쿠라이의 방법이 안고 있는 문제 중 가장 큰 것은 그가 중시한 대화 분석을 거의 하고 있지 않다는 것이다.

사쿠라이 아츠시의 대화적 구축주의의 문제점은 이야기를 현실 사회로부터 떨어뜨려 놓고, 그 이야기를 인용문으로써만 다루고 인용부를 단 채로 둔 것이다. 사쿠라이는 비합리적 행위, 이야기 해석 문제를 비롯한 일방적 해석이 복잡한 문제를 만들어 낸다며 이를 폭력으로 정하고 금지했다. 하지만 이것은 인용부를 해제하지 않은 채 세계에 대해 이야기하기라는 새로운 수준의 방법적 문제로 이어졌다. 그리고 그 배경에는 구술자의 이야기를 사회나 세계로부터 단절시켜, 그것을 독립된 것으로 취급하는

'개념상대주의' 사고방식이 있다. 이야기의 용법만을 분석하자는 요구는 이야기가 가리키는 것과 이야기를 독립시켜서 다룰 수 있다는 것을 전제하는 것이다.

그에게 '스토리'란 현실적으로 실재하는 세계와 우리들 사이에 독립해서 존재하며, 세계와 우리들을 매개하는 스크린이나 안경과 같은 것이다. 이것은 그의 사상적 배경에 있을 법한 종류의 구축주의나 포스트모더니즘의 공통적인 사고방식이다. 이런 사고방식을 '개념상대주의'의 한 종류로 정리하는 것이 가능하다면 데이빗슨의 비판을 어떻게 해도 피해 갈 수 없다.

다음 절에서는 사쿠라이 아츠시의 주장을 비판하기 위해 데이빗슨의 개념상대주의 비판 및 구조와 실재와의 분리라고 하는 '경험론의 제3도그마'에 대한 비판을 살펴보겠다. 그다음으로 개념상대주의를 비판하는 데이빗슨이 명확히 한 논점을 통해 사쿠라이 아츠시의 방법론이 지닌 문제를 한 번 더 고찰하여, 결국 사회학에서 '실태조사'란 무엇을 하는 것인지 그리고 포스트 구축주의 사회학이 계속 해 나가야 할 '실증주의적 방법'은 어떤 것인지에 대해 아주 간단한 그림을 그려 보려고 한다.

4. 도널드 데이빗슨의 개념상대주의 비판과 관용의 원칙

데이빗슨은 〈개념틀이라는 생각에 대해〉라는 논문 안에서 '개념틀'이라는 개념, 그리고 그것에 기초한 '개념상대주의'를 비판하고 있는데, 그는 개념상대주의 비판 그 자체보다는 오히려 그

것을 구성하는 '형식과 내용의 이분법'을 비판한다. 데이빗슨에 의하면 이 이분법은 콰인이 비판한 분석과 종합의 구별, 환원주의라고 하는 '두 개의 도그마'에 이은 제3의 도그마이다.

데이빗슨의 논의는 대략 다음과 같이 구성되어 있다. 그는 우선 개념틀이 무엇인지 설명하고 그것이 실질적으로 어떤 의미에서는 '언어' 그 자체라고 말한다. 따라서 개념상대주의를 다른 언어와 언어의 문제, 즉 번역 불가능한 언어와 언어의 문제로 이해하는 것이 가능하다. 이 '번역의 실패'에 대해 데이빗슨은 그것을 전면적 실패와 부분적 실패, 이 두 가지로 구분한다. 전면적 번역의 실패라는 문제에 대해서는, 어떤 '활동'이 있고 이것이 언어라는 것을 알고 있다면 전면적으로 번역 불가능한 것은 없다는 것을 타르스키의 규약 T를 참조해서 설명하고 있다. 다음으로 부분적 번역의 실패 즉 번역이 가능한 대화 상대와의 부분적 오해는 바로 그 자리에서 해석을 고쳐 수정하면 된다고 지적한다. 이 재해석은 대화 상대가 대략적으로 올바른 것을 말하고 있다는 전제에 기초한다. 그 전제를 데이빗슨은 '관용의 원칙'이라고 부른다. 그리고 개념상대주의 및 그 배경에 있는 '경험론의 제3도그마' 즉 조직화하는 것과 조직화되는 것의 분리라고 하는 개념은 정당화되기 어렵다고 말한다.

우선 데이빗슨은 '개념틀' 그리고 '개념상대주의' 개념을 다음과 같이 정의한다.

> … 개념틀이란 경험을 조직화하는 방법이며, 감각 데이터에 형식을 부여하는 범주 체계인 동시에 개인이나 문화, 시대가 눈앞의 풍

경을 탐구하기 위한 시점이다. 하나의 틀에서 다른 틀로 번역하는 것은 없을지도 모른다. 그 경우 한 인간을 특징짓는 신념, 욕망, 희망, 약간의 지식은 다른 틀의 인간에게 진심으로 대응할 만한 것을 가지지 않은 것이 된다. 그렇게 되면 실재는 구조에 상대적이며 하나의 체계에서 실재로 보이는 것이 다른 체계에서는 그렇지 않을지도 모른다[데이빗슨 1991:192].

확실히 우리들은 곧잘 경험을 조직화하여 현실을 구축하는 틀 혹은 언어 그 자체에 대해 말하고 싶어 한다. 그러나 그런 틀은 서로 비교도 할 수 없고 그것을 있는 그대로의 형태로 이해하는 것 또한 불가능하다.

사회학에는 현실과 언어의 괴리를 전제하는 이론이 많은데 이 이론들은 '타자성의 감각'과 연결되어 있다. 우리 사회학자가 사는 세계는 분단되어 있고 서로 이해하지 못한 채 뿔뿔이 흩어져 있다. 세계는 서로 다른 가치관과 태도, 감정, 경험을 가진 작은 집단으로 나뉘어 있다. 그들은 서로 대등하지 않으며 강한 권력과 권위, 혹은 경제력을 잡은 일부 집단과 그 외의 아무것도 가지지 못한 다수로 구별된다. 그리고 이 안에서도 다시 성별이 무엇인지, 고향이 어디인지, 어떤 문화적 배경을 가졌는지, 피부색은 무엇인지에 의해 세세하게 갈라진다. 우리들의 세계는 뒤섞인 경계선들로 복잡하게 나뉜 세계이다. 이 세계는 '타자'로 가득하고 또 '비합리성'의 세계이기도 하다. 서로 수용되지 않는 다른 시점에서 보면 한 시점에 따른 합리성은 자주 비합리성이 되고는 한다. 베버의 시대로부터, 우리는 꽤 멀리까지 와 버린 듯 보인다.

따라서 사회학자는 세계를 나뉘어진 것으로 받아들이며 이를 전제한 이론을 만들고는 한다. 우리는 '인간'보다는 '타자', '합리성'보다는 '비합리성', '이해'보다는 '권력' 쪽에 매우 익숙하다. 그런 사회학자의 눈에는 데이빗슨의 개념상대주의 비판이나 관용의 원리는 위험할 정도로 긍정적인 것으로 비칠 것이다. 그것은 현실의 차이, 권력, 갈등, 저항을 씻어 내고 행복한 타자 이해의 길로 우리들을 이끌어 줄 듯 보인다.

하지만 이런 번역 불가능성은 하나의 메타포이며, 그것도 잘못 이해된 메타포이다[데이빗슨 2010:207].

… 모든 언어는 실재를 변형시킨다는 의견이 있다. 이는 마음이 사물을 있는 그대로 파악할 수 있다고 해도 언어가 없어야 가능하다는 말이다. 그리고 이런 사고방식에 따르면 언어란 (필연적으로 왜곡하는) 비활성 개체로, 그것을 사용하는 인간의 작용으로부터 독립한 개체이다. 하지만 나는 이 언어관을 지지하기 어렵다[데이빗슨 1991:194].

… 만약 마음이 왜곡 없이 실재를 파악하는 것이 가능하다면, 마음 그 자체가 범주 혹은 개념을 결여한 상태여야 한다. 이런 특성 없는 자아는 철학의 세계와는 완전히 다른 부분의 몇 가지 이론과 가깝다. 예를 들어 주체의 모든 욕구, 습관, 경향성으로부터 떨어진 결단에 자유가 있다고 하는 이론이 있다. 혹은 마음 스스로가 지각할 수 있고 관념 전체를 볼 수 있다고 하는 여러 이론도 존재한다. 이

이론 모두는 마음이 스스로를 구성하는 여러 특성으로부터 떨어져 있는 것으로 본다. 이는 어떤 종류의 논법에서는 필연적 결론이지만 우리는 이 결론 그리고 그 전제를 거부할 수밖에 없다[같은 책 194-195].

언어를 실재나 경험과 분리하는 사고는 '특성 없는 자아', '여러 특성으로부터 떨어져 나간 마음', 혹은 구축되어 있지 않은 자아와 사회를 전제하고 있고, 데이빗슨은 이런 언어 이전의 존재를 부정한다.

그나저나 개념상대주의의 문제를 언어라는 것으로 두 사람이 활동하는 과정에서 서로를 번역할 수 없을 때, 그런 언어가 원래부터 가능한지 혹은 그것이 언어인지 아닌지 따져 보는 문제라고 해 보자. 데이빗슨은 두 개의 언어를 번역하는 데 실패한 경우를 '전면적 번역 실패'와 '부분적 번역 실패' 이렇게 둘로 나누어 논의를 진행한다.

먼저 데이빗슨은 어떤 언어를 번역하는 데 전면적으로 실패한다면 그것이 언어라는 것을 부정한다.

어떤 활동 형태가 우리들의 언어로 해석할 수 없으면서 동시에 그 활동 형태가 발화 행동이 되는 것은 있을 수 없다. 이것이 맞다면 우리들은 이렇게 생각해야 할 것이다. 즉 우리들의 언어로, 언어를 가지고 해석할 수 없는 활동 형태는 발화 행동이 아니라고 말이다 [195].

데이빗슨은 개념틀의 작용을 우주, 세계, 자연이라는 실재, 그리고 감각 자극이나 감각으로부터 얻은 자료, 혹은 '환경'이라고 하는 경험을 조직화하는 것이라고 여긴다[203-204]. 특히 이때 경험이나 실재와 '들어맞는' 틀이 존재할 경우, 데이빗슨은 극단적으로 그 틀을 '참'이라고 서술한다. 결국 개념상대주의의 문제는 '참임에도 불구하고 번역할 수 없는 언어가 존재할 수 있는가'라는 문제로 바꿔 말할 수 있다.

> 감각 증거 전체에 이론이 들어맞는다는 것은 그 이론이 참이라는 것과 같다. 이론이 물리적 대상, 숫자 내지 집합에 양量화 되어 있고 그 이론이 전체 감각 증거와 들어맞는다면 이런 존재자에 대해 이야기되는 것은 참이다[206].

> 그렇다면 어떤 존재자와 들어맞는 사고로 언어나 개념틀을 특징짓는 시도는 결국 참인 것이 수용 가능한 개념틀 내지 이론이라는 단순한 생각에 도달한다. 하나의 틀을 공유하는 사람들 사이에 세부적으로 다른 견해들을 용인하려면 대개 참이라고 말하는 것이 좋을 것이다. 따라서 우리들 자신의 것과 다른 개념틀이라는 것은 대개 참이지만 번역 불가능한 것이 된다. 이것이 유효한 기준인지 아닌지의 물음은 언어에 적용된 진리 개념을 번역 가능성 개념으로부터 독립시키면 우리들이 어느 정도 이해할 수 있는가 하는 물음과도 같다. 내 생각에 대답은 이렇다. 번역 가능성 개념으로부터 독립된 진리 개념은 전혀 이해할 수 없다[207].

그러면 어떤 언어, 혹은 어떤 문장이 참이라는 것을 어떻게 판정할 수 있을까? 데이빗슨이 그 판정 기준으로 들고 있는 것이 타르스키의 규약 T이다.

> 우리들은 "'눈은 하얗다'가 참인 것은 눈이 하얀 경우에 한정한다"라는 문장이 참이라는 것을 이미 다 알고 있다고 생각한다. 하지만 이러한 일본어 문장 총체는 일본어의 진리 개념 전 범위를 하나로 확정하고 있다. 타르스키는 이 관찰을 일반화하여 진리 이론의 판정 기준으로 삼았다. 타르스키의 규약 T에 의하면, 언어 L에서 만족할 만한 진리 이론이 되려면 그 언어 L의 모든 문장 's가 참인 것은 p의 경우에 한한다'라는 형식의 정리가 도출되어야 한다. 그때 L이 일본어라면 'p'는 s 그 자체에 의해, 혹은 L이 일본어가 아니면 s를 일본어로 번역할 수 있다. 물론 이것은 진리의 정의도 아니며, 또한 언어 일반에 적용되는 단일한 정의나 이론의 존재를 암시하는 것도 아니다. 그럼에도 불구하고 규약 T는 특정의 진리 개념 전체에 공통되는 중요한 특징을 시사하고 있다. 그것은 특정 진리 개념을 성공시키고 있는 것은 이미 알려진 언어로 번역한다는 개념의 사용이라는 것이다. 규약 T는 진리 개념의 사용에 관해 우리들의 최선의 직감을 구체화하고 있다. 따라서 진리 개념을 번역 개념으로부터 떨어뜨리는 가정에 기초한 판정 기준은 우리들과는 근원적으로 다른 개념들의 기준이며 여기에는 기대할 것이 별로 없다[207-208].

데이빗슨이 너무나도 당연한 것만 말한다고 생각할 수 있다.

왜냐하면 우리가 이미 언어 L을 이해하고 있기 때문이다. 어떤 문장 s가 참이라는 것을 우리들은 어떻게 확인할 수 있을까? 그것은 s를 주체언어(고차언어)로 하는 문장 p로 대체하는 것에 의해서 가능하다. 대상언어[5] 문장 s가 주어졌을 경우, 그것은 대상언어에 대한 이름이며 아직 주체언어에 대한 문장 p는 아니다. 그런데 우리들은 언어 L을 습득하고 이해하고 있다. 따라서 문장 p가 무엇을 의미하고 있는지를 이미 '알고 있다'. 여기에서 만약 p가 참이라면, 그것과 대체될 s도 필연적으로 참이 된다. 이렇게 p를 이용하여 s의 진리치가 보충된다. 이것이 우리가 '언어를 이해한다'고 할 때 일어나는 일이다.

p로 대체해서 s가 이해되었을 경우, 이름이었던 s는 주체언어 안의 문장이 된다. 문장 s를 해석하는 이에게 s는 이름으로 언급되고 인용된다. 하지만 그것이 주체언어 p로 전환됨으로써 s는 이야기하는 사람 혹은 해석자에 의해 사용되는 문장이 되는 것이다. s가 p로 대체될 때, s는 언급되는 문장에서 사용되는 문장으로 전환된다. 중요한 것은 우리가 p에 대해서 그 진리치를 만족할 수 있다는 것이다. p의 진리치를 만족하는 것이 가능하다면 그것과 대등하게 교환된 s의 진리치 또한 자동적으로 만족된다. 이런 의미로 's가 참인 것은 p일 경우에만 한정된다'는 문장은, s가 무엇을 의미하고 있는지를 서술하는 문장이 되는 것이다. 그리고 동일한 언어 L의 내부에서 이것이 행해지는 경우, 문장 s는 그 인용부가 해제되며 다른 문장이 된다.

개념상대주의의 문제는 이 참을 판정하는 가운데 번역이라는

---

[5] 말해진 언어 문장을 말한다. [옮긴이]

과정이 필연적으로 들어간다는 것이다. s가 p로 번역되지 않으면 그 진리치를 만족하는 것은 불가능하다. s가 참으로 판명되었다는 것은 s가 이미 p로 번역되었다는 것이다. 만약 이러한 번역이 불가능하다면, s가 참인지 아닌지 판단하는 것은 불가능하다. 즉, 어떤 구조 내지 문장이 주어져 있고 그것이 참이며 번역이 불가능하다는 사태는 이론적으로 말이 되지 않는다. 번역의 전면적 실패에 대한 데이빗슨의 논의는 이 점을 말하고 있다.

그러면 대략 번역이 되어 있는 상대의 발화 중, 부분적으로 번역 불가능한 문장이 존재하는 문제는 어떻게 이해할 수 있을까? 데이빗슨은 이 문제에 대해서 우리들과 대략 같은 신념과 태도를 가진 상대가 어떤 이해 불가능한 것을 말했을 경우, 우리들이 그 상대에 대해 합리적 신념이나 태도를 유지하고 우리들의 해석을 그 자리에서 변경하면 된다고 간단히 설명해 버린다. 이것은 사회규범이 아니라 논리의 문제이다. 보통의 경우 우리들은 상대의 신념이나 태도가 큰 틀에서 올바르다는 전제를 우선하여 매번 세세한 조정을 하고 있는데 이는 사회적인 규범이나 규칙에 의해 그렇게 명령을 받았거나 규제를 당해서 하는 것이 아니다. 상대의 합리성에 대한 전제를 유지하고 불일치를 최소화(혹은 그것을 유의미한 것으로) 하는 것은 소통의 논리적인 전제인 것이다.

> 신념에 관한 지식은 언어 해석 능력을 동반히지 않으면 취득하기 어려우므로 신념이 일반적으로 일치한다는 가정이 없으면 출발점이 생길 수 없다. 이야기하는 사람이 참이라 가정할 때(우리들 자신의 의견으로) 이야기하는 이의 문장에 대해 실제로 성립하는 진리

조건을 할당해 봄으로 해서 우리들은 최종 이론으로의 제1차적 근접을 손에 넣게 된다.
… 이 방법은 불일치를 제거하기 위함이 아니며 그 자체 또한 불가능하다. 이 방법의 목적은 유의미한 불일치를 가능하게 하는 것이며, 이것은 일치라는 기초에 전면적으로 의존하고 있다. …관대함은 선택 가능한 것 중 하나인 것이 아니라 유효한 이론을 습득하기 위한 조건이다. …참이라고 가정한 문장에 대한 체계적 대응이 확립되지 못한 때에는 어겨도 좋은 잘못이란 존재하지 않는다. 관대함은 우리들에게 강제되어 있다. 타자를 이해하고 싶다면 우리들은 좋고 싫음을 떠나 대부분의 경우에서 상대가 옳다고 생각해야 한다[210].

이것이 바로 '관용의 법칙'이라고 불리는 원칙이다. 반복하지만 이것은 우리가 대화 상대에 어떤 종류의 능력과 합리성, 수미일관의 신념 등을 부여하도록 '강제된다'는 규범적 명령을 말하는 것이 아니다. 이것은 단순하게 말해 상대와 대화를 하는 이상, 우리가 이렇게 된다는 논리적인 지적이다. 그리고 데이빗슨은 우리가 '타자가 우리들과 근원적으로 다른 개념과 신념을 가지고 있다고 판단할 수 있는 입장'에 설 수 없다고 서술한다. 여기에는 '개념상대주의를 위한 변명'이 어디에도 남아 있지 않다[211].

논문 마지막에서 데이빗슨은 이렇게 설명하고 있다.

틀과 세계의 이원론을 포기한다고 해서 세계를 포기하는 것은 아니다. 이는 친근한 대상과의 직접 접촉을 재확립하는 것이며, 그런 친근한 대상들의 익살맞은 행동이 우리들의 문장과 의견을 참과 거짓으로 만든다[212].

지금까지의 이야기를 정리해 보자. 개념상대주의 혹은 '경험론의 제3의 도그마'인 '구조와 실재의 이원론'에 대한 데이빗슨의 비판은 다음과 같이 정리할 수 있다.

데이빗슨은 실재와 분리된 언어를 '참이지만 번역 불가능한 언어'로 정의하고, 더욱이 번역의 실패를 전면적 실패와 부분적 실패로 나누어 각각에 대해 생각해 보았다.

개념틀이란 실재나 경험을 조직화거나 그 둘에 적합하게 하는 것이다. 그리고 데이빗슨에 따르면 경험에 들어맞는 문장은 참인 문장이다. 따라서 경험에 적합한 개념틀이나 이론은 참인 개념틀과 이론이다. 여기에서 개념틀을 언어와 동의어라고 할 때, 참인데 '전면적으로' 번역이 불가능한 언어가 존재할 수 있는지 아닌지가 문제가 된다. 하지만 타르스키의 규약 T에 따르면 참인지 아닌지의 판정에는 처음부터 번역이라고 하는 과정이 포함되어 있다. 따라서 번역이 불가능한데 참인 것으로 판명되는 문장 및 언어는 처음부터 존재할 수 없는 것이다.

그리고 데이빗슨은 부분적인 실패에 대하여 관용의 원칙을 도입하도록 권장한다. 지금 이야기하고 있는 대화 상대가 부분적으로 이해 불가능한 발화를 했다고 해도 그것은 서로의 개념틀이 번역 혹은 이해 불가능한 형태로 충돌하는 것이 아니다. 그러한 것이 일어났을 때 우리들은 그 장소에서 즉각 상대의 발화에 대한 자신의 해석을 수정하여 재해석한다. 즉 어긋남이 발생했을 때 상대에 관한 자기 자신의 신념이나 해석의 일부를 변경해서 상대가 자신과 같은 신념과 참의 개념을 가지고 있다는 전제를 유지하는 것이다. 여기에서 알 수 있는 것은 우리들이 대화 상대가 '대략적으로 올바르다'는 전제를 항상 가지고 있다는 것이다. 이 전제는 규범적으로 강제되는 것도, 스스로 선택 가능한 것도 아니다. 우리는 원칙으로서 대화 상대가 대략적으로 올바르고 합리적이라고 상정할 수밖에 없다. 이 원칙이 관용의 원칙이다.

구조와 실재를 분리하는 것에 대한 데이빗슨의 비판을 이렇게 정리한 뒤, 결론으로 한 번 더 사쿠라이의 대화적 구축주의에 대해 생각하려고 한다.

5. 다시 이야기하기 위해

여기서 결론을 먼저 말하면 이렇게 된다. 사쿠라이는 이야기나 구술의 가치를 중요시한다고 말하면서도 인용부를 유지하여 그가 정의한 '폭력으로서의 실증주의'로부터 거리를 두었지만, 모든 일반화를 금지하는 것 곧 구술자의 이야기를 인용부 안에 넣은 채로 둠으로써, 그 이야기를 전면적으로 번역 불가능한 것으로 만들어 버렸다. 타자의 이야기를 우리들의 언어 안으로 들여와 "이 부락은 예전에 가난했어요"와 같은 이야기에서 인용부를 해제하고 이 부락은 예전에 가난했다고(혹은 가난하지 않았다고) 다른 문장으로 서술하는 것이 우리가 하는 '기록하기'이다. 그런데 사쿠라이는 타자의 이야기를 번역(대상언어에서 주체언어로 전환하는 것) 불가능하게 함으로써 우리들 사회학자가 그 이야기를 듣고 거기에 이어서 무언가에 대해 '기록하는 것' 혹은 '이야기하는 것'을 금지해 버렸다. 물론 그가 문자 그대로 금지를 했다는 의미는 아니다. 만약 사쿠라이의 방법론을 그가 말한 대로 진지하게 받아들였을 경우 우리들은 아무것도 기록할 수 없게 되어 버린다는 의미이다.

그 근저에는 "차별받은 적 없어요"와 같이 인용부를 해제하는 것 자체가 곤란한 이야기도 존재한다. 하지만 인용부를 폭력적으로 벗기는 것을 피하기 위해 그것 자체를 금지하는 것보다 우리가 그 자리에서 우리들 자신의 논리와 해석에 변형을 더하여 대화 상대의 합리성과 신념의 올바름을 유지하는 것도 틀림없이 가능하다. 여기서 질문은 '타자에 대한 배려'를 유지하고 상대방의 존엄과 합리성을 존중하면서 어떻게 하면 우리 사회학자들이 우리의 문장으로 어떤 것에 대해 기록할 수 있을까 하는 것이다.

사쿠라이가 타자에 대한 배려를 위해 번역의 전면적인 금지를 주장한 것은 이미 이야기한 것처럼 그 나름의 정당한 이유가 있다. 야기 코스케로 대표되는 일방적이고 폭력적인 해석이나 범주화가 현재에도 만연해 있다는 것을 생각하면 우선 구술자의 이야기를 인용부에 넣어 조사자의 자의적인 해석을 금지하는 것이 꼭 필요한 작업이었을 것이다. 사쿠라이가 슐츠 등의 현상학을 연구하는 것부터 시작한 것은 우연이 아니다.

우리들은 결국 무엇을 하고 있는 것일까? 예를 들면 어떤 지역의 '실태'를 조사하는 것은 그 지역을 하나의 주어로 삼아 역사나 구조의 특성과 특징을 술어로 설명하는 것이다. 양적조사의 경우 자료로부터 어떤 것을 설명하기 위한 과정이 상세히 규정되어 있다. 한 구술자가 어떤 지역이나 집단에 대해 무엇을 서술했다고 해서 거기서 이야기된 내용이 바로 그 지역과 집단에 대한 설명이 되는 것은 아니다. 양적조사는 대표성과 유의성 등에 대한 기준과 샘플링, 코드화 등의 과정이 명확히 정해져 있기 때문이다. 그렇다면 이 기준과 과정은 무엇일까? 그것은 조사 대상이 된 사람들의 이야기의 인용부를 벗기기 위한 다양한 규칙이다. 이미 다른 곳에서 서술했지만[기시 2015], 양적조사에서도 수치를 입력하는 것은 인간이다. 대상이 된 사람들의 기억과 인상, 판단 등이 조사 현장에서 구술되면 그 이야기를 본인이나 실제 조사 담당자가 수치로 변환해서 조사표에 기입한다. 생활사나 참여 관찰 등의 질적조사뿐만 아니라, 수치를 다루는 양적조사에서도 이 자료가 나온 곳은 사람들의 이야기인 것이다. 모집단을 특정하고, 결정된 방법으로 샘플링하고, 수집한 자료를 수치화하여 표준적 통계 처리를 실행한 후, 우리들은 어떤 지역이나 집단에 대해 고령화되고 있다고 하거나 어린이가 줄어들고 있다 혹은 빈곤이 확산하고 있다고 설명한다. 즉, 실증주의적인 양적 방법에 의한 실태조사 과정은 구술자의 이야기에서 인용부를 벗기고 사회학자가 자신들의 문장으로 어떤 대상에 대한 하나 혹은 여러 개의 술어를 들이맞추는 것이다.

이런 과정은 하나가 아니며 양적인 것에 한정된 것도 아니다. 또한 이 주어가 되는 것 즉 조사나 분석의 대상이 되는 것도 지역과 집단에만 한정되지 않는다. 하지만 조사한다는 것 혹은 좀 더 정확히 말하면, 조사해서 그 결과를 기록한다는 것은 이런 것이다. 구술자의 이야기에서 인용부를 벗기고 우리 사회학자들이 다른 문장으로 기록한다. 구술된 언어를 쓰여진 문자로 번역하는 것이 조사한다는 것이다.

따라서 모든 조사는 어떠한 번역이나 해석 혹은 범주화를 포함한다. 그리고 조사자가 다수자에 속하고 피조사자가 소수자일 경우에는 특히 이 번역이나 범주화가 직간접적인 폭력을 포함할 가능성도 있으며 혹은 경우에 따라 그것이 폭력 그 자체일 수도 있다는 것이다. 이렇게 생각해 보면 사쿠라이의 '번역 금지'가 '타자에 대한 배려'라는 논리에 기반하고 있다는 것을 알 수 있다. 하지만 이 배려가 구조와 실재의 이분법 혹은 이야기와 사회의 이분법과 연결되어 사회학을 '전면적인 번역의 실패'로 여길 때, 우리들이 이야기의 인용부를 벗기는 것은 불가능하게 되고 결과적으로 우리가 모든 대상에 대해서 아무것도 말할 수 없게 되는 아주 기묘한 일이 일어난다.

이야기와 실재를 완전히 분리해 버리면, 우리는 실재에 대해 이야기할 방법 모두와 단절되어 버린다. 그리고 이것은 정치적 논의만으로는 정당화될 수 없다. 데이빗슨의 말처럼 '구조와 세계의 이원론을 포기한다고 세계를 포기하는 것은 아닌 것'이다. 우리들은 이야기를 사용해서 세계를 설명한다. 이야기로 세계를 만들어 낸다고도 말할 수 있다. 하지만 우리들이 이야기'만'을 이야기하는 것은 불가능하다. 예를 들어 허구의 이야기라고 해도 그것은 이미 '무엇에 대한' 이야기인 것이다. 우리들은 구조와 내용을 분리할 수 없다.

데이빗슨의 관용의 원칙에 관한 논의는 여기서 특히 유용하다. 전면적으로 번역이 불가능한 언어가 아니라 대략적으로 소통 가능하고, 참이라는 개념이나 신념 체계를 대체적으로 우리와 공유하고 있는 상대로부터 이해하기 어려운 이야기가 발화되었다고 할 때, 우리는 스스로 해석의 이론을 수정하고 조정하면서 상대의 합리성과 '타당함'을 유지하려고 한다.

"차별받은 적 없어요"라는 구술을 둘러싼 혼란은 확실히 이러한 점과 관련되어 있다. 야기 코스케의 잘못은 피차별부락의 당사자가 차별당한 적이 없다고 말했을 때 '차별적인 사회구조에 의해 박탈되어 버렸다'는 논리로 구술자의 합리성과 능력을 부정해 버린 것이다. 여기에 대해 다니 토미오는 차별의 존재 자체를 부정하지는 않지만, 그 구술자의 생활사에 대해 명시적인 피차별 체험은 정말 없었다고 해석하고 있다. 이 경우, 사회에 차별이 존재한다는 사실은 어느 정도 약해지지만 그래도 구술자의 편에 서서 구술자의 존엄을 존중하고 있는 것은 다니 쪽이다. 그리고 구술자의 존엄을 지키면서 차별의 존재도 동시에 인정하려고 한 사쿠라이는, 그 두 가지를 선택한 대신에 '사실성'으로 가는 길 전부를 막아 버렸다. 물론 사실이라는 것은 사회적으로 구축된 것이기도 하다. (사회적으로 구축되는 것 이외에 달리 무엇이 있을까?) 사쿠라이가 닫아 버린 것은 이 사실을 구축하는 수단이었다. 그는 우리 자신의 사실을 우리가 기록하기 위한 길을 닫아 버린 것이다.

우리들이 여기에서 해야만 했던 것은 구술자의 존엄을 존중하면서 동시에 차별이 존재한다는 중대성을 훼손하지 않기 위해 우리 자신의 이론을 변용하는 것이었다. 예전에 나는 오키나와가 본토에 복귀되기 전에 본토로 취직하러 가거나 돈을 벌러 갔다가 이후 되돌아온 사람들의 생활사를 조사한 적이 있었는데, 그때 이 이야기를 들었다[기시 2013]. 이 책의 출발점은 바로 그 "본토에서 차별당한 적 없었어요"라는 구술이었다.

전후 오키나와에서 '본토 취직 붐'이 일어나, 엄청난 수의 젊은이들이 1960년대에 일본 본토로 도항하였다. 그리고 자료에 의하면 그 대부분이 후에 오키나와로 돌아왔다. 당시 젊은이들이 왜 대량으로 일본에 이동했고 그 대부분이 귀향했을까? 내가 오키나와에서 구술청취조사한 본토 취직 경험자 거의 대부분은 "내지에서 차별당한 적은 없었어요"라고 답했을 뿐이었다.

물론 나는 실제로 그 구술자들이 명시적인 형태로 차별을 당한 적은 없었다고 판단했다. 생활사 이야기는 과거를 재현하는 것이라고 말하기는 어려워도 적어도 과거에 대한 현재의 이야기라고 말할 수는 있다. 예를 들어 실제로는 차별당한 경험이 있어도 그것을 숨기거나, 혹은 명확한 차별과 실제 조우하였음에도 구술자가 그것을 차별이라고 의미를 붙이지 않았기 때문에 조사현장에서 그렇게 말했을 가능성도 있다. 혹은 그 박탈론적 해석처럼 본인이 명확히 의도해서 "차별당한 적이 없다"고 말했다 쳐도 실제로는 차별당했다고 해석할 수 있는 사례는 얼마든지 생각할 수 있다. 하지만 나는 그런 사례 모두를 고려한 후, 그래도 그 구술자는 차별당한 적이 없다고 이해했다.

구술자의 이야기를 부정하거나 차별의 실재를 부정하는 대신에 혹은 그 양쪽을 피하기 위해 사실로 가는 길을 막아 버리기보다, 나는 '일본과 오키나와의 역사적, 구조적 비대칭성'에 관한 나 자신의 이론을 변경하기로 했다. 명시적인 차별을 당한 사람이

나중에 귀향이라고 하는 길을 골랐다면 그것은 이해하기 쉽다. 하지만 만약 차별당한 적이 없다고 이야기하는 오키나와 사람들이 그럼에도 귀향을 선택했다고 한다면 이 경우 본토와 오키나와 사이를 나누는 벽이 더 높고 두터웠기 때문이 아니었을까? 이렇게 생각해 보면 차별이라는 개념은 '너무 좁은' 것이다. 화려한 본토 도회지를 동경했고, 현지에서 차별당한 적도 없이 도쿄나 오사카에서 즐겁게 '제2의 청춘'을 보낸 많은 젊은이들이 나중에 오키나와로 돌아온 것을 생각하면, 그것을 '차별'이라는 의미의 좁은 단어로 다 표현하기에는 본토와 오키나와의 거리가 너무 멀다고밖에 생각할 수 없다. 나는 이것을 차별이 아니라 '타자성' 혹은 '타자화'라는 개념으로 이해하고 우여곡절 끝에 최종적으로 '동화 압력이 강할수록 타자화된다'는 가설에 이르렀다.

어떻든 간에 내가 보여주고자 했던 것은 구술자의 부정도 구조의 부정도 혹은 사실성의 부정도 아닌 '제4의 길'이다. 오히려 나는 사실성으로 가는 길을 남겨둔 채 이론에 변화를 주는 것으로 현실에 대한 다양한 기술 가능성을 확보할 수 있었다.

이렇듯 현실에 대한 다양한 기술 가능성을 가능한 한 확대함으로써, 스스로 공원에 사는 노숙자나 미군 기지 주변에 사는 사람들의 역사나 문맥, 생활 세계와 의미 부여, 동기나 이유 등 그 '합리성'을 다시 기술하는 것이 가능하다. 이유를 모르는 것에 이유를 찾는 것이 사회학이 하는 일 가운데 하나라고 한다면, 사람들의 합리성을 한 번 더 기술하기 위해 우리는 그 사람들이 어떤 존재이고 어떤 상황에 있는지를 기록해야만 한다. 그리고 그렇게 하기 위해서는 이야기와 실재의 연결성을 되돌리고 이야기에서 인용부를 벗기는 것이 필요하다.

따라서 우리는 한 번 더 '사회에 대해 쓰기' 위해 양적, 질적 자료로부터 사실에 도달하기까지의 '다양한 방법'을 생각해 보아야 한다. 우리들은 실재에 대해 말하는 것뿐만 아니라 실재에 대해 '올바르게' 말할 필요가 있다. 그런 '다양한 방법'으로서의 방법론을 어떻게 해서든 생각해내야만 한다. 이것은 어떻게 가능할까?

나는 그것이 아마도 특정 혹은 유일의 기준에 의존하지 않는, 굉장히 '실증적'인 기획이 될 것이라고 생각한다. 혹은 어떠한 공동체 안에서 열린 토의에 의해 '올바른 것'이 결정될 수 있다는 머튼의 모델을 한 번 더 진지하게 생각하는 것이 필요하다고 본다.

여기까지 이야기했지만 아직 타자에 대한 배려라는 문제가 남아 있다. '대화적 구축주의'와 같은 특정 방법론을 채용하는 것이 타자에 대한 배려가 된다거나 혹은 타자에 대한 폭력을 없애거나 어느 정도 줄일 수 있다는 사쿠라이의 주장에 나는 매우 회의적이다.

나는 그것이 어떤 종류의 면죄부로 기능하는 것 이외에는 이 문제에 별 도움이 되지 않는다고 생각한다. 우리들이 이야기를 듣고 난 후 그것에 대해 기록하는 이상, 대화적 구축주의를 표방한다고 해도 범주화의 폭력으로부터 원리적으로 도망갈 수 없다.

우리들이 할 수 있는 것은 다만 특정의 사례에 대해서 사실을 축적해 가는 것, 그것을 공론장에서 토론하는 것뿐이다. 이 문제에 대해서는 다시 한번 논의하고 싶다.

본 원고 '초고 검토회'에서 기타다 아키히로北田曉大 씨, 사카이

타이토酒井泰斗 씨, 오가타 마리카尾形まり花 씨, 마에다 히로키前田泰樹 씨, 에비타 다이고로海老田大五郎 씨 등 여러 동료 분들에게 아주 유익한 의견과 깐깐한 비평을 받았다. 그리고 야타베 슌스케矢田部俊介 씨도 이 원고를 책으로 낼 때 세심한 의견을 주었다. 진심으로 감사드린다. 또한 말할 필요도 없겠지만 본고에 대한 책임, 특히 데이빗슨의 해석에 대한 책임은 모두 필자에게 있다.

바다의 밀가루
이야기 속 복수複数의 시간

오키나와에서 식사를 하다 보면 즐거운 일들이 생기곤 한다. 어느 날 58호선 근처에 있는 24시간 영업하는 낡은 식당에서 친구와 식사를 하고 있었는데 가게 아주머니가 아무 말없이 10킬로그램이나 하는 쌀포대를 돌연 우리들이 식사하고 있던 테이블 위에 쾅 하고 올려 놓았다. 우리는 어안이 벙벙하여 아주머니를 쳐다보았는데 웃는 얼굴로 가게 한구석을 손가락으로 가리켰다.

"아, 이거 옮기라고요? 저기로? 그러죠 뭐."

우리는 웃으면서 무거운 쌀포대를 가게 안쪽으로 옮겼다.

다른 날에는 나 혼자서 어떤 작은 식당에 들어갔다. 간판도 나와 있고 문도 열려 있었지만 들어가 보니 근처에 사는 아저씨와 가게 아주머니가 테이블에서 담소를 나누는 중이었다. 그래서 어리둥절해 있었더니 "아이고, 들어와 들어와, 지금은 식당 안 하긴 하는데." 하는 것이었다.

"아, 끝났으면 괜찮습니다." 하고 돌아가려고 하자, 또다시 "들어와요 들어와, 뭐 좀 만들어 줄게." 하고 아주머니가 말했고 아저씨도 웃는 얼굴로 들어오라며 자리를 양보해 주는 것이었다. 그래서 "왠지 죄송하네요." 하면서 자리에 앉았고 갈색으로 빛 바랜 채 벽에 걸린 메뉴에 '카레'라고 써 있길래 카레를 주문했다. 그러자 그건 없다는 대답을 들었다.

"뭐 다른 건 없나요?" 하고 묻자, "적당히 뭐 좀 만들어 볼게요." 해서 기다렸더니 아주머니의 어머니로 보이는 할머니 한 분이 안쪽에서 나와, 의논을 하더니 뭔가를 만들어 주었다. "저것도 좀 넣자, 이것도 넣자." 말하는 게 들렸다.

그래서 나온 것이, 자그마치 오인분 정도로 보이는 야채볶음 정식이었다. 반찬도 다섯 접시나 있어서 밥은 필요없다고 물렸는데도 절반을 겨우 먹고 나머지는 남기고 말았다. 너무 미안한 마음에 "죄송합니다, 잘 먹었습니다"라고 말하자 "500엔입니다"라는 대답이 돌아왔다. 그러자 여름방학에 친척집에 놀러 온 어린 아이라도 된 기분이 들었다.

오키나와를 다니며 구술조사를 하고 또 술을 마시러 다니다 보면 이런 일들이 종종 있다. 뭔가 본토와는 다른 어떤 종류의 감각이 있는 것 같다는 생각이 든다. 작은 일에 너무 큰 의미를 두는 것은 안 되겠지만 뭐랄까, '룰은 그때그때 만든다'는 감각이 있다고 할까? 예를 들어 점원과 손님의 관계를 한 가지로만 정하지도 않으며 가게를 열 것인지 아닌지, 어떤 메뉴를 내놓을지 같은 것도 손님 얼굴을 보고 정하면 된다는 분위기이다. 그런 감각이 오키나와에는 있다.

'오키나와다움'이란 것을 이런 사소한 일로부터 느끼는 경우가 있는데, 예를 들어 일본과 미국이라고 하는 두 대국에게 농락당하고 유린당한 역사나 아직도 일본 정부로부터 타지역과는 '다른' 대우를 받는 것, 혹은 이런 특별한 역사나 사회구조 위에 짙게 남은 독자적인 문화가 내지 사람들의 욕망의 대상이 되고 가볍게 소비되는 식민지적 상황, 그리고 이런 상황에 대해 오키나와 사람들이 끈질기게 저항하며 싸워 왔다는 것에서 오키나와의 '독특함'과 '특별함'을 강하게 느낀다.

하지만 이 독특한 것, 특별한 것, 특유의 어떤 것에 대해 뭔가 설명하려고 하는 순간, 단순한 일반화 혹은 아열대 기후와 '민족적 DNA' 같은 것으로 모든 것을 환원하는 본질주의 화법으로 빠져 버리고 만다.

그런 화법을 피하기 위해 오키나와적인 것은 '대화 안에서 만들어진다'고 설명하는 경우가 있다. 즉 이 설명은 오키나와적인 것이 매번 이뤄지는 작고 짧은 순간의 대화 안에서 공동으로 달성되는 '리얼리티'라는 것이다. 혹은 좀 더 큰 규모로, 매체에서 만들어지는 이미지라고 설명되기도 한다.

단순하면서도 난폭하게 일반화된 실체로서의 오키나와도 있는 한편, 상호 행위 속에서 구름과 안개처럼 사라져 버릴 듯한 구축주의적 오키나와도 존재한다. 하지만 여기서는 제3의 길로, 실체적이지도 구축주의적이지도 않은, 오키나와의 '역사와 구조'에 심어져 있는 동시에 그곳에서 태어나 구술되고 전해져 온 것으로서의 오키나와적인 것을 생각해 보고자 한다.

단순한 실체론 그리고 구축주의에도 빠지지 않고 오키나와 사람들의 이야기로부터 오키나와적인 것을 재구성한다는 것은 어떻게 가능할까? 아래에서는 '오키나와적인 것에 대한 오키나와적 이야기'를 단서로 해서 그것으로 가는 방법을 생각하고자 한다. 특히 '이야기 속 복수의 시간'에 대해 생각해 볼 것이다.

이야기 속에 복수의 시간이 동시에 존재한다는 지적은 구술이론에서는 그다지 특별한 것이 아니다. 다만 굳이 따지자면 이는 구축주의적 이론 안에서 고찰되어 왔다.

이야기 속에 복수의 시간이 동시에 존재한다는 것, 혹은 이야기 속 시간이라는 것이 일직선으로 나아가는 것이 아니라는 것은 이야기가 세계로부터 독립된 것이며 상호 행위 안에서 처음 생겨나는 것이라는 주장의 근거로 사용되어 왔다.

하지만 여기에서는 거꾸로, 하나의 짧은 이야기에 수십 년에 걸친 시간이 동시에 존재한다는 것, 복수의 과거가 현재 안에 포개어져 있다는 것이야말로 이야기를 역사와 구조 안에 놓고 생각하게 한다고 말하고 싶다. 오키나와적인 것은 다민족사회의 로맨틱한 타자도 아니며, 아열대 기후 안에서 전승된 '문화적 DNA'가 만들어 내는 것도 아니다. 동시에 상호 행위 안에서 그때마다 구축되는 단순한 언어인 것도 아니다. 오키나와적인 것은 분명히 실재하며 그것은 오키나와 고유의 역사와 구조의 안에 내재되어 있다. 나는 오키나와적인 것에 대한 이야기를 철저히 세속화하고 다시 한번 이야기와 역사, 이야기와 구조, 이야기와 실재의 사이의 연관성을 되돌리고 싶다.

본토에서 두부를 만드는 방법과 여기에서 만드는 방법은 달라요.
하나하나 그, 절구로 빻아서 주머니에 넣고 짜내서. 그래서 바다에서 주워 온 메리켄 가루[1] 주머니, 그거 전부 주머니로 썼지.
두부 만들 때 쓰는 주머니. 그걸로 짜 가지고, 그 뭐라고 하지요,
저쪽(본토)에서는 바로 물에 넣어서 (식혀서) 만들잖아요.
여기는 따뜻한 채로 (팔거나 먹어요). 순두부라고. 진짜 맛있어.

이것은 오키나와전을 겪은 한 여성의 생활사 조사 중에 구술된 이야기다. 그녀는 이 이야기에서 오키나와에서 일반적으로 두부를 만드는 방법을 설명하고 있다. 그것은 내지의 두부와 다소 다른데, 간수로 해수를 사용한다.

이 이야기 중에 얼핏 나온, '바다에서 주워 온 메리켄 가루 주머니'는 무엇일까? 이것은 오키나와전 직후, 처참한 전투가 끝나고 돌연 조용해진 그녀의 마을 해변 근처에서 그녀가 본 풍경과 연결되어 있다. 우리들은 이렇게 70년 전 오키나와의 어떤 작은 해변에 그녀와 함께 잠시 멈춰 서서 수평선 저 너머를 본다. 그리고 그곳에 떠밀려 온 작은 상자.

뭐 그때(오키나와전이 끝난 직후)부터 배급은 있었지만,
배가 부를 정도로 나오지는 않았거든. 주먹밥 한 개에 된장국.
깡통에 된장국. 아무것도 들은 게 없어. 된장만 풀은 물이지.
가루 된장을 풀어서 준 거 아닌가 싶어. 한 사람당 그것뿐이야.
직접 가서 줄 서서 받아 와서 주먹밥 먹고.
그런데 또 뭔가 먹고 싶은 거지. 그래서 남자들은 바다에 고기를
잡으러 갔는데, 뭐가 떠밀려 오는 거야. 여러 가지. 통조림도

---

[1] 미국산 밀가루. [옮긴이]

바다의 밀가루

떠밀려 와. 그럼 그걸 주워서 가는 거지. 어른들이. 그때 여러 가지
위험한 것까지 주워 오는 거예요. 그걸 뭐라고 하지, 메틸알코올.
그런 걸 주워 와서 마시고.

- 그런 것도 떠밀려 와요?
응, 떠밀려 와. 이런 위험한 거에는 꼭 (경고하기 위해) 뱀 그림이
있는 거야. 뱀 그림이. 아버지는 뭐, 벌써, 술이 마시고 싶으니까,
찾아도 보고 하다가 이걸 주워 와서는 마시는 거야. 그걸.
뭘 섞어서 마셨다고 그랬는데. 아주 큰일이 났었지. 하루에
몇 명이나 그 작은 마을에서 장례를 치르고. 메틸알코올 마셔
가지고. 우리 오빠도 마셨거든. 그랬더니 눈이 안 보이게 되어서.
어떻게 해서 나았냐 하면 여러 가지를, 뿌리, 이파리, 풀뿌리 같은
거 죄다 모아 와서 언니가 달여 가지고 마시게 했어. 그렇게 해
가지고 눈을 떴어. (그 후 장수해서) 구십까지 건강했지(웃음).

- 다행이네요!
그렇긴 하지만, 어떤 할아버지 한 명은 (종전 당시에) 오십대
정도였을 때였나, (그 이후) 칠십 몇 살까지 건강했지만 평생
눈이 안 보였어. 그리고 (또 다른) 몇 명인가, 또 장례 치르고.
메틸알코올 마셔서. 그래서 남자들은 그걸 못 참나, 술 하나
그거 못 참나 하고(웃음). 여기 제대로 독이라고 써 있는데.
그리고 그, 뭐지, 모빌.

- 아, 가솔린.

모빌. 그걸 주워 와서 튀김을 하는 거야(웃음). 그때도 알았지.
이거 먹으면 큰일 난다고(웃음). 집집마다 그걸 조금씩 나눠
가지고 튀김을 하는 거예요. 이거 먹으면 또 큰일 나는데(웃음).
그러고는 뭐 들락날락하는 거지(웃음).

- 화장실을요? (웃음)
응. 아주 큰일 났었지.

- 침몰한 군함에서 해변으로 떠밀려 온 건가요?
응. 응. 그렇지. 그, 메리켄 가루 같은 것도 떠밀려 오고 그랬거든.
밀가루가 두꺼운 천에 들어 있더라고. 위에 부분은 바닷물에 젖어
있었지만 안은 아무렇지도 않았어. 물에 젖지도 않고.
그걸 주워 와서 먹은 게 제일 잘 먹은 거였지. 그리고 그 소금이
묻어 있어도 깨끗하게 떼어내고, 늘리고 햇빛에 말려서.
그리고 죽에 넣어서 전부 먹어 버렸어. 이거마저 없었으면,
그렇게 길게 못 버텼을 거야. 접시도 떠밀려 왔었지, 접시.
닻 그림이 그려진. 이건 해군 거구나, 하고 언니들이 말하더라고.
이건 해군 접시다, 그렇게 닻이 그려진 접시도 떠밀려 오고
이거저거 막 떠밀려 왔어.

오키나와전이 끝난 직후, 전장이었던 마을의 작은 해변에서
아이였던 그녀는 바다를 보고 있었다. 그러자 수평선 너머로부
터 여러 다양한 것들이 떠밀려 왔다고 한다. 대부분은 나무 상자
에 들은 밀가루로, 아주 두꺼운 주머니 안에 들어 있었다. 표면은

바닷물에 젖어서 딱딱했지만 그 부분만 떼어내면 충분히 먹을 수 있었다. 바다에서 떠밀려 온 밀가루를 뜨거운 물에 넣어 죽처럼 끓여 먹은 덕분에 그 마을 사람들은 굶주림을 면했다.

물론 떠내려 온 것이 밀가루만은 아니었다. 드럼통에 들은 가솔린도 있었다. 마을 사람들은 가솔린을 불로 데우면 위험하다는 걸 알고 있었는데도 그걸로 튀김을 튀겼다. 그걸 먹은 사람은 반드시 심한 설사를 했다고 한다. 가솔린으로 튀김을 해 먹었다는 이야기는 다른 많은 구술자들도 말했고 설사를 한 이야기도 꼭 세트로 등장하곤 했다. 아주 심할 때는 자신이 설사를 하고 있다는 감각도 없이 '다만 새고' 있었다고 하는 이야기를 종종 들을 수 있었다. 구술자에 따라서는 가솔린이 아니라 기계에 사용하는 기름이었다는 말도 있었는데, 불로 가열했다는 걸로 보면 가솔린이 아니라 이쪽이었다고 생각하는 것이 더 자연스러운 듯하다.

또 이야기 속의 메틸알코올은 떠밀려 온 것에 한하지 않았는데 사람들이 미군 물자에서 슬쩍 훔쳐 오는 경우(당시 오키나와에서는 이런 '물자 조달'을 '전과戰果'라고 불렀다)도 있었다. 남자들은 메틸알코올을 물로 희석시켜 즐겨 마셨고 그로 인해 몸을 망가뜨리거나 죽음에까지 이르는 경우도 있었다. 이 이야기도 다른 구술자로부터 종종 들었다.

때에 따라서는 경고 그림이 그려진 상자를 열었을 때, 놀랍게도 가스마스크가 들어 있었던 적도 있었다고 한다.

그리고 이 여성은 여기서 뜻밖의 이야기를 꺼냈다.

이야기 처음으로 돌아가 보면, 나는 말이지 이상하게도

선생님한테서 (취재 신청) 전화를 받았을 때부터 학교 이름 있잖아,
그걸 나는 류코쿠 대학이라고 들은 거예요. 류코쿠대학이라고.
그렇게 들렸어. 그래서 류코쿠의 '류'는 류큐琉球[2]의 '류'에다가
나라 '코쿠'[3]라고 쓴다고(처음에 그렇게 생각했어).
그래서 저쪽에 말이죠. (노인클럽 직원) A상. A상한테 오키나와가
아니고 '류코쿠琉国'라고 하냐, 그 류코쿠의 '류' 자가 맞냐고
전화를 걸었지 뭐야. 그랬더니, 그, 저 (하늘을) 나는 용의 류[4]
그 '류'라고. 아, 그럼 그렇지. 이제야 알겠다고 그랬지.
그랬더니 텔레비전에서 류코쿠龍谷. 류코쿠라고 그러는 거예요.
나 그때 고교 그거 보고 있었거든. 고교 야구. 그랬더니 한자가
아주 똑같은 한자가. 코쿠는 이렇게 '谷'로 쓰지(웃음).
그게 나오는 거예요. 어라, 하고(웃음). 이것도 너무 신기한 거지.
그리고 류코쿠 왕국의 '류'가 아니구나 하고 오해했던 걸 알았지.
혹시 어떤 관계가 있는 거예요?

- 고교 야구요? 아마 같은 계열 학교일 거예요.
아, 아마 그렇지 않을까, 나도 그렇게 생각했지. 그리고 그게
너무 신기해서(웃음).

2015년 여름, 당시 내가 소속했던 류코쿠대학龍谷大学 수업의
일환으로 학생들을 데리고 오키나와를 방문해서, 오키나와전을

---

2 류큐왕국을 말한다. [옮긴이]
3 일본에서는 나라 국國을 '코쿠'라고 발음한다. [옮긴이]
4 용의 경우, '류龍'로 발음한다. [옮긴이]

바다의 밀가루 117

체험한 분들 20명 정도의 생활사를 들었다. 그 구술조사 실습은 어떤 지역 노인클럽의 전면적인 협력을 얻어 진행하였다. 여름방학에 있을 구술조사에 앞서, 나는 모든 구술자 분들에게 전화를 걸어 조사에 협조를 해 주시는 것에 감사 인사를 했다.

구술자 20명의 일정을 미리 조정하던 중, 노인클럽에서는 우리들이 소속된 대학의 이름을 조사 대상자에게 전달했었다. 그런데 '류코쿠대학龍谷大学'은 당시 관서 지방에서는 지명도가 높았지만 다른 지방, 특히 오키나와에서는 별로 그렇지 못했다. 그래서인지 노인클럽으로부터 받은 전화에서 '류코쿠대학'이라는 이름만 듣고 처음에는 류큐왕국琉球王国의 '류琉'와 '코쿠国'를 써서 '류코쿠대학琉国大学'이라고 쓴다고 오해했던 것 같다. 이후 구술자가 노인클럽에 전화를 걸어 확인해 보았더니 한자 표기가 달랐더라는 이야기다.

그리고 구술자는 '그랬더니' 하며 말을 이어 갔다. 그것이 '하필이면 그때'였던 것인지 '어쩌다 보니'였는지 모르겠지만 어쨌든 '류코쿠龍谷'라고 하는 이름을 알아듣고 나서 텔레비전에서 그 이름이 흘러나왔다. 그것이 고교 야구 시합 중계였고 마침 2015년 여름 대회에 사가현 대표로 '류코쿠고교龍谷高校'가 출전했다. 이 고등학교는 류코쿠대학龍谷大学의 부속 학교는 아니지만 '먼 친척' 정도 되는 계열의 학교였다.

구술자는 왜 갑자기 이 이야기를 꺼낸 것일까? 이 이야기는 바로 다음 이야기로 연결된다. 여기에서 해변에 실려 온 밀가루와 가솔린이 정말로 어디로부터 떠내려 왔는지가 밝혀지게 된다.

그때부터 그 저, 떠내려 온 거. 자신들이 맛있다고, 맛있다고
먹었던 주워 온 것들. 그게 어떻게, 어떤 배가 당해서 이렇게
떠내려 온 건가 하고. 우리들이 먹은 그 통조림에 들은 게. 그런
생각이 들어서. 신문에 특공대 이야기가 있었거든. 아침에.
아주 조그마한 기사이긴 했지만. 그게 신경이 쓰여서.
그걸 잘라 가지고 (텔레비전 방송 일정표를 잘라서 메모를 했어).
마침 그 시간이 딱 되어 가지고 텔레비전을 보는데. 그랬더니
그 비행기가, 특공대의. 그게 나가노현, 마츠모토였나, 거기에
비행장이 있었거든. 거기에서 오키나와까지 날아와서, 거기에서
자폭을 했다고, 내가 마침 텔레비전을 보고 있는데, 그 특공대
이야기가 나온 거야. 정말 신기하지. 나는.

- 관계 있는 것들이 자주 텔레비전에 나왔네요(웃음).
응, 텔레비전에서 흘러나오는 거야. M마을(마을의 지명)이라고
하길래 어라, 하고 봤더니, 마침 우리들이 산에 있었을 때였던
거지. 남자애들은 자주 산에 올라가서 바다를 보고 있었거든.
그랬더니 그 바다에 미국 군대 배가 꽉 들어차 있어서. 그래서
배를 넘고 또 넘어가면 M마을에 갈 수 있을 정도로 배가 엄청나게
들어왔었다고(배를 따라 M마을에 상륙 가능할 정도로 밀도 있게
많은 배가 들어왔다) 들었거든. 바닷물에 발 한 번 안 당고 M마을
까지 올 수 있을 정도로 배가 들어왔다는 이야기, 산에 있을 때
자주 들었거든. 그랬더니 항상 상반신은 발가벗은 그 미국(군)이
배 위에서 음악을 크게 틀어 놓고, 뭔가 아주 즐거워 보였다고.
그런데 거기에 빨간 원이 그려진 비행기가 날아오더니.

그랬더니 막 연막을 피우는 거야. 배에다가. 왱 하고 날아와서,
배 전부에다가 연막을 씌우면 아무것도 안 보이잖아. 거기에
일본 비행기가 날아와서 한 대는 빗나가서 바다에 떨어지더니
물이 튀어오르는 거야. 첫 번째 이거는 배에 맞겠구나 하고
생각했는데, 딱 그 바로 앞에. 밑에서도 떨어지는 거에요, 미국도.
떨어져서. 그리고 아무 공도 못 세우고 두 대 다 떨어졌다고
들었거든. 그게 생각나서 저거(텔레비전 방송)를 봤더니, 10기
정도 날아왔나 봐. M마을 바다에. 거기서 다들 격돌(돌격)한
거라고. 미국 배도 몇 척인가 가라앉았다고 그러더만.
그래서 아, 이거였구나, 하고 생각했지!

- 그 배에서 밀려 온 거라고…
응. 그래서. 다들 특공대 사람들의 목숨을 받아서 먹은 거라고
생각했거든. 그때는. 그거를 보면서. 아, 그때 먹은 통조림
맛있게 먹었지만 그게 어떻게 해서 온 건지 생각하는데
텔레비전에도 마침 그런 게 나오고. 그러니까 그게 너무 이상한
거지. 처음 류코쿠대학 이야기도 그렇고. 고교 야구를 마침
또 보고 있었고. 이 두 이야기가 나는 너무 신기한 거야.
그래서 가족들에게도 이야기했어. 그때 그 군대 사람들도
열 일고여덟이에요. M마을에도 결사대인가 특공대인가가
있었어. 바다 쪽으로 방공호를 파고 거기에 들어갔었거든.
거기서 다들 당해 가지고, 나오질 못했지(생존하지 못했다).
아마. 다들 항구를 향해 (위치해) 있어서. 보이는 곳에서
나무(가지와 잎)로 위장만 하고 있었을 뿐이었고, 다들

당했다고 해. 그러니까 어디서 온 건가 하고 보니, 그랬던 거야.
주변이 죄다 바다이니까, 산에서 내려오면 다 바다였으니까.
거기서 낚시하면서 막 떠밀려 오는 거 전부 주워 오는 거지.
특히 밀가루를 자주 주워 왔었지. 우리도 먹고 그랬으니까.
그러니까 그런 걸 보고 (특공대 뉴스를 텔레비전에서 봤을 때)
나는 참… 공격당한 배에도 젊은 미군이 타고 있었는데 다들
죽은 거야. 썰물이 되면 군데군데 바닷물 웅덩이에 그 통조림이
있었고 그걸 주워 온 거지.

이 짧은 이야기 안에는 구술조사 현장의 시간이 흐르고 있다. 그리고 그 조금 전에는 고교 야구 실황 중계에서 내가 있었던 대학의 이름이 흘러나왔다. 그리고 70년 전의 그때 그 바다도 있다. 마지막으로 그 이후로 시간이 꽤나 흐른 시점인, 수십 년 후 우연히 본 텔레비전에서 흘러나온 특공대의 이야기.

이 복수의 시간을 하나의 이야기로 묶고 있는 공통 항목은 저쪽으로부터 흘러 온 것이다. 바다에 떠밀려 온 밀가루의 비밀은 수십 년이라는 시간이 흐른 뒤 텔레비전에서 흘러나오는 뉴스에 의해 밝혀진다.

고교 야구 이야기가 먼저 구술되고 있지만 이것 역시 '흘러 온' 것으로서 그 자리에서 떠오른 것이다. 그리고 고교 야구 선수들은 특공대가 된 일본군, 그리고 그 일본군에 의해 침몰당한 미군 함정의 병사들과 거의 비슷한 나이이다. 이 어린 야구 선수들도 자기들이 시작하지도 않은 거대한 '싸움'을 하고 있다.

70년 전 여름, 마을 사람들을 굶주림에서 구해 준 것은 특공

대가 침몰시킨 미군의 군함에서 흘러나온 밀가루였다. 그리고 그 이야기 자체가 텔레비전 화면에서 흘러나왔다. 또, 흘러나온 대학의 이름. 조사를 위해 그곳에 나타난 우리들도 전혀 관계없는 곳에서 바닷가로 흘러온 무엇인가와 닮아 있다. 구술조사 현장인 공민관에 다다른 우리들의 올바른 이름을 알려 준 것 또한 텔레비전이었다. 그리고 그곳에 우리들이 나타나서 머뭇거리며 질문을 이어 간 내 수업에 참가했던 남학생들의 얼굴 또한, 고교 야구 선수, 특공대 그리고 미군과 겹쳐져 보였을 것이다. 우리들이 답례품으로 드린 것은 밀가루로 구운 과자였다. 겹겹이 포개어지는, 흘러 온 것들과 그 이름들의 이야기. 밀물처럼 나타난 우리들은 썰물처럼 내지로 돌아갔다. 하지만 구술자와의 사이에는 관계가 생겨났다. 지금도 무언가를 적을 때마다 가끔 전화로 연락을 하고 원고도 꼭 보내고 있다. 우리들과 구술자 사이에는 여러 것들이 오간다.

복수의 시간을 동시에 경험하는 것은 우리들 인생에서는 통상적인 것이다. 시간이라는 것은 그렇게 흘러가는 것이다. 현재의 이야기 안에 혼재하는 복수의 과거 그 모든 것들은 실재한다. 그것은 새롭게 이야기된다고 해서 애매해지는 것이 아니며, 오히려 새롭게 이야기하고 되물으며 서서히 그 의미가 확정된다. 현실은 하나밖에 없다. 하지만 그 현실에 대해 이야기하는 방법은 무수히 존재한다. 이와 같이 모두에게 시간은 단선적으로 흐르며 두 번 다시 돌아오지 않지만, 그 시간을 경험하는 방법이나 말하는 방법은 무한하다. 진동하는 시제時制에 귀를 기울이며 우리들은 눈앞에서 생활사를 말하는 구술자 안에 그만큼의 시간이 흐르고 있었다는 것을 이해한다.

우리들은 그렇게 몇 겹의 시간이 흐르던 이야기를 들으며 구술자와 함께 그 시간을 여행한다. 그리고 그렇게 해서 우리들은 구술자가 지금 여기에 존재하고, 그이의 인생 안에 실제로 많은 시간이 경험되어 왔음을 직접 이해한다.

오키나와 전투 체험 조사는 많은 구술자들이 고령자인 만큼 이야기 안에 많은 시간들이 섞여 있다. 그리고 이야기 안에 참조되는 많은 시간적 좌표들은 구술자 내부에서 지나간 시간의 길이를 그대로 보여준다. 이야기 속 시간은 포개지고 또 포개어져 하나의 이야기 안에 복수의 시간과 공간이 겹쳐 있다. 이렇게 대부분의 시간이 이야기 안에서 겹쳐 있기 때문에 우리들은 짧은 구술조사를 하면서도 구술자 안에 흐르는 80년이나 90년과 같은 시간을 상상할 수 있다. 이야기 속 시간의 복수성은 다양한 경험이 구체적 역사 안에 실재하고 있음을 전해 준다.

자치의 감각, 공동체의 논리로 등장하는 '오키나와적인 것'에 대해 우리들은 어떻게 말할 수 있을까? 본질주의에 빠지는 일 없이 우리가 오키나와의 역사적 경험과 사회구조에 대해 말하는 것이 가능할까? 그걸 풍토와 민족성, '문화적 DNA' 같은 개념에 묶는 것 말고, 철저히 세속적 형태로 '실재하는 오키나와'에 대해 말하는 것이 가능할까? 게다가 개인의 생활사라고 하는 애매하고 다양하고 복잡한 것으로부터 말이다.

만약 행위 규범, 문화적 관습, 오키나와적인 것이 정말 존재한다면 그리고 실체론[5]에 빠지지 않고 그것을 설명하기 위해서라

---

5 오키나와를 거칠게 일반화하는 방식. [옮긴이]

면 전쟁 후 오키나와가 걸어온 고유의 역사에 관계지어 말할 필요가 있지 않을까? 저 오키나와 전쟁을 경험하고 27년에 걸친 미군 점령기를 지나 그리고 현재는 일본 정부로부터 확연한 차별을 받고 있는 오키나와의 역사적 경험과 사회구조 안에 자치의 감각과 공동체의 논리를 위치시켜 말할 필요가 있다.

그때 필요한 것이 현재의 이야기를 과거의 이야기와 연결시켜 다시 말하는 것이다. 이야기를 '지금 여기'의 대화나 상호 행위에 한정해 버리지 말고, 길고 복잡하게 포개진 복수의 시간을 바탕으로 다시 한번 말할 필요가, 혹은 우리들이 '기록할' 필요가 있는 것이다.

생활사는 결국 시간에 대한 이야기이다. 우리 모두는 현재로 잘 포개어진 과거의 시간 위에 살고 있다. 패전 직후의 경험은 아직 여기에 존재한다. 그것은 아직 존재한다. 아직 살아 있다. 구술자는 지금도 바닷가에서 밀가루 상자를 들고 서 있으며 고교 야구 시합은 아직도 계속되고 있다.

바다에서 떠밀려 온 물건과 미군에게서 훔친 물건으로부터 시작한 오키나와의 전후는 아직 그대로 오키나와 사람들 안에 존재한다. 자치의 감각과 공동체의 논리에 나타나는 오키나와적인 것이란 결국, 내지인인 우리 일본인이 경험하지 않은 전후이다.

푸딩과 사슴벌레
디테일, 실재로 가는 회로

 질적조사에서 디테일이란 무엇일까? 무엇을 위해 디테일을 기록하며, 이는 독자에게 어떤 의미가 있을까? 질적조사를 하는 사회학자나 인류학자들은 생활사 조사나 참여 관찰에서 얻은 디테일을 쌓고 또 쌓아 조사 현장에서 자신들이 깊게 끌린 것들을 묘사한다. 이 디테일은 어떻게 기록되고, 각각의 텍스트 안에 어떤 효과를 가지는 걸까?

 질적조사를 하고 무언가를 쓸 때는 항상 디테일을 더 넣으라고 한다. 우리들이 목표로 하는 것은 기어츠[1]가 말한 '두터운 기술記述'이다. 이를 위해 우리들은 조사 대상자나 자기 자신의 일상생활 안에서 이뤄진 짧은 대화, 소소한 행위, 눈에 보이지 않을 정도의 세세한 행동을 관찰해서 기술한다. 혹은 태어나서 지금에 이르기까지의 인생 이야기에 처음부터 끝까지 그저 귀를 기울인

---

1 클리포드 기어츠Clifford Geertz. 미국의 인류학자. 그는 두터운 기술 혹은 심층 기술이라고 불리는 기술 방법을 중시했는데, 이것은 일어난 일의 맥락과 상황적 조건을 가능한 한 생생하고 구체적으로 묘사하는 것을 말한다. [옮긴이]

다. 거기에는 주제와는 관계없는 일화나 탈선, 세상 돌아가는 이야기가 다수 포함되어 있다. 이런 모든 것들을 듣고 문자로 바꾸어, 책이나 논문 안에 적어 낸다. 글자 수에 제한이 있어서 디테일의 대부분은 잘려 나가 버리지만, 할 수 있는 한 우리가 수집한 디테일은 모두 기록하고 싶다.

기어츠가 말한 두터운 기술이란 사람들 행위의 의미, 해석, 문맥을 전달하는 기술 방법이다. 이미 사람들은 자신의 행위나 말에 대해 해석을 하고 있다. '한쪽 눈을 감는 것'은 문맥에 따라 무의미한 눈꺼풀의 경련이 되기도 하고 어떤 의도를 전달하려는 눈짓이 되기도 하며 일부러 하는 우스꽝스러운 행동이 되기도 한다. 이들을 구별하는 것이 의미이며 문맥이고 문화이다. 그리고 행위와 부여된 의미의 문맥을 묘사하기 위해서 민족지적 기술은 '미시적'이어야 한다[기어츠 1987: 35].

하지만 세세한 것을 많이 쓴다고 기술이 두터워지는 것은 아니다. 모든 기술은 사회학이나 인류학의 선행 연구가 축적해 온 개념 구조 안에 놓이고, 그 안에서 처음으로 당사자의 해석이 재해석되어 문맥 속에서 '해석'된다. 그러므로 기술이 두터워지는 것과, 단순히 디테일이 쌓이는 것은 다른 일이다. 그래서 우리들은 어떤 이론적 목적 아래 민속지를 기록하기 위해 그 구조 안에서 디테일을 그려 나간다.

디테일의 기술과 해석을 빼놓고 행위나 대화의 문맥을 이해하는 것은 불가능하다. 왜냐하면 이해와 해석이 행위나 대화의 디테일 '한복판'에서 이루어지기 때문이다. 우리가 디테일을 기록하는 것은 '그것을 통해서' 무엇인가를 이해하기 위한 것이 아니다. 우리들이 디테일을 기록하는 것 자체가 이미 어떤 '이해'인 것이다. 그리고 그 이해는 사회학이나 인류학의 이론적 틀 안에서 이루어진다.

다만 때로 그 틀을 넘는, 아마도 필자들도 생각하지 못한 돌출되고 구체적인 그리고 단편적인 디테일이 민속지나 생활사에 섞여 있는 경우가 있다. 이 디테일들은 어떻게 기술되었고 조사자가 기록하는 텍스트 전체 중 어떤 위치를 가지고 있는 것일까? 또한 우리들은 의도적으로 묘사된 디테일의 너무나도 돌출된 '구체성'에 항상 놀라는데, 이 구체성은 어떤 의미가 있는 걸까?

이번 장에서는 질적조사에서 단편적인 디테일의 역할에 대해 생각해 보려고 한다. 이를 위해 아래에서는 조사 현장에서 만난 디테일이 어떻게 기록되어 있는지 저자들과 함께 되짚어보고자 한다(아래에서 들고 있는 디테일과 그 해석은 저자들의 '처음 의도'와는 다를지도 모르겠다).

박사라朴沙羅는 조선인의 '밀항'에 관한 책을 쓰고 있다. 전쟁 직후부터 샌프란시스코 강화조약이 체결될 때까지 수많은 조선인이 일본으로 건너왔지만 그들은 '밀항자' 취급을 받았다. 하지만 당시에 그들은 법적으로 일본 국적을 가지고 있었다. 그들은 '일본인'이었던 것이다. 그런데 왜 이 조선인들이 밀항자로 취급된 것일까?

박사라는 이 '왜'라는 질문에서 조금 비껴 서서 '어떻게'를 묻는다. 당시 일본인(일본 정부)과 재류군은 어떻게 밀항자를 정의하고 이에 대해 조선인들은 어떻게 행동했을까? 이 역사적 과정을 묘사하기 위해 박사라가 의거한 것이 오럴 히스토리(구술사,

이하 오럴 히스토리로 표기)이다. 이는 간단히 말하면 어떤 역사적 경험, 역사적 사실에 관한 당사자 그리고 관계자의 이야기이다.

> 어떤 일이 일어났을 때, 그때 그 일에 관계한 사람들만 아는 것이 있다. 지금의 우리들은 상상할 수 없지만 그들이 가르쳐준다면 '이해'할 수 있다. 그 이해에는 문헌이든 구술이든 자료 작성자가 무엇을 구술하고 있는가를 이해하는 것과, 조사자가 밝히고자 하는 사건의 내용 안에 구술된 것을 관련시키는 것, 이 두 가지가 모두 포함된다[박 2017: 54, 방점 인용자].

사람들의 이야기를 자료로 사용할 때에는 여러 가지 유보해야 할 것들이 있다. 대표성이나 타당성의 문제뿐만 아니라, 애당초 그 자료를 어느 정도 신뢰할 수 있는가 하는 것이다. 그리고 이런 질적 자료는 전적으로 신뢰하기는 어렵지만 무언가에 대해 이야기하고 있고 우리가 이 자료를 통해 다양하고 복잡한 이미지, 주관, 감정, 기억, '이야기'를 읽어 낼 수 있다고 한다. 즉 무엇이 올바른 것인지 알려 주지는 않지만 사실과는 다른 어떤 것이며, 사람들의 행위나 생활에 대해 직접적이며 공감적 이해를 불러오는 데이터라고 말이다.

하지만 박사라는 이렇게 생각하지 않는다. 왜냐하면 그가 알고 싶은 것은 어떤 특정 시간과 공간 안에서 일어난 현실의 역사적 사건이기 때문이다. 또한 그 장소에 있었던 사람들이 그 사건을 놓고 어떻게 행동했는지에 대해 알고 싶어 한다. 그에게 질적 데이터는 사람들의 다양하고 복잡한 이미지, 주관, 감정, 기억, 그리고 '이야기'를 포함하고 있는 것이다.

애초에 문헌 자료나 물적 자료를 어느 정도 신뢰할 수 있을까? 이 자료들은 현재 이야기와 똑같이 어느 특정 시점, 특정 장소에서 특정 사람들에 의해 만들어진 것이며, 만약 그것이 타당하다면 현재 사람들의 이야기도 똑같이 타당할 것이다. 만약 거기에 오해가 포함되어 있다면 현재 사람들의 이야기에도 똑같이 오해가 들어 있을 것이다.

따라서 박사라는 사람들의 이야기를 '적어도 문헌 자료와 같은 정도'로 타당한 것으로 본다. 어떤 것에 대해 알고 있는 사람이 있다고 치자. 그리고 우리들은 그것에 대해 알고 싶다. 그러면 배우면 된다. 우리들은 그것을 똑같이 경험할 수는 없지만, 그 이야기에서 어떤 것에 대해 많은 것을 배울 수 있다. 물론 그 이야기에는 오해나 부족한 부분도 포함되어 있을 수 있다. 하지만 그것은 그것대로 좋지 않은가? 오해는 그걸 알아차렸을 때 바로잡으면 된다. 그렇게 연구는 진행된다.

이것은 박사라가 실제 '밀항'을 경험한 조선인들의 이야기를 어떻게 인용하고 있는가와 연결되어 있다. 다음 이야기는 1925년에 태어나 1951년에 일본으로 도항한 한 여성의 이야기이다.

이갑생: 18년 정도, 도로꾸(등록) 안 하고 살았지.

**: 와, 정말요?

이갑생: 응, 도로꾸(등록) 없이 살다가, 지금의 단나(남편),

예전 단나랑은 헤어지고, 지금, 그, 나중에 온 단나인데, 죽고

말아서, 지금은 경찰이지, 저어, 지금 □□라고 있는데, 전에는,

우리 ○○역 북쪽에 있었어. 그 남편이 죽고 나니깐 친척 아저씨도 우리 오빠도 등록 안 만들면 여기서 못 산다 그래서, 남편도 죽었지, 말도 모르지, 아무것도 모르니까, 자수하라고, 십팔 년 사라해서(살았는데), 자수하면 거짓말하면 안 되잖아, 거짓말이야 얼마든지 만들 수 있지만, 여기 미꼬(밀항)로 와서, 다들, 쇼류(서류)가 몇십 년이나 없이 살았으니까, 거짓말 못하지 [같은 책 173].

이 이야기를 박사라는 다음과 같이 풀어 썼다.

이갑생 할머니가 말하기를, 그녀는 도일 후 첫 배우자와는 사별하고 다른 남성과 재혼했다. 그 이후, 15년에서 18년간 등록증이 없는 상태로 생활했지만, 재혼 상대가 사망하자 친척이 외국인 등록증이 없으면 일본에서 계속 살 수 없다고… (말했다고 한다)[같은 책 185, 괄호 안 인용자].

박사라는 보통(생활사나 구술사를 포함한) 민속지처럼 풀어서 쓴 부분만을 책에 담은 것이 아니라, 구술자의 원래 이야기를 들은 그대로 인용했다. 우선 우리들은 도로꾸(등록), 나중에 온 단나(남편)인데, 사라해서(살고), 미꼬(밀항)로 와서, 쇼류(서류)가 있으니까와 같은 구절을 읽고, 혹은 눈으로 문자를 듣고 눈 앞에서 하르모니ハルモニ[2]가 말하는 것을 본다. 그 소리를 읽는다. 우리에

---

2 '할머니'를 일본어 발음으로 표기한 것. [옮긴이]

게 그이의 손 가죽이나 흰머리가 보인다.

왜 이 디테일들이 여기서 기록되어 있냐 하면, 디테일들이 이 이야기의 내용, 즉 당시 조선인들이 어떻게 일본에 건너와서 거기서 어떤 사회적 범주에 포섭되어 어떤 상호 행위로 '외국인'이라는 존재가 되었는지 하는 역사적 사실의 일부를 구성하고 있기 때문이다. 당시 일본에 이러한 제도가 있었고 저런 상황이 있었으며 이런 상호 행위를 바탕으로 이런 사람들이 구성되어 왔다는 역사적 과정에 관한 사실 일부에, 지금 그것을 경험한 사람이 이런 단어로 구술했다라는 것을 디테일은 보여준다. 일본의 전후 정치적, 경제적 상황이나 법적 제도, 국제 관계, 점령 통치, 식민주의 그런 것들 안에서 도로꾸, 나중에 온 단나, 사라해서, 미꼬, 쇼류와 같은 단어도 들어 있다. 도로꾸, 재혼한 단나, 미꼬에 대해 적는 것. 그것들을 기록으로 남겨 두는 것은 역사를 기록하는 것과 같다.

따라서 이들 디테일들은 독자에게는 공감과 현장감 있는, 상상력 풍부한 경험을 환기시킨다. 뿐만 아니라, (물론 그것만으로 큰 효과가 있지만) 이런 디테일들이 역사적으로 만들어져 지금 이렇게 이야기된다는 것을 기록할 때도 필수 불가결한 요소가 된다. 아마도 도로꾸나 단나, 미꼬라는 단어를 사용하지 않고서는 이 주제에 대해 쓰는 것은 매우 어려워 보인다. 물론 디테일 모두를 생략해서 쓰는 것은 가능하지만(이것은 언제라도 할 수 있다), 실제 많은 현장 조사자들은 이런 디테일을 기록으로 남겨 둔다.

결론적으로 사람들의 다양하고 복잡한 이미지, 주관, 감정, 기억 그리고 '이야기'가 디테일일까? 아마도 그럴 것이다. 하지만 그뿐만은 아닌 것 같다.

다루카와 노리코樽川典子는 한신 대지진에서 가족을 잃은 사람들의 이야기를 조사해서 사람들이 죽음을 어떻게 받아들였고 죽은 가족을 어떻게 이야기하는지를 정리했다. 갑자기 죽음이 찾아왔지만, 이에 의해 우리들은 완전히 뿔뿔이 흩어지고 분단되지 않는다. 살아남은 사람들은 '이후'도 계속되는 일상생활 속에서 죽은 이들과의 관계를 유지하고 다시 만들어 나간다. 죽은 직후의 부정과 비탄, 고통을 지나, 이윽고 우리들은 죽은 자와 새로운 관계를 만들어 낸다.

예를 들어 죽은 사람들은 '사명의 위임자'로 여겨진다[다루카와 2007: 12]. 살아남은 가족은 죽은 가족으로부터 부탁을 받고 남은 가족을 잘 돌봐야 하는 의무가 생긴다. 죽은 이들의 죽음 후에도 계속되는 인생을 의미 있게 하는 것은 남은 가족들의 몫이다. 혹은 죽은 자들이 현재에도 존재하는 것처럼 계속 상기되며 산 가족들은 죽은 가족의 신체적, 물질적인 것에 의지하여 그들을 계속 기억한다. 사별한 가족과의 관계를 유지하는 예로 다음 이야기가 인용되고 있다.

> 작은 드레싱이 붙어 있는, 예쁘게 담아 놓은 샐러드 팩이
> 있잖아요. 여자애니까 먹여야 된다고 생각해서 자주 사요.
> 부인이 있었으면 이런 걸 보면서 여러 가지 대화도 하고 그랬을
> 텐데. '(딸을 돌보는 일을) 잘한 적이 없어서 이런 벌이 내린 거야'
> 라고 지금 그렇게 생각하고 있을지도 몰라요. 지금도 부인이
> 내 옆에 있는 기분이 들어요[같은 책 15].

인터뷰 당시 52세였던 남성은 부인을 잃고, 열일곱 살인 딸 하나와 함께 살고 있다. 집안일이 익숙하지 않았는지 그는 가공되지 않은 채소가 아니라 소량으로 다듬어져 팩에 들은 샐러드를 슈퍼나 편의점에서 샀다고 한다. 육각형의 투명하고 단단한 플라스틱 용기에 들은 퍼석거리는 양배추와 당근. 뚜껑 위에는 셀로판테이프로 붙인 작은 드레싱이 있고, 거기에는 '이쪽부터 개봉할 수 있습니다'라고 적혀 있었을 것이다.

이 이야기에서는 우선 샐러드 팩에 의해 그가 부인을 잃었다는 사실이 구술된다. 부인을 잃었기 때문에 그냥 파는 채소가 아닌 팩에 든 것을 샀다. 그리고 샐러드 팩에 의해 아직 부인이 살아 있다는 것, 그가 아직도 부인과 이야기를 나누고 있다는 것이 구술되어 있다. 신선한 채소가 아닌 샐러드 팩을 고르는 그에게 좀 더 제대로 딸을 돌보라고 부인이 화내는 것이다. 죽은 사람과의 이러한 관계성.

카네비시 키요시金菱清가 조사한 동일본 대지진 체험자의 수기 안에는 이런 구절이 있다.

3월 12일 오후부터 3개월 정도, 노다野田에 있는 친척집에 신세를
지게 되었지요. 속옷 등 옷가지를 얻어 옷을 갈아입었습니다.
그곳에는 반사식 석유 스토브가 두 대 있어서 물도 끓일 수
있었어요. 뜨거운 물에 몸을 닦는 것만으로도 정말 살 것 같았
습니다. 따뜻한 밥도 얻어먹고 너무 고마웠어요. 그런데 몸을
닦을 때 보니 하반신 여기저기에 검푸른 멍이 들어 있더라고요.
지금까지 아픈 줄도 몰랐는데 그걸 보니 갑자기 통증이 느껴

졌어요. 상처도 몇 군데 있어서 타박상을 입은 곳만 상수리나무
열매로 만든 약을 발랐어요. 아직 정전 상태여서 전기가 복구될
때까지는 해가 있을 때 빨리 식사 준비를 하고 일곱 시에는 이불에
들어가는 생활을 한동안 계속했습니다[카네비시 2012: 266].

상수리나무 열매로 만든 약이라는 구절에서 내 눈이 멈추었
다. 검색해 보니 도호쿠東北 지방의 민간요법으로 보였다. 만드는
방법이 여러 가지 있다고 하는데, 지금도 바르는 약으로 자주 쓰
인다고 한다. 어떤 약일까? 어떤 냄새를 하고 어떤 밀도를 가지고
촉감은 어떨까? 발랐을 때 차가울까? 그 약의 냄새나 감촉 그리고
차가움이, 이 사건이 도호쿠 지방에서 있었던 일이라는 걸 알려
주는 사실의 일부를 구성한다.

이야기 속에서 갑자기 나오는 고유명사가 우리들의 눈과 귀를
멈추게 하는 일이 있다. 예를 들면 니시자와 아키히코西澤晃彦가 구
술조사한, 일일 고용 노동자의 이야기에 등장하는 어떤 여배우의
이름 같은 것.

벌써 38년 전부터 야마다니山谷에 있어…. 내가 여기에 온 건 도박
때문이야, 도박. 그걸로 회사에서 잔소리를 듣고 집에 돌아가면
부모님이랑 마누라가 울고 그러니까. 성가셔서 여기에 왔어.
우리 마누라 미인이었지. 그 마츠바라 치에코松原智惠子[3]라고
알아? 딱 그런 분위기였다고[니시자와 1995: 90].

---

3 일본의 여배우. 1945년생. 고등학생 때 미스 16세 콘테스트에서 입상했고, 액션 영화
   와 청춘물, 드라마 등에서 주인공 역을 많이 했다. 1960년대를 대표하는 나고야의 미
   인으로 불린다. [옮긴이]

독자는 상수리나무 열매로 만든 약과 마주했을 때처럼 여기서도 읽기를 멈추고 마츠바라 치에코의 사진을 검색한다. 엄청난 수의 사진이 화면에 뜬다. 그리고 예전에 이 세상 어딘가에 이 여성과 닮은 여성이 있었고 누군가와 결혼하여 함께 살고 있었다는 것을 상상한다. 남편은 도박에 빠져 어느 날 갑자기 집을 나가고 마츠바라 치에코라는 여배우와 닮은 이 여성은 혼자 남겨진다. 옛날 이 세상의 후미진 곳 어딘가 이런 여성이 있었구나 하고, 화면에 나열된 여배우의 사진을 보면서 생각한다.

혹은 마루야마 사토미丸山里美가 기록한 여성 노숙자의 생활사 안에 등장한 친숙한 가타카나어를 보자.

> "역시 좋을 때는 좋아. 한 번 가서 7천 엔 정도였어. 그것도 2시 정도에 가서 10시 전에는 돌아오나… 그리고 낮부터는 책을 다듬고. 줄로 깎아야 돼."
> "남편 분이 하시나요? 유코 씨가 하시나요?"
> "내가 하지. 그래서 전부 정리해서 가지고 가는 거야."
> "사포로요? 그럼 남편 분이 주워 오면 유코 씨가 사포질?"
> "응, 그 다음엔 둘이서."
> "어디로 가져 가시나요? 중고서점인가요?"
> "저기, 북오프.[4]"
> "잡지 같은 것도요?"
> "응, 잡지도." [마루야마 2013: 161]

---

4 일본의 유명한 기업형 중고서점. 책을 비롯해서 만화, 게임, DVD, 가전제품 등도 취급한다. [옮긴이]

우리가 잘 아는 가게의 이름이 나오면 갑자기 현장감이 밀려오는데 이 문장에서는 현장감뿐만 아니라, 우리와 이 여성의 세계가 직접 연결되어 있다는 것을 느끼게 된다. 우리가 다니는 길에, 외출하는 동네에, 들르는 가게에, 한숨 돌리는 공원에 그들은 이미 존재하고 있으며, 거기서 어떻게든 삶을 유지하고 있다. 북오프라고 하는, 너무나도 일상적이고 친숙한 단어로부터 우리들은 그 사실을 깨닫는다. 또한 이 단어는 노숙자들이 어떻게 생계를 유지하고 생활을 영위해 가는지를 전하고 있다. 단골 가게인 북오프에서 그런 일도 있다니, 하고 독자는 생각하게 된다.

우에마 요코上間陽子의 저작은 오키나와에 대해 기록한 텍스트의 역사 중에서도 두드러진다. 우에마는 거의 처음으로 오키나와 내부의 파열, 특히 여성에 대한 폭력에 대해 착실히 기록하였다. 우에마는 오키나와의 하층 커뮤니티를 조사하는 우치코시 마사유키打越正行와 함께 경제적으로 무척 힘든 상황에 처해 있고 남성들의 폭력에 계속적으로 노출되는 젊은 여성들을 구술조사했다. 우에마의 책과 논문이 전하는 것은 이런 오키나와이다. 잡아 뜯겨진 오키나와의 이야기가 우리들이 가진 오키나와의 이미지를 뒤집어 버린다.

'유카'는 20대 초반 여성이다. 건축업을 하는 아버지, 청소업을 하는 어머니를 포함해서 여섯 식구가 2DK[5] 아파트에서 살았다. 열일곱에 출산한 그녀는 남편의 폭력을 더 이상 견디지 못하고 어느 날, 부엌칼을 휘둘렀다. 이 일로 이혼당한 유카는 아이마저 빼앗겼다. 이후 새로운 애인이 생겼지만 그 남자도 '때리는 남

---

5 방 두 개와 거실, 부엌으로 된 집. [옮긴이]

자'였다. 그리고 유카는 사슴벌레에 대해 이야기한다.

> 친척집 아이가 방에 마음대로 들어와서 사슴벌레끼리 싸움을
> 붙여서, 방이 막 어질러지고 흙이 여기저기 떨어졌는데 그 녀석이
> 돌아오더니 '방 좀 치워' 하고 고함을 질러서 혼자서 방을
> 치웠어요…. 사슴벌레, 한 마리는 벌써 죽을 것 같아요. 싸움
> 붙여 가지고. … (사슴벌레는) 아빠가 줬어요. 요전에 집에 갔는데
> 밥 먹고 나서 "다시 A(인용자 주: 애인과 동거하는 곳)에 갈 거야"
> 했더니, 아빠가 "사슴벌레 가지고 가라"면서 손에 들려 줬어요….
> 도대체 난 알 수가 없어. 아시겠어요?[우에마 2017: 30-31]

류키라는 이름의 애인과 동거하는 아파트에 그의 친척이 놀러온다. 친척 아이가 방에 들어와 유카가 방에서 기르던 사슴벌레와 자신의 사슴벌레를 멋대로 싸움을 시킨다. 유카의 사슴벌레는 몇 번이고 공격을 당해 약해질 대로 약해져 죽을 지경이 되었다. 친척 아이는 방 안 카페트인지 다다미인지 그 위에서 싸움을 시키며 논 듯하다. 바닥은 흙으로 엉망이 되었고 그걸 본 류키는 유카에게 고함을 지른다.

이 이야기는 한 번 읽어서는 머리에 들어오지 않을 정도로 기묘한 에피소드다. 폭력을 휘두르는 남자와 동거하는 젊은 여성 유카 그리고 사슴벌레라고 하는 곤충이 머릿속에서 잘 연결되지 않는다.

사슴벌레 이야기가 보여주는 것은 남자들의 모습이다. 어린 남자아이들이 곤충을 잡아서 상자에 넣고 쿡쿡 찔러 흥분시키고

어느 한쪽이 죽을 때까지 싸움을 붙이는 놀이. 가까운 친척이 타인의 방에 함부로 들어와 그 타인의 사슴벌레가 죽음에 이를 때까지 '결투'시키는, 오키나와만의 것이라 할 수 없는 '남자아이들'의 난폭하고 폭력적인 세계.

또한 이 이야기는 남자아이들의 이야기인 동시에 무력한 아버지의 이야기이기도 하다. 딸의 동거 상대가 상습적으로 폭력을 휘두르는 남자라는 것을 가족 전부가 이미 알고 있다. 한참 식사를 하던 중, 딸이 그런 남자가 있는 곳으로 돌아가겠다고 말한다. 아버지는 그런 딸에게 사슴벌레를 건넸다.

왜 그랬을까? 이 아버지는 작은 동물을 좋아해서 사슴벌레와 금붕어 등을 많이 기르고 있었다고 한다. 그는 자신이 귀여워하는 사슴벌레를 딸에게 맡기는데, 그것은 아버지가 딸의 남자친구에 대항해 아무것도 할 수 없었기 때문이다. 그에게는 딸의 남자친구가 폭력을 휘두르는 걸 막을 힘도, 돈도 없었다. 애초부터 이런 것이 '폭력'이며, 어떻게 해서라도 그만두게 해야 한다는 발상조차 없었을 것이다. 이것은 여자들이 견뎌 내야 하는 것이며, 그는 자신의 딸을 진심으로 가엾다고 생각했을 것이다. 하지만 경찰이나 행정기관에 상담해서 어떤 수단을 써서라도 그만두게 하겠다는 생각은 하지 못했을 것이다.

이 에피소드가 기묘하다고 생각하는 이유는 아마도 아버지가 딸에게 맡긴 것이 딸에게는 전혀 흥미 없는 것이었기 때문이다. 폭력을 휘두르는 남성에게 몸도 마음도 매여 버린 딸에게 주는 것이 사슴벌레라니, 너무나도 황당하기 그지없다. 이 아버지의 의도는 책을 쓴 우에마 요코의 설명에 의해 겨우 이해가 가능해졌지만, 아무리 그래도 사슴벌레라고 하는 단어는, 구체적인 에피소드와 디테일을 연관지어 설명하는 이 책 안에서도 돌출되어 있고 구체적이며 기묘하다. 그렇기 때문에 당시, 그 장소에 실재했다는 강한 인상을 남긴다.

흙으로 더럽혀진 방을 본 남자는 고함을 지르기만 할 뿐이다. 유카는 그의 친척 아이에 의해 자신의 사슴벌레가 죽을 지경이 되었는데도 묵묵히 방을 정리한다. 남자들은 타인의 방에도 함부로 들어가 살아 있는 것을 괴롭히면서 논다. 그리고 유카에게 고함을 지른다. 게다가 유카를 가엾게 여길 때조차도 그를 이해하려고 하지 않는다. 다만 자신이 귀여워하는 것을 줄 뿐이다. 그것이 상대에게 어떤 의미인지 생각도 하지 않은 채. 간단히 말하면, 여기에서 유카는 그 누구에게도 이해받지 못하고 있는 것이다. 아버지의 사랑이라고 의미를 부여한다면 그런 것이라 이해할 수도 있지만, 왜 사슴벌레였나에 대한 의문은 여전히 남는다.

이런 기묘함을 바탕으로 혹은 이 기묘함 안에 유카가 살 수밖에 없는 사회관계가 어떤 것인지 그려져 있다. 친척의 아이가 멋대로 방에 들어오는 것과 같은, 밀접한 공동체 안에 살면서도 누구 한 명 그녀를 이해하는 사람이 없다. 오키나와적 공동성과 여성들의 혹독한 생활, 주변의 몰이해 같은 것들이 사슴벌레 이야기 안에 동시에 그려져 있는 것이다. 역으로 여성들의 희생 위에 이런 공동성이 유지되고 있다고 말할 수 있을지도 모른다.

사카다 카츠히코坂田勝彦는 한센병 요양원인 타마전생원多摩全生園[6]에서 50년 이상 지낸 N씨의 생활사 조사를 했다. N씨는 당시

---

6 일본 국립 한센병 요양원의 하나로, 도쿄도에 있다. [옮긴이]

87세 남성으로 젊은 시절에는 오사카의 공장에서 장인으로 일했다고 한다. 하지만 성인이 되고 발병하여 전생원에 입소하게 되었다. 그는 입소 전 장인으로 일했을 때, 30엔의 월급 중 20엔을 내어 콤파스 하나를 구입해 애용했다고 한다. 이후 요양원에 입소하게 되면서 그 콤파스는 사용할 수 없게 되었지만 시설 안에 프레스 공장이 생기면서 N씨는 다시 장인으로 일할 수 있게 되었다. 그때 그는 예전에 잡았던 콤파스를 다시 잡게 되었다.

여기서 N씨는 콤파스를 잃어버린 자신, 그리고 되찾은 자신을 상징하는 것으로 구술했고 이 이야기는 저자에 의해 상세히 인용되고 있다. N씨의 생활사 안에서 이 콤파스는 가장 중요한 역할을 하고 있다.

그리고 동시에 다음 이야기도 독자의 시선을 멈추게 한다. 전생원 안에 설치된 공장에서 '다시' 일하기 시작한 때 이야기이다.

> 그는 프레스 공장에서 일에 빠져 있었다고 말한다.
> 예를 들어 그는 일을 시작하면 곧 새로운 방법을 시험하고는 했다.
> 한 예로 그는 스폿 용접을 할 때 '치구'라고 불리는 공구를
> 독자적으로 만든 적도 있다. "이렇게(양손으로 판금과 드릴을
> 표현하면서) 이을 때 제대로 붙게, 같은 부품을 같은 곳에
> 붙도록 장치를 만들었지." 프레스 공장에서는 스테이플러
> 이외에도 여러 제품과 부품을 만들고 있었는데 그가 담당한
> 스폿 용접에는 특히 정밀한 기공이 필요했다. 그는 거기서 사용한
> 드릴(스테인리스판에 구멍을 내기 위한 도구)… 을 꺼내어
> 그림을 그려 가며 그때 일을 회상했다[사카타 2012: 135].

"이렇게 이걸 붙일 때 딱 붙게 하려면, 같은 위치에 붙여야 되거든. 그렇게 해 주는 장치야"라는 설명은 이것만으로 충분하다. 이 물건은 아마도 어떤 부품과 다른 어떤 부품을 딱 맞도록 고정해서 정확히 작업하게 하는 보조적인 무엇이다. 이것만 알면 설명으로서 충분하다.

하지만 동시에 어떤 물음표가 생겨난다. 그것은 대체 어떤 모양을 하고, 질량이 어느 정도이며, 크기는 어떻고, 어떤 작업을 할 때 어떻게 쓰이는지, 좀 더 자세하고 구체적인 것을 우리는 알지 못한다. 그리고 우리가 모르는 이 부분은, 이 짧은 이야기 속에 엄청난 신체의 기억이 축적되어 있다는 사실을 독자에게 전달한다.

우리들 대부분은 일상적인 작업에 익숙해져 있다. 그건 회사원, 요리사, 교사, 혹은 프레스 공장에서 일하는 작업원이라도 똑같다. 일이라고 하는 것은 각기 그 나름의 반복적이고 일상적인 작업의 집적으로서 경험되고 실천된다. 그리고 그 경험을 완벽히 언어화하는 것은 어려우며, 대부분 의식하지 않은 상태에서 이루어진다.

자신이 익숙해진 일상적이고 신체적 활동을 그렇지 않은 누군가에게 말로 전달하려고 할 때, 이 이야기처럼 잘 모르겠는 부분이 생긴다. 하지만 이 이야기 속 그 미묘하게 알 수 없는 것이 N씨가 직업인으로 살아가는 방법을 직접 전달해 준다. 그렇기 때문에 이 짧은 이야기는 명시적으로 언어화할 수 없는 신체적 작업에 숙련된 N씨가 노동의 현장에서 분리되는 것이 어떤 것인지, 그리고 시설에 들어가서 다시 이 일을 할 수 있게 된 것이 어떤 의미를 가지는지를 잘 보여준다.

바깥세상과 단절된 이러한 한센병 요양소 입소자들이 '의미'를 되찾아 가는 과정을 많은 연구자들이 그리고 있다. 아리조노 마사요在蘭真代는 나가시마애생원長島愛生園[7]에서 1953년에 '파랑새 악단'이 결성되던 당시 모습을, 리더였던 콘도 코이치近藤宏一 씨와 한 인터뷰를 통해 재구성하고 있다. 다음은 당시 악기 중에서도 고가였던 드럼을 입소자 멤버들이 수작업으로 만들던 이야기다.

> 태평양전쟁 때 전의를 높이기 위해서 원 내에서 썼던 드럼을
> 누군가가 생각해내고는 그걸 창고 구석에서 꺼냈다. 하지만
> 중요한 가죽 부분이 전부 망가져 있었다. 물론 가죽을 살 형편이
> 아니었으므로 대신 설탕 주머니를 쓰기로 했다. 배식소에서
> 설탕 주머니를 받아와 실을 풀어, 천 한 장으로 만든다.
> 그걸 정성스레 드럼에 맞춰 붙여 보았지만 소리가 나지 않았다.
> 천에 기름을 발라서 햇볕에 말려 보는 방법이 생각났지만 기름을
> 사는 것도 불가능했다. 그래서 배식 받은 반찬 중에 돼지고기의
> 기름 부분만을 떼어내서 프라이팬에 구워서 기름을 내었다.
> 이 기름을 바르고 또 말리는 작업을 반복했더니 스네어 드럼 소리
> 가 멋지게 나왔다. 스틱은 나무 막대기로, 심벌즈는 냄비 뚜껑,
> 드럼 페달은 어묵판을 사용했다[아리조노 2017: 60-61].

도구에 관한 이야기 중, 어떤 사람의 '인간 행위에 관한 이론'이 서술된다. 우리들은 친숙한 도구에 의해 세계 그 자체와 직접

---

[7] 오카야마현에 있는 국립 요양원. [옮긴이]

연결되어 있다는 것 그리고 그 도구는 단순히 정확한 계측을 하거나 소리를 내기만 하는 것이 아니라, 그것에 의해 우리가 의미 있는 세계를 만들어 낼 수 있다는 것.

구체적인 '물건'과의 관계 속에서 우리들이 세계와 연결될 때, 세계를 대하는 방법이 나타난다. 다음 예는 '물건'이 아닌 가축이지만 인간과 인간이 아닌 것과의 관계는 그것대로 사회의 모습을 보여준다. 히가 리마比嘉理麻는 오키나와 사회에서 사람과 돼지의 복잡하고 다양한 관계를 조사하고 있는데, 축산업자가 돼지와 물리적 거리를 두는 장면을 기술했다.

> … 사장은 미디어가 취재를 하러 왔을 때 돼지와 함께 사진을 찍게 되었다. 그때 돼지의 등에 손을 얹도록 카메라맨이 사장에게 요청한 적이 있다. 사장은 한쪽 손 이외에는 몸이 돼지에 닿지 않도록 세심한 주의를 기울이는 듯 보였다. 촬영 때 사장은 돼지를 미는 듯 팔을 뻗어 돼지의 등에 손을 걸쳐, 자신과 돼지 사이의 거리를 최대한 벌렸다. 사진의 모델이 된 돼지는 얌전하고 별로 움직이지 않는 개체로 선별되었으나, 사장은 돼지가 갑자기 움직였다고 해도 돼지 몸에 직접 옷이 닿는 일이 없을 정도로 거리를 유지하였다. 사진 촬영 후 사장은 곧바로 그 손을 비누로 씻으러 달려갔다[히가 2015:94].

취재를 하러 온 방송국 입장에서는 돼지에게 친근한 사장의 모습을 찍고 싶었을 것이다. 하지만 일상적으로 돼지를 접하는 사장 입장에서는 '바깥의 보는 눈'을 내면화해서 되도록이면 자신에게서 돼지 냄새가 나지 않도록 하고 있었다. 이 장면은 그런 감각을 잘 보여준다. 이 사장의 섬세한 행동 안에는 동물의 고기는 먹기 좋아하면서도 축산이나 도축업 자체를 극히 기피하는 아주 모순적인 사회의 시선이 교차하고 있다.

이런 시선은 지역공동체 안에서도 강하게 작용하고 있었는데, 히가는 한 양돈가가 지역 안에서 어떤 취급을 받는지를 기술하고 있다.

> … 축사 옆에서 양돈가와 필자가 오전 중 먹이를 주고 나서 잡담을
> 하고 있었는데 자동차 한 대가 지나갔다. 양돈가는 운전석 남성
> 에게 가볍게 목례를 했다. 하지만 운전석 남성은 그대로 전방을
> 향한 채 이쪽은 보지도 않고 우리 옆을 지나갔다. 그것을 보고
> 그는 "돼지 냄새 나니까 마을 사람들이 인사도 안 해요"라고
> 필자에게 말했다[같은 책 106].

다음으로 야마키타 테루히로山北輝裕가 묘사한 어떤 '이상한 복장'과 춤의 한 장면을 보자. 50세 여성 노숙자가 병으로 사망한다. 공원에서 열린 그녀의 장례식에 참가한 야마키타는 다음과 같이 그 정경을 그리고 있다.

> "오늘은 밤새자", "향이 왠지 슬퍼 보여"라며 영전에 꼭 붙어서
> 향을 계속 피우는 동지 노숙자들. 나도 향을 올리거나 제단에
> 올린 과자를 먹거나 했다. 그들은 술을 마시며 여러 가지
> 추억거리를 이야기했다. 그들 중 문득 어떤 이가 그녀의 움막에

들어간다. 왜 그러지 하고 있었는데 잠옷을 입고 나왔다.
그 잠옷은 죽은 여성 노숙자가 병원에서 입던 것이었다.
그는 심각해지는 것을 싫어했던 것 같다. 갑자기 노래와 박수가
시작된다. 남겨진 노숙자들의 노래가 멈추질 않는다. "달이 떴다,
달이 떴다…" 탄코부시炭坑節[8] 같은 노래가 이어진다. 한 명의
노래가 끝나면 다른 한 명이 부른다. 예전에 가수라도 했었는지
좋은 목소리가 울려퍼진다. 죽은 이의 잠옷을 입은 노숙자는
춤을 춘다. 굉장한 광경이다[야마키타 2006: 227].

이시오카 토모노리石岡丈昇는 실제로 마닐라의 슬럼가에 있는 복싱 체육관에 들어가, 복싱 선수들과 함께 지내며 그 '의미 세계'를 꼼꼼히 그려 내고 있다[이시오카 2012]. 이시오카가 함께 생활한 사람들은 필리핀 복싱계에서도 저변에 위치한 로컬 복서들이다. 그들은 유명한 챔피언이 되어서 거액의 상금을 손에 쥐기 위해 가혹한 감량과 연습에 몰두한다. 이 인생은 결코 보상이 큰 인생이라고는 할 수 없다.

마닐라의 스쿼터[9]에서 살면서 이시오카는 상징적인 장면과 수없이 맞닥트린다. 아래 이야기는 그중 하나로, 이시오카의 지인이 부유한 호주인에게 부인을 빼앗긴 이야기다.

그는 술을 마시면서 말했다.

---

8   후쿠오카현에 전해지는 민요. 탄광 노동자들이 불렀으며, '달이 떴다, 요이요이'라는 후렴구가 유명하다. 지금은 일본 전역에서 널리 부른다. [옮긴이]
9   사유지 없이 빈집이나 빈 땅에 집을 짓고 사는 사람들과 그 지역을 일컫는다. [옮긴이]

"아이를 생각하면 호주에 보내는 게 좋지. 알아. 필리핀에는
일자리가 없어. 여기 스쿼터도 그렇고, 학교에도 못 보내지."
그렇게 말하고는 입을 닫았다. 그곳에 있던 사람들은 모두 열 명
정도였는데 다들 그의 사정을 알고 있었다. 함석으로 만든 천장
지붕을 바라보던 사람, 다리를 꼬고 앉아 있던 사람, 천장 창문을
보고 있던 사람. 다들 술에 취해 있어서 눈이 빨개져도 울고
있는지 아닌지 알 수가 없었다. 침묵 속에서 그는 조용히 울었다.
바로 그때였다. 앉아 있던 어떤 이가 반사적으로 소리 높여
우는 흉내를 내기 시작했다. "으엥, 잉~" 눈을 훔치며 뛰어난
연기를 한다. 그러더니 덩달아 다른 한 이도, 또 다른 한 이도
우는 흉내를 내기 시작했다[이시오카 2013].

야마키타가 그린 장면과 이시오카가 그린 장면 두 쪽 모두 다 다음과 같은 것을 가르쳐준다. 뿔뿔이 흩어질 것 같은 사람들을 꼭 붙들어 매어 두는 데에는 농담하기, 장난치기, 객기 부리기 따위의 방법이 있다. 그렇게 우리들은 관계를 유지하고 있다.

많은 질적조사에서 사람들의 이런 연결과 거리감을 묘사한다. 거기서 그려지는 것은 끈끈한 공동체적 유대보다는 좀 더 미묘하고 다층적, 유동적인 것이다. 그것은 원래 질적조사가 확실히 정해진 것보다는 미묘하고도 다층적이며 유동적인 것을 그리기 위한 것이기 때문이다. 또한 유대라고 말해도 되는지 아닌지조차 모르겠는, 사소하고 단편적인 관계도 질적조사 안에서 자주 그려진다.

> 나는 생활보호를 받고 사는데, 노숙할 때에는 교회에 엄청
> 신세를 졌지. 그때 먹을 게 하나도 없었거든. 거긴 말하면
> 갓 지은 밥을 주니까. 그런데 그거만 목적으로 하고 간 건 아니고.
> 목사님이랑 악수하려고. 전도 집회에 갔더니 목사님이
> "건강하시죠?" 하면서 손을 잡아 주는 거야. 그게 너무 기뻐서.
> 옛날에 꽤 신세도 졌고 얼굴 보여주려고 가는 거지.
> 목사님은 맨날 "신앙을 가져야지"라고 말하는데. 요전에는
> "신앙이 없으면 악수 안 해 줄 거야"라고 하시더라고.
> 아이고, 그건 곤란하더라고[시라하세 2015: 82].

이것은 시라하세 타츠야白波瀨達也가 구술조사한 남성이 노숙생활을 했을 때 이야기이다. 조사 당시 이 남성은 노숙 상태에서 벗어나 생활보호를 받고 있었다. 하지만 그는 계속 그리스도 교회 전도 집회의 무료급식에 나가고 있었고, 그것은 단순히 밥을 먹기 위해서가 아니라 목사의 손을 잡기 위해서였다. 노숙자 남성들에게 신체적 접촉이 가지는 의미란 어떤 것일까?

종가신鍾家新도 재일 화교들의 구술조사에서 '손을 잡는 것'에 대해 기술했다. 구술자는 1962년 대만에서 일본으로 온 남성으로, 부인을 데리고 대만에 귀국했을 때 아버지와 만난 에피소드를 들려주었다. 이 이야기는 92세로 사망한 아버지에 대한 기억을 풀어놓으며 구술한 것 중의 일부이다.

> 내가 부인이랑 타이페이에 가면 아버지도 오거든. 같이
> 호텔에서 숙박하는데, 밤엔 거리에서 산책을 하거나 하잖아.

우리 부인은 성격이 둥글고 그래서 부끄럽고 그런 것도 없어.
아버지 손을 잡는 거야. 아버지가 넘어질까봐 같이 손을 잡고
걷자고 그래. 그래도 아버지는 옛날 사람이니까 그런 건
부끄러워서 못한다고. 그런 거 하면 안 된다고 생각하는 깐깐한
성격이니까. 근데 아내는 "아버님, 아버님" 하면서 생글거리는 거야.
아버지는 부끄러워서 어쩔 줄 몰라 하면서도 하는 수 없이
자기 딸이라고 생각하고 같이 걷는 거지[종가신 2017: 199].

다음 이야기의 구술자는 조사 당시 46세 여성이었다. 이 여성은 고등학교 교사가 막 되었을 즈음인 스물넷일 때 거식증에 걸려 버렸다. 다음은 나카무라 히데요中村英代가 구술 청취한 E씨의 '회복 사연'이다. E씨는 학생이 준 주먹밥 하나가 계기가 되어 거식증에서 '회복'할 수 있었다.

주변 사람들은 몸이 안 좋아 보인다고 그런 말을 해 주면서
친절히 대해 주었어요. 그런데 나는 그 친절이 너무 싫었어요.
잔소리로 들렸어요. 그러다 정말로 심각하게 앓아누울
지경까지 왔는데, 꽤 오래 전 일인데 섭식장애 비슷하게
시작되어서, 누구였더라, 학생 하나가 주먹밥을 만들어 왔어요.
선생님, 제대로 먹어야 해요, 하면서. 그리고 눈앞에서
먹으라고 말하더라고요. 내 눈앞에서 드세요, 하고.
선생님, 부탁이에요, 하면서. 주먹밥이라도 좋으니까 드세요.
말해 줬을 때, 나는 만약 부모가 나에게 그렇게 말했으면
안 먹었을 거예요. 그런데 왠지 이걸 안 먹으면 인간으로서

최악이라는 생각을 했어요[나카무라 2011: 127].

먹을 것, 혹은 먹는 것은 사람과 사람을 연결해 주는 중심에 있다. 사이토 나오코斎藤直子는 피차별부락 출신이 연애나 결혼을 할 때, 일반 시민인 상대의 부모와 가족이 반대한 경우를 대량 수집했다[사이토 2017a]. 이러한 '결혼 차별'에는 몇 가지 양상이 있는데, 사이토는 부모가 자식이 부락 출신자와 결혼하려 할 때 그 결혼에 개입하여 결혼을 방해하는 유형을 나눠서, 어떻게 그걸 극복하면 좋을지를 분석하고 있다. 다음 이야기는 결혼 차별에 직면한 커플이 이를 극복하려고 하는 장면의 에피소드다.

> 선물로 푸딩을 샀는데 "안 먹는다"고 그러면서 "저 애가 산 건
> 안 먹는다"며, 돌려준 건 아니지만 그렇다고 받아 준 것도 아닌
> 적이 몇 번인가 있었어요. 그럴 때는 "흥" 하고 화를 냈다고
> 하는데, "어쩔 수 없지" 하고 그이가 푸딩을 전부 먹어 버렸다는
> (웃음) 거예요, 전부. "할머님께 드렸어?"라고 물어보니까
> "맛있어서 내가 다 먹어 버렸지" 그러는 거예요.
> "아니, 할머님께 제대로 드리라니까, 푸딩"
> 뭐 이런 대화를 하고 그랬어요[사이토 2017b:72].

여기서 '그'는 일반 시민 쪽이고 부모가 여자친구와의 결혼에 반대하는 상황이다. 여자친구와 함께 집에 인사하러 갔을 때 부모는 그녀가 사 온 선물인 푸딩을 먹지 않았다. 손도 안 댄 푸딩이 집에 덩그러니 놓여 있자 그는 그 푸딩을 전부 먹어 버렸다.

"할머님에게는 제대로 드리라니까"라는 여자친구의 말은 남자가 전부 먹어 준 것은 고맙지만 그래도 같이 사는 할머니에게는 드렸으면 했다는 의미로, 어떤 종류의 웃음을 불러일으킨다. 그리고 이것은 자신의 부모가 가진 차별 의식에 그 푸딩을 전부 먹어 버림으로써 대항했다는 이야기이다.

기록한다는 것은 어떤 것일까? 우리들은 무엇을 기록하고 있는 것일까? 기록한다는 것은 어떻게 해서 가능한 것일까?

질적조사에는 여러 종류가 있는데 어떤 질적조사에서는 조사자가 무언가에 휘말려 버리는 일이 발생한다. 현장에 들어가면 들어갈수록 조사자 쪽 선택지가 줄어든다. 그것은 라포르[10]의 문제와는 다르며, 정치적 개입의 문제와도 다르다. 하지만 우리가 조사를 하는 과정에서 이러저러한 관계가 발생하고, 우리는 질문 당하기도 하고 재촉당하기도 한다. 그리고 조사자의 질문, 틀, 대답도 바뀌어 간다.

대상자가 "이거 무엇에 도움이 되나요?" 하고 묻는 경우도 물론 있다. 자주 있다. 게다가 더욱 깊은 곳까지 개입하는 경우도 있다. 때로 그것은 노골적으로 정치적일 때도 있다. 그리고 그에 대해 이쪽도 수용하거나 반발하거나 한다. 이런 일들이 비일비재하게 일어난다.

조사자들은 그때마다 필사적으로 공부해 온 이론이나 구조를 눈물을 머금고 파기하거나, 다시 한번 처음부터 문체 수준까지 되돌아보며 자신들이 하고 있는 것을 고치고 또 고친다. 그리고

---

10 질적 연구, 인터뷰 및 면접 등에서 중요하게 여겨지는 조사자와 조사 대상자 간의 친밀감과 신뢰를 형성하는 것을 뜻한다. [옮긴이]

몇 년이나 아무것도 쓰지 못하기도 한다.

이런 과정은 정치적 혹은 윤리적 문제이기보다 논리적 문제다. 질적조사는 '원래 그런 것'이다. 물론 여기에도 정치적인 혹은 윤리적인 문제도 존재한다. 하지만 질적조사는 무엇보다 논리적인 혹은 실제로 논리적인 문제이다.

무엇인가에 휘말리면서 조사자도 변화해 간다. 이론, 문제 설정, 해석, 결론 혹은 문체마저도. 하지만 이러한 이유로 우리들이 상대주의자라는 것은 아니며 오히려 더욱 실증주의적으로 생각하는 것도 가능하다. '이것으로 충분히 타당한 것을 말할 수 있다'처럼 말이다. 휘말린다고 해서 사실 그 자체를 잃어버리는 것은 아니다. 이런 과정 안에서 우리들은 어떤 것을 보거나 듣거나 하여 그걸 통해서 무엇인가를 '이해'하려고 한다. 그리고 그걸 기록한다. 그때 매우 구체적이고 개별적이며 단편적인 디테일이 섞여 들어온다.

현장에서 실천하고 상호 행위하면서 혹은 구술자의 인생 그 자체에 휘말려들어 관계를 깊이 하는 동안 우리들은 그런 구체적이고 개별적이고 단편적인 디테일이 단순한 스토리가 아닌, 현실에 존재한다는 사실을 인정하게 된다.

기묘할 정도로 구체적인 디테일은 거꾸로 그 실재성을 전한다. 갑자기 나타난 마츠바라 치에코나 북오프, 샐러드 팩, 싱수리나무 열매 등은 그것이 돌발적이면 돌발적일수록 저자의 의도를 넘어서 그들이 실제 있었다는 것, 어떤 실재하는 것과 직접 관계하고 있다는 것을 전해 준다. 디테일은 어떤 것이 실재한다는 것, 어떤 상호 행위가 실제로 일어났다는 것, 어떤 이야기가 정말로 존재하는 구술자에 의해 이야기된 것이란 걸 전해 준다.

그리고 그것들은 무언가 매우 일반적인 것, 보편적인 것이라 말해도 좋을 것들과 연결되어 있다.

진심으로 딸을 걱정하고 있지만 아버지가 이 상황에 개입하는 것은 불가능하다. 그 대신에 아버지는 자신이 아끼는 사슴벌레를 준다. 받은 쪽은 "의미를 모르겠네"라고 말하면서도 그 사슴벌레를 키운다. 죽은 노숙자 여성의 동료들이 그녀의 잠옷을 입고 춤을 추는 것. 상처받은 친구를 위해 장난스레 우는 흉내를 내는 것. 혹은 손을 잡는 사람들. 말라 가는 선생님을 위해서 주먹밥을 만들어 온 학생. 부모의 차별 의식과 싸우기 위해 푸딩을 전부 혼자 먹어 버리는 것.

세계와 자신의 관계도 구술된다. 생략된 형태로 구술된 수작업에 대한 묘사는, 거꾸로 그 배경에 거대한 신체의 기억이 있음을 전해 준다. 설탕 주머니와 돼지기름으로 만든 악기에는 언제나 벌레들이 꼬였다고 한다. 그럼에도 그 드럼은 빼앗긴 의미를 되찾아 주는 물건이었다. 혹은 식용 가축을 향한 복잡하고 모순된 시선이 어떻게 작용하는지 사장의 손짓을 통해 표현된다.

민족지 학자들은 어떤 특정 역사적 시점, 특정 장소, 특정 상황에서 사람들이 이런 방식으로 살아왔다는 것을 쓴다. 우리들이 그것을 쓸 때, 당사자들의 해석이나 이해를 그저 기술하는 것이 아니다. 우리들은 우리 고유의 권리에 근거하여 기록한다. 그리고 이를 통해 세계를 만든다. 여기에 쓰여 있는 것은 '인간 행위에 관한 이론'이다.

이것은 세계와 연결되어 있다. 그런 의미로 모든 것은 실재하고 있다. 디테일이 사실이라는 것은 이런 의미이다. 그리고 이것은 이 세계가 어떻게 되어 있는가, 인간 행위와 상호 행위라는 것은 어떤 것인가에 대해 꽤 일반적인 지식을 알려 준다.

이야기는 전부 그 자체가 당사자에 의한 해석 활동이다. 당사자들이 자신들의 행위와 발화를 어떤 해석 실천에 근거하여 하고 있는지 기술하는 것이 우선 필요하며, 우리들은 그 이야기에 또 해석을 더한다. 이렇게 해서 조사자는 이 해석 실천의 상호 행위에 말려들어 간다.

이때 만약 확실하고 명확한 중범위 대상에 대한 (비정치적인) 개입이 존재한다면, 조사자 자신에게도 해석을 통해 이것은 이렇다, 이 문제는 이렇게 되어 있다, 이 상황에서 사람들은 이렇게 행동한다,라고 써야할 때가 있다. 우리들은 이러한 일반적인 것, 보편적인 것에 관계하는 것을 기록하는 것이다.

왜 디테일을 써야만 하는가? 그것은 자주 사례의 특수성, 고유성, 일회성을 두드러지게 하기 위해서라고 논의된다. 이런 것을 많이 묘사해서 우리들은 사례를 '사례로서' 이해해야 하며, 일반화하면 안 된다고 말한다. 하지만 어떤 사례를 이해한다는 것은 그 특수성과 고유성을 일반성과 보편성을 바탕으로 이해하는 것이다. (고유하다는 것을 애초에 우리가 어떻게 이해할 수 있을까?)

여기서 묘사된 디테일은 모두 '무엇인가에 대해 자신들도 무언가 말하고 싶어지는' 순간에 나타난다. 이는 우리들이 현장에서 만난 디테일을 통해, 어떤 일반적인 것, 보편적인 것, 실재하는 것과 접한 순간이다. 민속지 학자들은 이 순간을 그리는 것으로 독자와의 사이에 이해를 재현해내려고 한다.

과할 정도로 구체적인 이들 디테일은 어떤 '계류繫留점'[기시 2013: 264-289]이며, 그것은 사람들의 행동이나 말을 역사와 구조에 연결시킨다.

오키나와를 이야기하는 방법 바꾸기

실재에 대한 신념

 이제 나는 이야기라는 것이 '실재에 대한 신념'에 기초하고 있다는 것, 그리고 구술 방법이 바뀐다면 그것은 대상이 '실제로' 변화하기 때문이라는 신념에 근거한다는 점을 논할 것이다.
 물론 이는 모든 신념이 제대로 되었다거나 충분히 확인된 기초를 가지고 있다는 말은 아니다. 모든 신념에는 잘못이 있을 수 있다. 우리가 틀렸다고 생각되는 신념에 부딪혔을 때, 통상 우리는 각각이 보여줄 수 있는 증거를 모두 가져와서 그 잘못을 바로잡으려고 할 것이다. 그러한 개입은 성공하는 경우도 있지만 실패하는 경우도 있다.
 하지만 이 장에서는 그 개개의 신념들 중, 어떤 것이 틀렸고 어떤 것이 맞는지 '판정'하는 것을 목적으로 하지 않을 것이다.
 사회학이 사람들의 구체적인 신념의 진위에 대해서 판정할 의무가 애초에 없다는 의견도 있다. 하지만 나는 그렇게 생각하지 않는다. 오히려 특정 사회문제에 대해 조사 자료와 식견을 동원하여 잘못되었다고 생각되는 신념에 개입하는 것은 일본어권 사회학자들이 좀 더 해야 하는 일이라고 생각한다. 그럼에도 나는, 우선 여기에서는 어떠한 혹은 대부분의 이야기도 실재와 연결성을 가지고 있다는 신념을 바탕으로 서술된다는, 너무나도 당연한 점부터 지적하려고 한다. 다만 그 당연한 것이 사회학 방법에 몇 가지 귀결을 가져오기도 한다.

이 논의를 위해 어떤 장소에서 실제로 계속 일어나고 있는 오키나와 구술 방법의 변화를 소개하겠다. 구체적으로는 오키나와 본섬에 있는 A시 시사市史 편찬실이 쓸 예정의 새로운 시사에 대한 것이다.

오키나와현에서는 현사県史뿐만 아니라 대부분의 시정촌[1]에서 독자적이고 상세한 시정촌사[2]가 출판되고 있다. '자字' 단위로 지역지誌를 작성하는 곳도 있다. 그리고 그 질 또한 매우 높다.

이 지역지는 행정이 공식적으로 발행하는, 이른바 그 지역의 '교과서'이다. 이것은 그 지역 혹은 오키나와 그 자체에 대해서 '이야기하는 방법'을 규정하는 힘을 가지고 있다. 다수의 지역지는 현재 수 편에서 수십 편 규모로 발행되고 있는데 대략 '통사' '민속문화' '오키나와전' 이 세 가지가 대부분 지역에서 공통적으로 발행된다. 여기에 전후편과 자료편이 더해지는 경우가 많다.

---

1 일본의 행정구역 단위. '자' 역시 마을이나 동네의 한 구획의 이름이며 시정촌을 더 작게 구분한 지명 표시 방법이다. [옮긴이]

2 오키나와현 안에 지방자치체에 의해 대량으로 작성되고 있는 현사, 시정촌사, 자사 등을 본 원고에서는 모두 '지역지'로 부르기로 한다. 오키나와의 지역지, 지역사 연구에 대해서는 남서지역산업활성화센터南西地域産業活性化センター[2003]와 오키나와현지역사협의회沖縄県地域史協議会[2011]가 자세하다. 또한 '오키나와전 체험편'에 대해서는 야카비 오사무屋嘉比収의 상세한 분석이 있다[야카비 2009]. [지은이]

본론에서는 이러한 오키나와의 지역지 가운데에서도 민속문화에 대해 기록한 '민속편'을 중심으로 이야기하겠다. 뒤에서 자세히 소개하겠지만 기본적으로 오키나와 지역지의 민속편은 전쟁 전 혹은 류큐 처분[3] 이전의 '본래의 진정한 오키나와 문화'를 전하는 것이다. 그런데 이 지역지의 민속편에서 새로운 움직임이 생겨나고 있다. 여기서는 오키나와 본섬의 'A시' 시사 편찬실에서 이뤄지는 새로운 실천에 대해 고찰해 보겠다.

현재 취재와 집필, 편집이 진행중인 A시사 민속편에는 시내 약 70곳의 집락에 대한 기술이 모두 포함되어 있다. 여기에는 옛날부터 존재했고 오키나와적인 전통 예능이나 관습을 전승하는 집락뿐만 아니라 단지나 신축 주택이 들어선 뉴타운 등이 포함되어 있다. 이것은 지금까지 지역지 민속편이 본래의 진정한 오키나와 문화를 기록하여 후세에 전하려는 목적으로 기술되었다는 것을 생각해 보면 꽤 획기적인 시도이다.

지금까지는 현이나 시정촌에 의해 편찬된 지역지가 교과서적 존재로서 오키나와를 이야기하는 방법을 규정해 온 측면이 있다. 하지만 A시의 역사는 이 '오키나와를 이야기하는 방법'을 바꾸려 하고 있다. 본론에서는 A시 시사 편찬실 인터뷰를 통해 오키나와를 이야기하는 방법이 어떻게 변화하고 있는지, 이야기 방법을 바꿀 때 어떤 일이 일어나는지 그리고 그것은 어떻게 가능한지에 대해 생각해 보려고 한다.

---

3 메이지 정부가 류큐왕국을 강제적으로 근대 일본 국가에 편입시킨 일. 1872년부터 1979년 오키나와현 설치가 이루어지기까지 일련의 과정을 말한다. [옮긴이]

1. 지역지라는 '이야기 방법'

'오키나와를 이야기하는 방법 바꾸기'라는 실천에 대해 고찰하기 전에 그 전제로 오키나와의 지역지, 그중에서도 특히 '민속편'이 어떻게 기록되는가에 대해 정리해 보겠다.

우선 전쟁 직후 1956년에 발간된 '마와시真和志시지'를 보자[아라가키 1956]. 마와시시는 1957년에 나하시에 합병되어 그 일부가 되어 버렸지만, 그전까지는 독립된 하나의 시로 존재하고 있었다. 아마도 합병을 눈앞에 두고 마와시시의 독자적인 민속문화와 역사를 후세에 남기기 위해 발행을 서둘렀던 것 같다.

시지 서문에는 당시 마와시 시장이었던 오나가 스케히로翁長助静[4]가 다음과 같이 시지의 의의를 설명하고 있다[5].

> 멀리 지난날을 회고하면 슈리首里 왕부의 직결령 시대부터 류큐 번정 하의 시대, 하이한치켄廃藩置県[6] 후의 전 행정 면의 변천을 전류적全琉的 시야에 서서 바라보며, 마와시 그 실체 자체에 깊이 파고들어 가는 것에 모든 힘을 기울이고 있다. 가까이에는 이번 태평양 전쟁의 재앙은 마와시 전체를 잿더미로 만들어 버렸고, 뿐만 아니라 향토에 드나드는 것을 금지한 일이 종전 후에도 2년간이나 계속되어 마부니摩文仁촌 오도小渡 해변의 한구석, 혹은 토미구스쿠豊

---

4   오나가 타케시翁長雄志(2018년 8월 현재 오키나와현 지사)의 부친이다. [지은이]
5   이하, 본 논문에서는 모든 구旧 가나 표기를 새로운 가나 표기로 바꾸었다. [지은이]
6   1871년 메이지 정부가 전국의 봉토를 폐지하고 지금의 현을 설치한 행정 개혁으로, 이때부터 일본에 중앙집권제가 확립되었다. [옮긴이]

見城촌, 마단바시真玉橋 한구석에서 각각 수개월이나 곤궁한 생활을 겨우겨우 이어 오다가 1947년 4월, 겨우 모촌母村에 돌아왔다고는 하지만 의식주의 곤궁함 그 끝에 다다른 때부터 현재에 이르기까지가 상세히 기술되어 있다[같은 책 2-3].

'마와시의 실체 그 자체'란 무엇일까? 그것은 여기에 명기되어 있는 것처럼 전쟁 전 혹은 더 거슬러가 류큐왕국 시대 마와시의 모습일 것이다.

이 '마와시시지'는 400페이지 이상을 할애해, 마와시시의 모습 전체를 묘사하고 있다. 목차를 보면, 우선 '윗대의 마와시', 마와시의 어원', '마와시의 연혁사' 등의 항목이 나열되어 있고, 류큐 시대까지 거슬러올라가 그때부터 거의 전쟁 전까지의 마와시의 역사를 기록하고 있다. 이에 더해 '류큐 번정하의 마와시 마기리間切[7] 각 촌의 사적'으로서 시키나識名, 아지야安謝, 아메쿠天久, 아사토安里, 마키시牧志, 츠보야壺屋, 코하구라古波蔵, 요기与儀 등 각 촌의 유래를 상세히 기록하고 있다. 또한 시키나엔識名園, 소겐지崇元寺, 아사토바시安里橋, 지츠간지十貫瀬, 츠보야의 도자기 마을, 고쿠바가와国場川, 스미요시궁住吉宮이라는 명소, 구 유적이나 각 촌의 기도하는 곳, 전통 예술, 그리고 각 마을의 역사가 약 100페이지에 걸쳐 소개되어 있나.

그리고 나서 '메이지 유신과 하이한치켄'으로부터 '전후의 마와시'에 이르는데, 여기부터는 '하이한치켄 후의 행정', '각 법규

---

7   오키나와 류큐왕국 시대의 행정 구분 중 하나. [옮긴이]

등의 연혁', '행정 구획의 변화', '지방제도의 개혁', '토지제도와 세제의 연혁', '교통기관', '교육 사업 연혁'(일부 표기를 생략) 등 전통적인 민속문화와 역사 대신 근대적인 항목을 나열하고 있다. 오키나와전에 대해서 간단한(아주 간단한) 기술을 넣었고, 전후에 대해서는 '부흥한 마와시시의 현황'으로 토지, 인구, '소비적 업태', '생산적 업태', 직업별 인구 동태, 사회 사업(복지), 보건 위생, 노무 상황, 학교 설립 등의 항목을 늘어놓는다.

'마와시시지'에서는 류큐왕국 시대로부터 메이지 시대까지의 오키나와와 근대화 이후의 오키나와가 명료하게 구분되어 있다. 하지만 이후 나온 지역지에서는 오키나와전이 그 둘을 구분하는 경계선 역할을 명확히 하고 있다.

1962년에 나온 '하네지羽地촌지' 서문에는 당시 류큐 정부의 행정 주석이었던 오타 세사쿠大田政作의 이름으로 다음과 같이 적혀 있다.

> 자신들의 역사에 대해 인식을 깊이 하는 것은 결코 회고적인 의미만 있는 것이 아니다. 그 국가 혹은 민족이 역사의 흐름 속에서 어떻게 생활하고 어떻게 현 시점에 도달하게 되었나를 아는 것은 장래에 대해 올바른 자세를 잡기 위한 필수 조건이라고 생각한다. 우리 오키나와는 천년 동안의 역사에서 특유의 문화를 창조했다. 그리고 전화로 인해 유형문화재가 소실되었다고 해도, 옛날에 이런 것을 만들었다고 하는 민족적 자신과 긍지는 영원히 남을 것이라고 믿는다. 이 긍지와 자신을 다시 한번 가슴에 새기는 것을 결코 등한시하면 안 된다. 이런 의미에서 고향에 대한 의식과 이해가 오

늘만큼 절실히 요구되는 시대는 없었다고 생각한다[하네지촌지 편집위원회 1962: 1-2].

이때의 오키나와 시정촌 역사는 아직도 한 권에 전부 담을 수 있을 만한 규모였다. '하네지촌지'의 구성을 보면 하네지의 자연 지리와 류큐 이래의 역사, 전통 민속문화부터 행정 조직의 구성과 마을 의회, 산업, 경제 등의 근대적 항목까지 그 마을에 관한 대부분의 것을 적어 넣어 기록으로 보존하려고 한 강렬한 의지를 느낄 수 있다. 그중에서도 민속문화에 대한 항목은 이 촌지의 3분의 1 정도를 차지하고 있는데, 이 카테고리가 얼마나 중요하게 다뤄졌는지를 알 수 있다. 촌지에는 풍속 습관, 관혼상제, 제사 행사, 방언, 신앙, 예배 장소, 구비전설, 향토 예술, 속담과 민요 등 중요한 민속학적 항목 각각에 대해 자세히 서술되어 있다.

오타 세사쿠의 이름으로 된 서문에서 이미 전부 서술하고 있듯이 적어도 오키나와전에 의해 재앙과 같은 피해를 입은 오키나와 본섬 사람들에게, 독자적 문화와 역사적 일체감은 잃어버리고 빼앗겨 버린 것으로 여겨진다. 하지만 오히려 오키나와전으로 인해 모든 것을 빼앗겨 버린 다음부터 오키나와의 민속문화라는 것이 실체화되고 연구의 대상이 되고 자신들이 고유의 독특한 존재라는 것이 표면으로 드러나는 범주로서 다시 보이기 시작했다고 말하는 것이 좋을지도 모르겠다. 그러나 적어도 이 필자들은 오키나와 문화라는 것 혹은 오키나와라는 것이 자신들에 의해 재조명된 것이라는 사실을 믿지 않는다. 필자들에게 오키나와는 아주 오래 전부터 그래왔던 곳 그리고 앞으로도 그럴 곳이다.

고도성장기부터 복귀를 거쳐 오키나와현의 역사와 각 시정촌 및 자의 역사는 큰 프로젝트가 되었고 이에 하나의 정리된 예산이 책정되었다. 각지의 시정촌은 빠짐없이 각 지역의 역사와 민속을 정리해서 발간하게 되었다. 또한 1970년대 이후 한 권에 전부를 담는 것이 아니라 통사, 민속, 전쟁 체험 등 테마별로 내용을 나누게 되어 분량 또한 크게 늘어났다. 집필위원도 대학교수 등 전문적인 연구자가 담당하게 되었다.

그 대표적인 것이 1970년대에 순차 발행된 '나하시사那覇市史'이다. 시정 40주년을 기념하여 1961년에 계획되었고 당초에는 통사편 네 권, 자료편 네 권, 연표 한 권 합계 아홉 권으로 펴낼 예정이었다. 1966년에 최초로 '나하시사 자료편 제2권 상(근대 신문 집성)'이 발행되었고, 이후로 이 계획은 점차 확대되어 1972년 제3차 계획에서는 전 22권(통사편 3권, 자료편 18권, 별도 책 1권), 1979년 제4차 계획에서는 33권(통사편 3권, 자료편 29권, 별도 책 1권)까지 늘어난다. 33권이 전부 완성된 것은 2008년으로 당초 계획보다 50년 가까이 경과된 시점이었다. '나하시사' 중에서 민속문화에 대해 정리되어 있는 것은 1979년에 발간된 자료편, 제2권 중 7이다. 여기에는 약 900페이지에 걸쳐서 나하의 민속학적, 역사적 항목이 기술되어 있다. 집필위원도 미나모토 타케오源武雄, 히가 마사오比嘉政夫 등의 민속학자부터, 오나가 스케히로 등의 정치가, 호카마 요네코外間米子, 쿠니요시 신키치国吉真吉, 후쿠치 타다요시福地唯方, 마츠무라 코쇼松村興勝 등의 향토사가, 브리지스톤타이어 오키나와 판매 사장인 마키 시슌真喜志駿과 같은 실업가 등 수십 명이 멤버로 참여했다[나하시 기획부 시사 편집실 1979].

1980년대에 들어와서는 주요한 시정촌의 지역지가 거의 빠짐없이 나오게 된다. 이때가 되면 '본래의 오키나와'와 그것을 빼앗겨 버린 현재의 오키나와를 구분하는 경계선인 류큐 처분과 오키나와전에 고도성장기가 추가된다. 사회학적으로 말하자면 전쟁 전부터 전후까지의 오키나와의 사회 변화는 그 정치적 변화에 비하면 그렇게 큰 것은 아니었다. 서민의 생활이 근저부터 변화한 것은 돌연 인구가 급증하여 나하 도시권에 인구가 이상적으로 집중하고부터다[8]. 1983년에 나온 '우라조에시사浦添市史'에서 오키나와 민속학 제1인자였던 나카마츠 야슈仲松弥秀가 쓴 문장은 여기에 전부 인용하고 싶을 정도로 '본래의 오키나와'에 대한 애석함으로 가득하다.

> 주민이 있고 나서 마을과 시가 있다는 것, 이는 지금에서야 새로운 것이 아니라 아주 먼 옛날부터 당연한 것이었는데, 최근에야 이를 당연하다고 느끼게 되었다. 안타깝게도 늦게 알아차리는 바람에 잃어버린 것이라 말할 수 있다. 조금이라도 빨리 알아챌 수 있었다면 우리 주민들과 마을의 생활사를 한층 더 확실히 밝힐 수 있었을 것이라 생각한다.
>
> ...
>
> 잘 알고 있듯이 우라조에는 전쟁 전에는 나하 슈리 주변의 오로쿠 小禄, 토미구스쿠, 마와시 같은 순전한 농촌 지역이었다. 이곳들이 전장이 되어 선조 이래 본 적도 경험한 적도 없는 큰 피해를 만났

---

8 전후 오키나와현의 인구 증가와 도시화에 대해서는 기시[2013] 제1장을 참조하라. [지은이]

다. 그리고 우라조에는 미군의 점령으로 의해… 집락과 농경지, 들판은 물론 신앙의 중심지인 우타키御嶽와 하이센拜泉까지 전부 강제로 수용되었고 거기에는 미군 식자재 창고 기지가 건설되었다.

…

… 자신의 토지를 매각하고 손에 쥔 돈을 가지고 농사를 버리고 전업하게 된 것이 종전까지의 우라조에 시민이다. 이른바 대지와의 관계를 바탕으로 살아온 지금까지의 우라조에 주민이 그 땅과 잡은 손을 놓은 주민으로 변하여 개인 소유의 토지는 물론 마을 공동체의 성지까지 매각될 처지가 되었다. 도시화 현상은 일본 복귀에 의해 그리고 나하시 지역이 확장됨과 더불어 점점 우라조에시까지 번져 왔다. 우회도로 개통, 슈리에서 기노완시까지 통하는 도로를 따라 주택, 상점, 각종 업무의 크고 작은 건물이 매일매일 증가하여 왔다. 그에 따라 녹지가 사라져 갔다. 이러한 변화 즉 농촌 지역, 대지와 떨어진 도시가 된 우라조에시로 변한 것에 의해 그 민속에도 큰 변화가 보인다. 이 제4권 '우라조에 민속'편 각 장에는 이들 민속의 변화가 여기저기 기록되어 남아 있다[우라조에시사 편찬위원회 1983:14-15].

여기에는 오키나와 사람들에게 민속문화, 혹은 민속학 연구가 어떤 의미를 갖고 있는지 남김없이 기록되어 있다. 오래 전부터 변함없이 이어져 온 류큐 생활이 저 '인간 무시의 대참사'를 가져온 오키나와전에 의해 전부 파괴되었다. 우라조에의 평온했던 마을 공동체도 크게 변하고 외지인의 유입으로 도시화되어 갔다. 농업은 버려지고 그 대신 미군 혹은 도시민을 상대로 하는 상업으로 전환되었다. 그리고 근대화, 도시화, 산업화와 함께 아름다운 자연은 소멸되었다. 이러한 사회 변화가 모두 오키나와적인 것의 박탈로 여겨지고 있는 것이다. 내가 이미 《동화와 타자화》같은 저작에서 서술해 온 것처럼 전후 고도성장기의 인구 증가와 나하 도시권의 확장이 오키나와 사람들 자력에 의한 것이라고 해도 어디까지나 오키나와적인 것의 상실과 박탈은 메이지 정부, 오키나와전과 미군 통치, 그리고 복귀에 의한 일본으로의 재편입이라고 하는 외재적인 힘이 작용한 결과다. 여기서는 오키나와전과 미군에 의한 점령과 고도성장기의 인구 증가 그리고 도시화의 결과라는 것이 동일시되고 있다. 이들은 모두 밖에서부터 왔으며 옛날부터 가지고 있던 오키나와적인 것을 파괴하는 힘이었던 것이다.

아래는 1985년에 나온 '기노완시사宜野湾市史' 민속편에 실린 혜시키 요시하루平敷令治의 글이다.

> 오키나와전과 거기에 이어진 아메리카군의 점령은 섬 사회를 격변시켰다. … 오키나와전으로 촌락은 파괴되고 다수의 촌민이 총탄에 쓰러졌다. 기노완, 가미야마神山, 아라구스쿠新城, 아니야安仁屋, 이사伊佐, 우치도마리宇治泊는 섬 전체가 통채로 아메리카군에 접수되어 버렸다. 기노완, 가미야마, 이리구스구의 집락지는 후텐마 비행장으로 쓰이기 위해 평탄한 땅으로 만들어져, 예전 모습은 하나도 남아 있지 않다. 기지에 의존한 마을에서 문화, 상업 도시로 재생된 지금, 인구는 6만 6천 명을 넘어섰고 그중 원래의 기노완 출신자는 과반수에 불과하다고 한다. … 오키나와전부터 40년

의 역사를 뒤돌아보면, 게다가… 정리된 형태의 민속지가 없는 것을 생각하면, 행정 주도의 메이지 내셔널리즘과 군부 주도의 쇼와 내셔널리즘의 틈새에서 기노완 촌민이 어떻게 살아왔는가…. 생활의 증거를 기록하는 시기는 지금이라도 늦지 않았다[기노완시지 편집위원회 1985: 15-16].

헤시키 요시하루는 오키나와 민속학의 대표적 연구자로, 당시 오키나와국제대학 남섬문화연구소 소장을 맡고 있었고 1992년에는 학장 및 이사장도 맡았다. 여기서 말하는 '내셔널리즘'이란, 물론 일본에 의한 동화 압력을 말하는 것이리라. 류큐 처분, 오키나와전, 전후의 도시화와 산업화는 오키나와적인 것을 근저부터 빼앗아 가 버렸고 그 과정에서 오키나와 사람들은 '일본인이 될 것'을 강요받았다. 그리고 복귀로부터 10년이 지나 오키나와 근현대사를 되돌아봤을 때 남은 것은 오키나와 민속문화의 일부 기록과 기억이었다. 오키나와의 민속문화는 전후 70년의 역사를 지나며 이미 잃어버린 것, 지금 잃어 가고 있는 것, 금방이라도 잃어버릴 것들이다. 어떤 시대 어떤 지역의 지역지에도 공통적인 것은 이 '시간과의 싸움'이라는 감각이다.

위의 헤시키 요시하루나 나카마츠 야슈 외에도 1980년대부터 오키나와 지역지에서는 역사학자 아니야 마사아키安仁屋政昭, 사회학자 이시하라 마사이에石原昌家, 역사학자 타카라 쿠라요시高良倉吉, 민속학자 히가 마사오比嘉政夫 등이, 혹은 더 최근에는 민속학자 츠하 다카시津波高志, 아카미네 마사노부赤嶺政信 등을 더해 하나의 형식이 형성되어 가고 있다. 현재 오키나와 지역지 대부분은 통사편, 민속편, 전쟁체험편이 전체 구성의 기둥이 되어 수 편부터 수십 편으로 나눠진 책 형식으로 발행되고 있다. 여기서 들고 있는 민속편도 다시 '의식주', '생업', '교역', '인생의례', '연중행사', '신앙과 제사', '예술', '언어 전승(민화, 전설, 민요 등)' 등의 민속학적 범주별로 분류된 항목을 서술하는 형태('우라조에시사' 1983년, '기노자宜野座촌사' 1989년, '이토만糸満시사' 1991년, '차탄정사' 1992년, '요미탄読谷촌사' 1995년, '기타나카구스쿠北中城촌사)' 1996년 등)와 부락 각각의 그 유래와 연혁, 명소 유적 등을 소개하는 형태('니시하라西原정사' 1989년, '가데나嘉手納촌사' 1990년, '하에바루南風原정사' 2003년, '토미구스쿠시사' 2008년 등)로 나눠져, 공통의 형식이 형성되어 가고 있다. 1985년의 '기노완시사' 민속편은 각 부락별 상황과 민속학적 항목 두 종류가 모두 서술되어 있는데, 오키나와전과 미군 기지 건설에 의해 부락의 형태가 변화한 것 때문에 각 부락별 기술이 더 자세히 되었는지도 모른다.

어찌되었든 1990년대부터 2000년대에 발행된 지역지에도 아직 민속편 안에 기술되는 지역 민속문화는 기본적으로는 전쟁 전까지의 것이 중심이 되어 있다. 예를 들면 1992년 발간된 '차탄정사'에는 그 서문에 민속편의 구술조사 개요에 대해 아래와 같이 설명하고 있다.

또한 이 정사町史 제3권 자료편 2 '민속 상' 편에는 전쟁 전의 각 자字의 근황과 산업 형태, 의식주, 인생의례, 연중행사 등 많은 내용이 정의 주민들의 청취조사에 의해 기술되어 있다. 이 책을 읽으면 '지난날의 차탄'을 떠올리는 것이 가능할 것이라고 생각한다[차탄

정민속편집위원회 1992: 쪽수 기재 없음].

2008년 나온 '토미구스쿠시사'에도 이런 기술이 있다. '본권에서 다루는 내용은 근세기부터 1945년(쇼와 20년)경까지를 주 대상으로 하였지만 전쟁 전후의 민속의 변용에도 시선을 확장해 현대의 사항까지 기술한 부분도 있다[토미구스쿠시사편집위원회 민속편 전문부회 2008: '범례' 페이지수 기재 없음].'

기본적으로 민속편(혹은 오키나와 민속학 그 자체)의 조사 방법은 어떤 집락의 고령자에게 옛날(가능하면 전쟁 전) 기억을 듣는 것이다. 예를 들면 1989년 발행된 '니시하라정사'에는 '청취조사 협력자'로서 각 항목별의 구술자의 실명과 생년월일이 기재되어 있다(다른 지역지에도 이런 기술이 많다). 구술자 대부분이 메이지 시대에 태어난 사람들이었고 그중에는 메이지 22년생인 구술자도 목록에 들어 있었다. 메이지 22년생이라는 것은 서양력 1889년으로, 발행 당시 마침 백 살이었는데 이 과소의 기술에 따르면 이분은 헤세이 원년 즉, '니시하라정사' 민속편이 발행된 그해에 돌아가신 것으로 되어 있다. 실제 청취조사가 발행 수년 전부터 길게는 수십 년이나 이전에 이뤄진 경우도 있었기에 아직 그렇게까지 고령화되지 않은 구술자로부터 이야기를 듣는 것도 가능했다. 1980년대에는 메이지 시대에 태어난 구술자도 아직 건재해서 그 시기의 지역지에는 전쟁 전 쇼와 시대뿐만 아니라 메이지, 다이쇼 시기의 기억까지 듣는 것이 가능했다.

하지만 이런 고전적인 민속 조사 자체가 어려워지고 있다. 위의 2008년의 '토미구스쿠시사'의 문장에서 동시사민속편전문부

회장同市史民俗編専門部会長 아카미네 마사노부(류큐대학, 민속학)는 이렇게 서술한다.

> 토미구스쿠시는 전후 특히 본토 복귀 후 급속히 타지역으로부터의 인구 유입과 도시화가 진행된 지역으로, 전통적 생활 형태와 풍속 습관과 같은 민속 사상의 변용 또한 현저했다. … 모든 민속 사상이 사람들이 꾸려 가는 일상 속에 있는 이상, 끊임없이 변용을 이어 가고 있고 한 해 한 해 지나감에 따라, 전쟁 전 생활상을 이야기할 수 있는 사람이 줄어들고 있는 것도 사실이다[토미구스쿠시 사편집위원회 민속편 전문부회 2008: 쪽수 기재 없음].

여기에 오키나와의 지역지 혹은 오키나와 민속학 그 자체가 시작 시점부터 품고 있는 곤란한 점(아마 그 가능성)이 간결하게, 하지만 모두 기록되어 있다. 우선 이러한 시도들은 류큐 처분, 오키나와전, 미군 점령 그리고 고도성장기라고 하는 몇 가지 큰 시간적 경계선을 거슬러올라가 본래의 진정한 오키나와로 되돌리려고 했지만, 근대화되지 않을 수 없었던 오키나와는 점점 과거와는 멀어져 갔다. 구술자는 고령화되었고 인구의 유출과 상업 개발 등으로 지역의 모습도 크게 변화하고 있다. 과거에 의존하는, 한 지역의 구술자로부터 정보를 수집하는 형태의 민속학적 조사는 어려움에 직면할 뿐이다. 하지만 그것보다도 더욱 근본적인 문제는 마침 아카미네 마사노부가 서술하고 있듯이 '모든 민속 사상은 사람들이 꾸려 가는 일상 속에 있다'는 사실이다. 그리고 이 사실에는 앞으로 오키나와 민속학이 지닌 큰 가능성도 포함되어 있다. 오키나와 민속의 하나의 이상형인 전쟁 전 오키나와는 점점 멀어져만 간다. 하지만 동시에 미군 점령과 경제성장 아래에서도 '사람들이 꾸려 가는 일상'이 변함없이 계속된다고 한다면 민속학적 오키나와 연구, 혹은 진정한 오키나와를 만들어 내는 장치로서의 오키나와 지역지가 그려야만 하는 것 안에 지금 현재의, 근대화되고 도시화되고 산업화된 오키나와의 모습도 포함되어야 할 것이다.

여기서 과연 진정한 오키나와의 모습이라는 것이 존재했을까 하는 문제는 놓아두고, 우선 본래의 오키나와를 글로 써서 남기는 것은 지역사회에는 꼭 필요한 것이었기에, 오키나와현에서 이 정도 규모로, 학술적으로도 높은 수준의 지역지가 대량으로 생산된 것이다. 하지만 이런 지역지들도 지금은 새로운 문제와 과제에 직면해 있다. 아마도 오키나와 지역지의 새로운 가능성도 거기에 존재한다. 그것은 다른 것이 아니라 변해 가는 오키나와 사람들의 현재 '일상을 꾸리는 일'을 있는 그대로 그리고, 기록하고, 기억하는 것이다.

2. A시사 민속편에서 시도한 것

A시는 오키나와 본섬 중남부에 위치하고 있다. 인구는 약 4만 명. 나하에서 그렇게 멀지도 않아 베드타운이 되어 있지만 농업이나 어업 그리고 관광을 중심으로 하는 한가로운 지역이다.

합병 이후 새로운 A시의 지역지는 지금 현재 제1권인 '통사'가 발행되었다. 이 통사편은 지금까지 없었던 방식으로 만들어졌다. 지금까지는 상제본, 상자 보존, 금색 문자 등으로 호화로운 장식을 했는데, 이제는 조금 큰 소프트커버와, 전 페이지 컬러 인쇄 방식으로 바뀌었다.

이러한 조금 큰 소프트커버에 컬러 페이지로 제작된 지역지는 하에바루정南風原町이나 요나바루정与那原町에서도 발행되고 있지만 A시 통사편은 더 눈에 띄게 일러스트레이션이나 사진이 다량 게재되어 있다. 이것은 확실히 지금까지의 '딱딱한' 노선과는 다른 방식의 편집이다.

이 A시에서는 시리즈로 '구스쿠グスク편', '우타키御嶽편', '전쟁편'에 이어 수년 후에 '민속편' 발행이 예정되어 있다. 본론에서 중심적으로 등장하는 것은 지금 이야기한 A시 민속편이다. 이 민속편은 지금까지의 오키나와 지역지, 시정촌사에 나오는 민속편과는 다른 양상을 보인다. 그것이 주로 논의하려고 하는 것은 시내의 오래된 집락에서의 전통적 행사와 관습만이 아니다. 자치회가 있는 시내의 약 70군데의 집락을 모두 묘사할 계획을 가지고 조사와 집필이 진행 중이다. 거기에는 매립지에 조성된 신흥 주택지와 거대 건설사가 개발한 분양 주택 마을, 그리고 현영 및 시영 단지도 포함된다. 당연히 내용 또한 지금까지 다루어진 것과 같은 '본래적인 오키나와 문화'로서의 전통적 연중행사, 인생의례만 들어가는 것이 아니다. 신흥 주택지에 이주해 온 새 주민의 일과 생활 혹은 단지의 일상적 네트워크가 포함되어 있다. 이는 오키나와 지역지의 역사 가운데에서도 획기적인 시도이다.

앞 절에서 본 것처럼 지금까지 지역지 민속편은 메이지 시기 태어난 고령자를 인터뷰해서 재구성한, 전쟁 전까지의 '진정한 오키나와의 민속문화'가 담겨 있었다. 하지만 점점 이 방법이 어렵게 되어 버렸다. 우선 전쟁 전 오키나와의 생활과 습속을 명료하게 기억하고 있는 고령자가 점점 줄어들고 있다는 것, 그리고 전후 인구 증가와 도시화에 의해 지역사회의 모습에도 큰 변화가 있다는 것 때문이다. 자 단위의 역사나 민속 습관을 편찬한 의미마저 그 지역에 사는 사람들에게는 점점 희미해져 가고 있다.

더군다나 지역지에 학술적인 해석과 기술의 틀을 부여해 준 역사학과 민속학 자체도 크게 변화하고 있다. 뒤에서 자세히 설명하겠지만 오키나와의 민속학 연구 내부에서도 역사적으로 불변하는 진정한 오키나와 문화라고 하는 개념은 이미 몇 번이나 비판받고 있다.

오키나와 지역사회 자체뿐만 아니라 민속학과 역사학도 큰 변화를 거치고 있는 지금, A시사와 같은 시도가 나오는 것은 필연적일지도 모른다. 이하 본 절에서는, 이 A시사 민속편의 관계자 중에서도 가장 중심적인 역할을 하고 있는 M씨(35세 남성)의 설명을 들으면서 '이야기하는 방법을 바꾸는' 실천이 어떤 문맥과 상황에서 이뤄지며 어떻게 이야기되고 있는지를 생각해 보려고 한다[9].

A시사의 민속편이 실제로 완성되려면 아직 수년을 기다려야 한다. 지금은 아직 취재와 집필 작업이 막 시작되었을 뿐이다. 따라서 여기에서 다루는 것은 아주 최근에 진행 중인 실천이다.

M씨는 35세 남성으로 고향 A시에서 나고 자랐다. 몇 군데 직장을 거쳐 현재는 A시사 편찬실에서 촉탁 직원으로 근무 중이다.

---

9   A시사 편찬실에서 2016년 3월 3일과 8월 30일에 시행한 구술청취조사. [지은이]

M씨는 원래는 사진가로, 고향의 인물과 풍경을 촬영하고는 했지만 스무 살 때부터 점차 자신이 태어나고 자란 지역에 관심이 생겨, 각지의 예배소와 전통 행사 등을 카메라에 담아 왔다.

M씨가 유적 발굴 작업원 일을 하고 있을 때 직장에서 송년회가 있었다. 그때 흥에 취해 지역에 몇 군데 있는 예배소 사진을 보여주고 어디에 있는 예배소인지 이름을 맞추는 퀴즈를 했다. 그는 그 질문을 전부 다 맞췄고, 우연히 그곳에 있던 당시 시사 편찬실에 근무하던 남성 눈에 들어 바로 스카우트되었다. 이것을 계기로 A시 시사 편찬실에 근무하게 되었다.

얼마간은 지역의 기도처와 예배처를 조사하였는데 2014년 즈음 시사 편찬실이 민속편을 발행할 계획을 세웠고 그는 제안을 하나 했다.

> 단순히 '사람'을 키워드로 하는 것이 좋겠다는 생각을 했어요.
> 지금까지의 시정촌사는 구旧 집락이랄까, 원래 이삼백 년 된 듯한
> 집락의 정보가 주가 되는데, 실제로 사람이란 게, 물론 신흥
> 주택지에서 살기도 하고. 오래됨이라든지, 그런 걸 아예 생각하지
> 않고 A시에 살고 있는 사람들의 생활을 어떻게 기록할까 하는
> 원점부터 시작한 것이 단지라든가 신흥 주택을 포함하기로
> 하는 쪽으로 흘러가게 되었어요. 신흥 주택지의 경우는 원래
> 산이거나, 개척이라고 하는 부분에서는, 어떤 의미에서는
> 야도이屋取[10]라고, 오키나와에서는 그렇게 말하는데 현대판
> 야도이는 지금으로 치면 신흥 주택지가 아닐까 하고 생각했어요.

10 18세기 이후 오키나와 지방의 개척지 마을. [옮긴이]

거기서부터 한 가지, 생활이라는 것을 봤을 때 다른 시정촌사도 아니고 내가 조사한 범위 안에서 그 분야(단지나 신흥 주택지)까지 깊게 들어가는 것은 지금까지 받아들여지지 않았던 만큼 재미있지 않을까 하는 생각에 다다랐어요.

– 어떤 계기 같은 것이 있었나요? 그때까지의 시정촌사에 불만이 있었다든가.
아니요, 별로 불만이라는 것은 없었어요. 굳이 따지자면 신흥 주택에 대해 왜 조사하지 않는 걸까, 의문은 들었지만요. 민속(편) 담당이 되고 나서인데요. 야도이라는 카테고리만 해도 별로 조사가 안 되어 있었어요. 그래서 전체를 봤을 때, 야도이든 뭐든 이라는 기분으로 고민하기 시작한 것이 지금의 A시 민속(편)의 기반이 된 것 같아요.

A시사 편찬실에는 직원이 몇 명 있는데, 현재 작성 중인 민속편에 종사하는 직원은 네 명이다. 한 명은 실질적인 리더인 M씨이고, 남은 세 명 중 두 명은 그가 면접을 하고 채용했다. 그리고 한 명은 공개 모집으로 들어왔다. 세 명 모두 류큐대학이나 오키나와 국제대학에서 역사학 혹은 민속학을 공부한 사람들인데, A시사의 민속편 콘셉트에 대해서는 전원이 매우 찬성하고 있다.

민속편의 실제 집필은 시사 편찬실이 위탁한 20명의 외부 집필위원이 담당하고 있다. 전문적인 민속학자도 4분의 1 정도 포함되어 있는데 대부분은 일반 사회인이나 퇴직한 교원 등 지역과 관계가 깊은 사람으로 선정되어 있다.

A시사 민속편에서는 현재 기본적으로 자치회와 자치회장(지역에 따라서는 '간사'라고 부르는 곳도 있다)이 존재하는 행정구를 대상으로 조사를 진행하고 있다. 이 행정구는 '자' 혹은 부락, 집락이라고 불리는 경우도 많다. 이런 곳이 A시에만 약 70군데가 있다. A시사 편찬실 직원은 우선 각 '자'의 자치회에 연락해 자치회장(간사)에게 집필위원을 소개하고 이후에 각 집필위원이 각자의 판단으로 현지조사를 실시한다. 아직 이 프로젝트가 시작되고 2년밖에 되지 않았으므로 집필위원에 따라서는 조사의 진척에 격차가 있는 듯하다.

최종적으로는 완성한 민속편에 약 70여 곳의 '자' 전부에 대해서 기술이 들어가게 되어 있다. '자' 하나 당 10쪽이라고 계산하면 700쪽이 되므로, 각각 지역에 대해 자세히 서술하는 것은 어려울 것이라고 직원들도 인식하고 있지만, 그럼에도 'A시에 있는 모든 집락에 대해 기록한다'는 것이 최우선되었다. 특히 역사가 오래된 집락에 한정하지 않고 지금 A시 시민이 살고 있는 모든 집락을 포함한다는 것에 큰 의미가 있다. 앞 절에서 지역지 민속편에는 의식주, 인생의례, 연중행사 등 민속학적 범주별로 정리되어 있는 것과 각각의 자, 부락 단위로 정리된 것 두 가지가 있다고 설명했는데, A시사의 민속편의 아이디어원이 된 것은 명확히 이 부락 단위 정리 방법이다.

이처럼 이 프로젝트는 종래까지의 오키나와를 이야기하는 방법을 바꾸는 의미를 가지고 있다. 이것은 단순히 '다른 이야기 방법을 채용한다'는 것 때문만이 아니다. '좀 더 현실의 오키나와에 가까운 이야기 방법을 채용한다'는 것 때문이다. 오키나와가 이야기되는 현장에서 이러한 이야기 방법은 자의적 혹은 '정치적' 결정으로 이뤄진 것이 아니다. 당사자들에게 이것은 '더욱 진정한 오키나와'에 대한 '좀 더 현실적으로 합치되는' 이야기인 것이다. 그런 의미에서 이야기 방법에 변화를 가져온 실천은 매우 현실로의 혹은 실재로의 개입을 동반한다.

그런 의미에서 여기에서 '야도이'가 기술되고 있다는 것은 대단히 흥미롭다. 야도이란 오키나와 민속 연구에서 중요한 용어로 원래는 근세 후기의 18세기 초 슈리의 곤궁했던 무사 가문이 다른 지역에 이주하여 형성한 집락이다.

오키나와 본토에는 이런 야도이 집락이 130여 군데 있다고 알려져 있다. 원래는 류큐의 무사 가문 출신 거류민들이 만든 마을이지만, 일반적으로 외부로부터 유입된 집단에 의해 만들어진 마을을 야도이 집락이라고 부른다. 단지나 신흥 주택지를 민속편에 포함하기로 하면서 이 야도이라고 하는 민속학적 개념이 하나의 매개물 기능을 하게 되었다. 실제로 이번 A시사 민속편에 관한 구술청취조사 과정에서 M씨 이외의 직원과 집필위원들 몇 명을 만나 이야기를 들었는데 현대의 야도이로 단지나 신흥 주택지, 재개발 지역을 서술하는 이야기가 몇 번이나 나왔다. 지금까지의 민속학과 연속되고, 누구라도 이해 가능한 형태로 오키나와를 이야기하는 방법이 바뀌려고 하고 있다.

특히 A시사 민속편에서는 인구 증가와 이동에 의한 도시화, 주민의 고령화, 산업 구조의 변화 등의 오키나와 사회구조의 급격한 변화가 이미 인식되고 참조되고 있다. 이 감각은 통계자료 등에 접근함으로써 만들어지기도 하지만 M씨의 경우에는 지역에서 나고 자란 개인적인 경험에 의해서 만들어진 것이다.

사실은 제 할머니, 할아버지가 G단지(민속편에 포함될 예정 단지) 최초 입주자였어요. 지금은 집을 지어서 이사갔지만. 사촌이 태어난 때부터 일곱 살이 될 때까지 G단지에서 살았어요. 7년 정도 살았던 것 같은데요. 나도 어머니 손에 끌려 자주 G단지에 놀러가고는 했던 기억이 있어요. 소학교 때 이야기지만. 토요일이 되면 그림 연극을 하는 할아버지가 오는데, 아이들이 모두 모여요. 딱 내 또래 아이들이, 소학교 다니는, 아래로는 보육원 다니는 애들부터 위로는 중학생 전까지 아이들이. 그런 잡다한 기억들이 있는데요. 다들 같이 그림 연극을 본 기억이 있어요. 나도 그게 너무 즐거워서 매주 토요일에는 가고 싶어졌고. 그 할아버지가 파는 과자를 사는 것도 너무 즐거웠어요. 오랜만에 조사하러 갔는데 벌써 '아아…' 같은 분위기가 있더라고요. 여기에 아이들은 없나요? 같은 생각이. G단지는 아이들이 아주 많았었는데 말이죠.

- A시만 그런 게 아니고, 오키나와도 그렇겠지만, 지역사회에 큰 구조 변동 같은 게 있지요.
아마 그쪽은 별로 조사가 안 되어 있지 않나 하고 생각해요. 실제로 표에 나오는 부분이나 지금 이야기도 아마 빙산의 일각 같은 것이겠죠. 하지만 그 빙산의 일각조차 별로 지역사로 다뤄지지 않았다고 생각하기도 하고 조사도 별로 안 되지 않았을까 생각합니다.

A시사뿐만이 아니라 지금 오키나와를 말하는 방법이 크게 변화하고 있는데 그때마다 그 구술자들이 구축주의 사회학이 자주 취하는 '언설의 정치'를 하고 있는 것이 아니다. 예전에 목표로 삼았던 진정한 오키나와, 본래의 오키나와의 이야기가 비판되고 상대화되고 있다고 해서 모든 이야기가 진정함에서 손을 놓아 버린 것은 아니다.

즉 진정함이나 사실성이 전혀 무효한 것이 되어 버렸다는 것이 아니다. 오히려 그것들은 새로운 진정함으로 대체되어 간다. A시사 민속편에 단지나 신흥 주택 그리고 매매 주택이 늘어선 뉴타운이 포함되어야 하는 이유는 그들이 진정함이나 본래성의 이야기를 해체하기 때문이 아니다. 이들이 포함되는 것이 '더욱 진정'한 것이면서 '더욱 본래의' 오키나와이기 때문이다.

물론 이런 이야기와 신념을 아이덴티티 동원과 '언설의 정치'와 같이 '사회학적 기능'의 측면에서 해석하는 것은 언제나 가능하며 정당하다. 하지만 그 경우에도 구술자들의 신념과 그런 사회학적 분석이 어떤 관계를 맺는지에 대해서는 충분히 주의할 필요가 있다.

한 가지 예를 들어 보자. 이번 A시사 편찬실의 실천을 청취조사하는 중, 본 원고에서 소개한 직원 외에도 다수의 직원은 물론 외부 집필위원 분들에게 이야기를 여쭈었다. 그 과정에서 A시의 어떤 자(R지구) 공민관에 들려 지역의 세대 구성에 대해 구술 청취를 했다[11]. 그 지구의 총 세대수는 약 330세대였는데, 자의 자치회에 참가해 자비(자치회비)를 내고 있는 세대는 정당한 이유로

---

11 R지구 공민관에서 2016년 9월 16일 시행한 구술청취조사. [지은이]

자치회비를 면제받는 세대를 포함하여 약 150세대라고 들었다. 지역의 집락 사정을 상세하게 아는 공민관 근무자로 '서기'라고 불리는 사무직원에게 이야기를 들었는데, 150세대는 모두 '원래부터' R지구에 살고 있는 세대로 나머지 180세대는 대부분이 '최근에' R지구로 전입해 온 맨션이나 아파트 혹은 매매 주택 세대라는 것이었다. 자의 자치회 구성원 세대가 매년 감소하고 그 대신 유입해 오는 새로운 세대는 거의가 자치회에 참가하지 않는 이 상황은 지역에서도 계속 문제가 되고 있지만 R지구뿐만이 아닌 A시 전체에 공통된 현상이다. 나하의 도시부뿐만 아니라 A시 같은 조용한 주택지에서도 지역사회의 유동성이 높아지고 있다. 이런 상황은 A시사 편찬실 직원과 외부 집필위원에 의해서도 몇 번이나 이야기되었다. A시사에서 이야기 방법의 변용이 일어난 것에 이러한 현실이 그 근저에 존재하고 있다.

게다가 A시사를 편찬하는 현장에서도 '민속이란 무엇인가'라는 물음을 다시 던지고 있다. M씨는 '민속이란 무엇인가'라는 내 물음에 다음과 같이 답했다.

- 민속이란 무엇일까요?
바로 그거예요. 가는 데마다 사람밖에 없었어요. 어떻게 해도
가장 깊이 보면 사람의 생활, 사람. 사람이 관계되는 것이 전부
민속이구나 하고. 그러니까 (단어의 의미가) 점점 넓어져 갔어요.
내 의견은. 더 좁혀지는 게 아니라. 뭐랄까, 책을 읽어 보기도
했지만, 시정촌사를 포함해서. 그랬는데 적혀 있는 건 전부
사람과 관계되어 있는 거예요, 다만 그중에서도 뭐랄까 좀 더

넓지 않을까, 하는 생각이 막연히 들어서. 거기서부터예요,
출발점이. 사람의 생활. 어떤 시정촌사에도 전부 사람이 있어요.
연중행사도 사람이 관계하고 있고 예배소 하나도 사람이 반드시
그걸 지정하고 넣었으니까(만들었으니까). 예배소라는 게
생겨났다든지. 어찌 되었든 사람이 관계된 것은 전부 생활이고,
그렇게 생각했을 때 나는 이걸로 하자 하고. 사람의 생활 운영
이라든지. 거기서부터 자, 하는 김에 신흥 주택지까지도 할까,
하는 식으로 점점 확장되어 갔죠. 야도이 집락이나 단지 같은
현장에 들어갔을 때 의외로, 구장님들과 처음 만났더니 "우리들
이야기할 거 없어!"라고 기본적으로 그렇게 반응하시더라고요.
그분들이 가진 이미지는 민속이라는 게 오래된 집락이라든지
그런 거였다고 생각해요. 하지만 이쪽에서 제대로, 정중히
지역에서 일어나고 있는 것이 이미 민속이에요, 생활 이야기를
듣고 싶습니다 하고 설명을 시작하면 조금씩 정보가 나오는 거죠.
그분들 입장에서 보자면 자신들이 조사 대상이 된다는 게
아마도 아닌 밤중에 홍두깨라고 생각하는 분도 있어요.
하지만 우리들이 보기에 이는 대단한 정보죠. 제대로 기록하게
해 주세요 하고 부탁하면, 이런저런 이야기가 나와요.

- 점점 오키나와다움이 없어져 가고 있다는 식의 이야기 방법도
있잖아요.
저는 아니라고 봐요. 오키나와는 충분히 오키나와이고. 그게 음
뭐랄까. 신흥 주택지가 있어도 거기를 개척해서 마을을
만들었을 뿐이고. ○○(신흥 주택지)만 해도 매립해서 거기에

사람들이 생활을 한다는 것, 그것도 현실의 오키나와고요.
오키나와는 절대 없어지지 않아요.

이 이야기를 통해 볼 수 있듯 시사 민속편에 단지나 뉴타운을 포함하는 것은 지금까지의 고전적인 오키나와 민속학을 비판하고 상대화하기 위해서가 아니다. 오히려 고전적인 민속학으로부터 많은 것을 배우면서 지금까지 떨어뜨린 것을 주워 들려고 하는 것이다. 그것은 지금까지 불충분했던 것을 보충하려는 시도이며 부족한 것을 채우려는 실천인 동시에 약속된 것을 우직히 실행하는 것이다.

고전적인 오키나와 민속 연구가 지금까지 쌓아 온 거대한 지식의 축적은 모두 오키나와의 이름없는 거리의 사람들의 생활 그리고 습관과 관련되어 있다. 하지만 지금까지는 특정 시대의 특정 민속학 범주 안에 해당하는 실천만 오키나와의 민속으로 한정되어 왔다. 그렇다면 오키나와 보통 사람들의 보통의 생활이란 무엇인가?

그것은 평범하게 전문학교와 대학을 나와, 평범하게 나하 등지에 취직해서 평범하게 자동차 면허를 따고, 평범하게 쇼핑몰에서 물건을 사고, 평범하게 호텔 식장에서 결혼식을 올리는 것이 아닐까? 이런 생활을 해 나가는 사람들의 이런 습관적 실천, 이것은 오키나와의 민속문화가 아닌 것일까? 이런 의문이 드는 것은 주민의 이동과 고령화가 진행되고 있는 지금, 당연한 일일 것이다.

오키나와의 민속을 기술하는 것은 오키나와 일반 사람들의 생활과 문화를 모두 긍정하는 것이다. A시사 민속편은 민속학이 본래 목표로 했던 것을 실제로 행동에 옮긴 것이다. 그런 의미에서 A시사가 목표로 하고 있는 새로운 오키나와의 이야기는 지금까지의 이야기와 단절된 불연속적인 것이 아니다. 오히려 그것이야말로 '본래의 오키나와'에 대해 쓴 '본래의 민속학'이다.

결론

마지막으로 A시사 편찬실의 새로운 시도가 가지는 이론적인 의미에 대해 한 번 더 생각해 보자. 지금까지 본 것처럼 오키나와의 지역지는 행정가와 연구자가 힘을 결집하여 만들어 낸 '정식 교과서'이다. 이것은 강한 규범적 힘을 가지고 있다. 오키나와의 지역지는 그것을 독파하는 시민이 거의 없다고 해도, 그것 자체가 존재하는 것만으로도 오키나와란 무엇이고, 어떻게 이야기되어야 하는가를 규정하는 '권위'를 가지고 있는 것이다.

그 이야기 방법이 지금 더욱 변화하려고 한다. 새로운 시도를 하고 있는 것은 A시사 편찬실만이 아니다. 예를 들어 막 간행된 요나바루与那原정사인 《전후의 요나바루》(2016)는 전쟁이 끝난 후 요나바루가 어떻게 변화하고 있는지를 집중적으로 다루고 있다. 요나바루의 변화가 지도가 게재되어 있고 시대별로 어디에 어떤 가게가 있었는지도 묘사되어 있다. '기타나카구스쿠사北中城史' 민속편에는 류큐대학 법문학부의 가족사회학자인 안도 유미安藤由美가 참가하여, 더 이전 시대에 대해서 주민을 대상으로 한 설문조사 결과를 싣고 있다[기타나카구스쿠촌사 편찬위원회 1996]. 그 밖에도 우라조에시사의 '우라조에 전후'편(1987)에는 야도이 집락 외에도 전후의 유입자인 '신주민'에 관한 기술도 있다.

하지만 완성되어 가는 A시사 민속편만큼 오키나와의 사회적, 경제적 변화에 대응한 것은 극소수이다. 이미 몇 번 서술했듯이 A시사 민속편은 확실히 지금까지의 '오키나와를 이야기하는 방법'에 도전하고 있는 것이다.

이 배경에는 여러 요인이 있다. 우선 이미 이야기했지만 오키나와 사회 '현실의' 급작스러운 변동이 있다. 혹은 지역지의 개념 구조나 기술 방식을 규정해 온 오키나와 민속학, 혹은 오키나와 문화 연구가 현재 크게 변화하고 있다는 것도 관계 있을 것이다. 예를 들면 비교적 고적전인 스타일로 지역지에 관계하고 그 스타일을 형성해 온 히가 마사오比嘉政夫나 히라시키 요시하루平敷令治, 아카미네 마사노부의 연구(예를 들어 히가[1982, 1983], 히라시키[1990], 아카미네[2012])등과 비교해 보면 그 아래 세대의 연구 방향성은 매우 다양화되고 있다. 요시노吉野[2012]는 오키나와의 종교를 연구하는데, 고전적인 토착적 선조 숭배뿐만 아니라 창가학회創価学会[12]나 기독교 등의 외래 종교, 영적인 '의사과학' 신앙도 다루고 있다. 유타ユタ[13] 등 오키나와의 샤머니즘을 연구한 시오츠키塩月[2012]는 인터넷에서 벌어지는 유타의 활동을 분석하고 있다. 코구마小熊[2016]는 일본 본토나 중국, 대만, 브라질에 걸친 오키나와 문화의 변용을 고찰하고 있다. 오키나와의 전통적 개념이

---

12 일본의 종교 법인으로 창가란 가치 창조를 의미한다. [옮긴이]

13 오키나와 가고시마현 아마미군도의 샤먼으로 영적 문제에 관한 상담을 생업으로 하고 있다. [옮긴이]

나 이미지를 수집하고 동시에 그 원천이 되기도 했던 오키나와 연구도 이야기 방법을 크게 바꾸려고 하고 있다. A시사 편찬실의 실천도 이런 거대한 변화의 조류 안에 위치하는 것이다.

A시사 편찬실의 실천과 이야기에 의해 확실해진 것이 두 가지 있다. 우선 이 도전은, 야도이 개념 등 구래의 민속학적 개념들이 이른바 '이음매'가 되어 공공이 이해 가능한 형태로 언어화되고 있다는 것이다. 이것에 의해 그 작업은 누가 봐도 알기 쉬운 그리고 납득 가능한 형식이 되고 있다. 그리고 또 한 가지는 이런 이야기 방식의 변화가 사실성이나 진정성으로부터 단절된 정치적 실천이라기보다는 오히려 '더욱 사실과 합치된 것', '더욱 진정한 것'으로 이해되고 있다는 것이다. 이런 '사실에 관한 신념'과 사회학 이론이 어떤 관계를 맺을 수 있을지는 '구축주의 이후'의 사회학에게는 큰 과제가 될 것이다.

더욱 큰 과제는 우리가 구술자들이 가진 이런 신념과 어떤 관계를 맺을 수 있을지에 대한 문제이다. 우리는 그것을 어떤 실재와도 관계가 없는 듯, 단순한 '스토리'로 취급할 수 없다.

오키나와적인 것의 이야기 방법은 전체적으로 잡다한 것이나 유동적인 것을 포함한, 더욱 '리얼'한 방향으로 확장하고 있다. 게다가 그것은 지금 '세속화'되고 있다. 이런 이야기 방법의 전환은 확실히 오키나와의 일반 사람들 사이에서 확산되어 갈 것이다. 그리고 그것은 지금까지의 사회학이 몇 번이나 다루어 온 '오키나와적 아이덴티티'를 확실히 바꾸어 갈 것이다.

조정과 개입
사회조사의 사회적 타당성

1. 〈오키나와의 소년〉과 〈오키나와 열도〉

다음 이야기는 1952년에 오키나와에서 태어난 한 여성의 생활사 가운데 일부이다. 부모가 인도네시아로 돈 벌러 이민을 가고, 이 여성은 1970년에 시가현에 있는 단기대학에 '취직 진학'한다. 취직 진학이란 단기대학이나 전문학교 야간 과정에 다니면서 낮에는 공장에서 일하는 것을 말한다. 당시 흔히 있었던 진학 형태였고, 대부분 학교와 회사의 제휴로 이루어졌다. 구술자는 낮에는 일을 하고 야간에는 단기대학에서 3년간 공부한 후, 1973년에 오키나와로 돌아왔다. 다음에 인용하려고 하는 것은 그녀가 내지에서 향수병에 걸렸던 때의 일화이다

> 가끔 텔레비전에서 뭐지, 지금 생각해 보니까 〈오키나와의 소년 オキナワの少年〉이라고 아쿠타가와상을 받은 《오키나와의 소년》. 미네 씨였나, 그 사람 영화가 있었어. 일부러 있지, 오츠 시내까지

말야. 친구랑 보러 갔는데 오바아オバア[1] 라든지, 오키나와 사투리
라든지, (미 군용기) 폭발음이 (영화에서) 나오잖아. 울었어, 계속
(웃음). 뭐, 못 보겠더라고, 계속 울기만 했어. 벌써 마음이
오키나와로 가 버리니까. 영화, 영화였어. 응. 〈오키나와의 소년〉
이라고 하는 영화가 있었어. 친구들이 하도 가자고 하니까,
갔더니 벌써, 마음이 오키나와에 가 있는 거지. 그 주인공이랑
내가 겹쳐 보이고. 못 보겠더라고. 계속 그냥 울었어. 있을 때는
그냥 모르고 있었는데, 한번 떠나 보니까, 역시 고향이라는 게
좋긴 좋구나 하는 마음이 드는 게…[기시 2013:206].

당시 오키나와에서 본토로 이주한 사람들 대부분이 고향으로 돌아왔다. 나는 일찍이 이 역사적인 이동 경험에 대해 구술조사를 한 적이 있다. 이 조사에서 만난 많은 이들로부터 내지에 가서 오키나와에 대한 향수를 느꼈다는 에피소드들을 들었다. 이것도 그런 이야기 중 하나다.

몇 번이나 들은 '노스텔지어적 이야기'라고 생각하고 가만히 듣고 있다가 조사가 끝난 후 그 영화를 찾아보니 히가시 미네오東峰夫 원작의 《오키나와의 소년》이 영화화되어 상영된 것은 1983년이 아닌가. 즉 1970년 즈음에 내지에서 이 영화가 상영되었을 리 없다는 것이었다.

나는 이 일이 매우 흥미롭게 느껴졌다. 어디에서 무엇이 혼동

---

[1] 일본에서는 할머니나 연배가 있는 친척 여성을 부를 때 사용하는 총칭으로 '오바おば'를 사용하는데, 오키나와에서는 '오바아オバア'라고 길게 발음한다. 또한 지혜롭고 경험이 많은 연배의 여성이라는 뜻으로 사용되기도 한다. [옮긴이]

되었을까? 아무리 그래도 이 이야기는 매우 '전형적인' 노스텔지어적 이야기로 보였다. 내지에서 갑자기 찾아온 나 같은 조사자에게 내지에서 오키나와의 영화를 보고 울었다는 이야기로 시작해 자신의 경험을 풀어놓았기 때문이다. 사실관계를 오해하고 있었다고 해도 이 이야기는 틀림없이 전후 오키나와의 역사 그 자체와도 같은 이야기였다.

나는 이 이야기를 글로 썼는데 글을 읽은 많은 사람들이 〈오키나와 열도沖繩列島〉라는 영화와 혼동한 것 아니냐고 지적해 주었다. 그래서 알아보니 그 영화는 1969년에 히가시 요이치東陽一가 감독한 영화였다. 1970년에 내지로 건너갔다고 한다면 관서지방에서 봤을 가능성이 없지는 않다. 〈오키나와의 소년〉 원작자가 히가시 미네오이고 〈오키나와 열도〉의 감독이 히가시 요이치니까 이름도 닮았다. 특히 이야기 중에 미 군용기의 폭발음이 등장하는 데다가 내용적으로나 시대적으로도 〈오키나와 열도〉가 틀림없다고 생각하지만 그래도 '주인공에게 자신을 투사했다'는 이 이야기는 아직 애매한 부분이 있다. 〈오키나와 열도〉는 단편적인 장면을 연결해 놓은 실험적 다큐멘터리 작품으로, 영화 마니아도 아닌 구술자가 그렇게 심하게 감정 이입할 수 있을 만한 주인공이 등장하지 않기 때문이다.

어찌 되었든 인터뷰 이후 추가 조사를 하고 SNS로 여러 사람들이 지적을 해 주면서 사실관계가 점점 밝혀지게 된 것은 매우 흥미롭다. 물론 세세한 사실관계에 얼마 정도 혼동과 잘못이 포함되었다고 해서 구술된 생활사 그 자체의 의미가 좌우되지는 않는다. 다만 이 에피소드는 조사라고 하는 것이 구술 청취 현장에서 완결되는 것이 아니라는 것, 질적조사는 공공의 장소에서 이루어지고 다수의 사람들이 보고 있다는 것, 그것에 의해 사실관계가 밝혀지기도 하고 경우에 따라 이론적인 틀이나 분석 그 자체가 변화할 수도 있다는 것을 보여준다.

또한 조사 중 이런 과정을 경험한 것이 여기에서 든 한 예에만 한정되지 않는다. 질적조사란 항상 이런 것이다.

질적조사의 '타당함'을 어떻게 얻을 수 있을까? 거꾸로 '타당한' 질적조사라는 것이 만약 있다면 그것은 어떻게 가능한 것일까?

어떤 질적조사가 있고, 그 결과가 타당하다는 것은 어떤 것일까? 양적조사의 경우, 확률이라는 개념이 열쇠가 된다. 어떤 표본을 조사하여 결과가 나왔다고 하면 그 결과가 어떤 확률의 범위 내에서 모집단에도 들어간다는 것을 추정할 수 있을 것이다. 극단적으로 말하면 양적조사는 '어떤 확률의 범위 내에서' 타당하다. 이 영역에는 이를 위한 거대한 양의 절차가 축적되어 있다. 이렇게 어떤 범위의 집단의 특징을 추정하는 것이 가능하며, 이는 확률이라는 개념을 매개로 현실과 연결되어 있다.

이 '타당함'이라는 것을 사실, 현실과의 관련성이라고 한다면 위의 물음을 '질적조사는 사실과 현실을 어떻게 관계 지을 수 있을까?'라는 질문으로 바꾸어 볼 수 있다. 질적조사에도 다양한 종류나 목적이 있기에 일률적으로 말할 수는 없지만, 그래도 예를 들어 본다면 어떤 한 사례에 대해 상세한 세부사항을 묘사하든, 특정 사회문제나 사회집단에 대해 어떤 정도로 일반화 혹은 이론화를 한다고 하든, 질적조사에는 확률과 바꿀 만한 개념이 없다. 그렇기 때문에 할 수 있는 건 고작 '사회적으로 어느 정도 받아들여질 만한 타당성' 정도이다. 이 경우 '타당성'이란 그것이 어떤 특정 사례를 '잘 묘사하고' 있거나, 그 사례의 일반화, 이론화에 '무리가 없는 것'이다. 즉 '사회적으로' 받아들여질 만한 질적조사가 '타당한' 질적조사인 것이다.

여기서 갑자기 '사회적'이라는 개념을 도입한다는 게 불안하지 않은 것은 아니지만 이 장에서는 이러한 '사회적으로 받아들여질 만한' 질적조사는 어떤 것이고 이것이 어떻게 가능한 것인지 생각하는 것부터 출발하고자 한다.

우선 개인의 이야기에 입각한 질적조사 방법으로써, 오럴 히스토리, 라이프 스토리, 라이프 히스토리를 예로 들어 그 각각의 방법론 중 '사실' 혹은 '사실이 아닌 것'이 어떻게 취급되는지를 간단히 들여다보자.

이 세 가지 방법론에서 이미 문제로 지적되는 구술의 '모호함'과 '낮은 신뢰성'이 라이프 스토리를 신봉하는 사람들의 주장처럼 반드시 사실과의 단절을 초래하는 것은 아니라는 걸 미리 말해 두자. 오히려 오럴 히스토리나 라이프 히스토리에서는 '그럼에도 더욱' 사실이나 현실과의 연관성을 목표로 한다.

하지만 개인사 구술의 사회학과 사실 혹은 현실의 연관이란 그렇게 간단하지 않다. 말할 것도 없이 그것은 질적 방법의 내재적 절차에 의해 보증 가능한 것도 아니다. 어쩌면 이 지점 때문에 라이프 스토리를 신봉하는 사람들이 사실과 멀어져 버렸는지도 모른다. 그런 의미에서 원리주의적 '과학주의'와 라이프 스토리를 실행하는 사람들은 올바른 과학적 지식이 양적, 실증적인 방법으로밖에 가능하지 않다는 신념을 공유하고 있다고 하겠다.

다음으로 내 자신의 경험으로부터 '질적조사 과정의 개입'과 '양적조사 과정의 조정'을 설명하고, 개입과 조정, 이 두 가지가 모든 사회조사에서 '타당성'을 획득하는 데 필수 불가결한 과정임을 논하려고 한다. 물론 이것으로만 충분하다는 말은 아니다. 만약 타당한 질적조사가 있다고 한다면 그것은 필연적으로 이런 과정을 거쳤을 것이라는 의미이다. 따라서 여기에서 제안하는 것은 조사 프로그램으로서는 매우 불충분하나 논의를 조금 더 진행시킬 수는 있을 것이다.

확률이라고 하는 개념, 더 구체적으로는 대표성의 확보나 한쪽으로 치우친 응답의 제거, 오차의 통제라는 과정 없이도 우리가 '대략적인 타당성'을 얻는 것은 가능하다. 그리고 그 과정은 대략 '사회적'인 것이라고 말할 수 있다.

2. 개인의 이야기에 기반한 사회조사 방법

2-1. 오럴 히스토리

역사학, 역사사회학, 혹은 저널리즘에서도 오럴 히스토리라고 불리는 수법이 점점 정착되고 있다. 이는 어떤 역사적 사건이나 일어난 일의 당사자에게 그 경험을 듣는 방법이다. 아직 경험자가 생존해 있는 현대사 연구의 경우, 그 역사적 현장을 경험한 사람들에게 이야기를 듣는 수법은 가능할 뿐만 아니라 굉장히 유효하다. 공식 행정문서나 대중매체에는 실리지 않았지만 생생한 디테일을 구술 내용으로부터 잔뜩 획득할 수 있기 때문이다.

이러한 오럴 히스토리는 권력이나 권위를 가진 사람들보다도 오히려 일반 시민 특히 소수자나 장애를 가진 사람, 여성 등이 대상이 되는 경우가 많다. 그것은 '아래로부터의' 역사 서술을 위한 방법이다.

전쟁 중 이러저러한 사정으로 베트남에 가게 되었고 전후에도 그곳에 남은 일본인과 대만 사람의 오럴 히스토리를 기록한 요시자와 미나미吉沢南는 다음과 같이 서술하였다.

… 이야기를 듣는 나의 의도는 어디에 있는 걸까? 여기서 하나만 말하자면 나의 의도는 전쟁 중 민중이 체험한 '아시아의 전쟁'을 통해, 현재의 일본이 '아시아'를 내재화했으면 하는 것이다. 다시 말하자면, '아시아'는 일본의 바깥에 존재하는 것만이 아니라 일본 일상 속에도 존재하고 있다는 사실을 밝히고 그 의미를 묻고 싶은 것이다. 이것이 나의 의도다[요시자와 2010:8].

… 어느 전쟁 중에 국가의 위압을 배경으로 몇 백만이라는 일본인(이 숫자로 보건대 이들은 일본의 일부 특권층이 아닌 극히 평범한 서민이었다고밖에 말할 수 없다)이 아시아 여기저기로 이동해서 정착하고, 아시아 사람들 위에 군림하고, 아시아를 경험하고, 패전 후 국가의 지원이 끊겼음에도 적지만 일부의 사람들이 잔류하여 아시아의 사람들과 함께 살아온 이 역사를 민중의 입장에서 총괄하는 일은 꼭 필요하다. 이렇게 많은 일본의 서민이 아시아를 체험한 적은 없었으므로 이 역사를 그냥 지나쳐 버리는 것은 역사의 왜곡으로 이

어질 것이다. 그리고 역사학의 분야에 한해 말하자면, 지금까지는 그냥 지나쳐 왔다는 것이 명백한 현실이다[같은 책 257].

이러한 기법이 방법론적으로 문제가 되는 것은 일반 사람들이 구술한 이야기를 자료로 만들 때 거기에 들어 있는 구술자의 주관, 애매함, 착각, 생략이나 과장에 어떻게 대응할 것인가 하는 것이다.

1949년 이탈리아의 어느 마을에 살던 트라스툴리Luigi Trastulli라는 청년이 반정부 집회에서 경찰의 총에 맞아 죽었다. 이탈리아 역사학자 알레산드로 포르텔리Alessandro Portelli는 이 장소에 있었던 많은 사람들을 인터뷰한 결과, 사람들에 따라 이 사건이 각기 다른 방법으로 기억되고 이야기되는 것을 발견했다.

포르텔리는 이러한 애매함이나 불확실성이야말로 오럴 히스토리의 '장점'이라고 말한다. 이러한 역사의 '서로 다른 구술 방법'에는 그것을 경험한 사람들이 겪은 다양한 의미와 가치가 들어 있기 때문이다. 그가 사람들로부터 들은 이야기는 역사라는 것이 사람들에게 어떻게 경험되고 의미가 부여되는지 그리고 어떻게 구술되는지를 보여주는, 그 자체로 귀중한 '역사적 자료'이다.

포르텔리는 다음과 같이 말한다. 길어지지만 인용해 보자.

> 사실과 기억과의 불일치는, 최종적으로 역사 문헌으로서의 구술 자료의 가치를 높인다. 그 불일치는 기억의 다름에 의해 일어나는 것이 아니라 … 중요한 사건과 역사 일반의 의미를 이해하려고 하는 노력 안에서 능동적이고 창조적으로 태어난다. 만약 구술 자료

가 루이지 트라스툴리의 죽음에 대해 '정확'하고 '신뢰할 수 있는' 사실에 기반한 재구성만 한다면, 우리가 그 사건에 대해서 이해할 수 있는 것은 더욱 적어질 것이다. 사건 그 자체를 넘어, 이 구술들이 건져 올리는 정말 중요한 역사적 사실은 기억 그 자체이다[포르텔리 2016: 62-63].

… 오럴 히스토리가 가지는 제일 큰 특징은 그것이 그저 일어난 일이라기보다는 그 일의 의미를 우리에게 가르쳐준다는 것이다. 이것은 오럴 히스토리의 사실성이 보증되지 않는다는 의미가 아니다. 인터뷰에 의해 자주, 지금까지 알려지지 않았던 사건들이 알려지거나, 알려져 있던 사건이라도 알려지지 않았던 측면을 알게 된다…. 하지만 역사 연구자에게 다른 자료에는 없는 오럴 히스토리만의 귀중한 요소는 구술자의 주관이다…. 구술 자료는 사람들이 무엇을 했는가 뿐만 아니라 무엇을 하고 싶어 했는지, 무엇을 하고 있다고 생각했는지, 무엇을 했다고 지금 생각하고 있는지에 대해 우리에게 알려 준다. 예를 들면 구술 자료가 시위에 필요했던 물질적 비용에 대해 우리가 이미 알고 있는 것 이상으로 어떤 것을 더 많이 알려 주거나 하지는 않을지도 모르겠다. 하지만 여기에 들어간 정신적인 비용에 대해서는 많은 것을 알려 준다. …구술 자료에서 독자적인 그리고 불가결한 것은 플롯 구술자가 이야기를 전하기 위해 소재를 배치하는 방법이다. 이야기를 어떻게 구성하는지에 따라 구술자가 그 자신과 역사와 사이에 어떤 관계를 가지고 있는가를 알게 된다[같은 책 93].

폴 톰슨Paul Thompson도 오럴 히스토리 자료가 가지는 이러한 '인간미'에 적극적으로 의미를 부여하고 있다. 구술 자료의 '신뢰성 부재'에 대해 논의하는 장에서 그는 이를 '생기 가득한 인간성'으로 해석한다.

> 기억된 과거의 역사적 가치에는 세 가지가 있다. 첫째는 우리들이 보아 왔듯이 과거부터 중요했고 때로는 다른 곳에서는 얻을 수 없는 정보를 주거나 혹은 줄 가능성이 있다는 것이다. 둘째는 기억된 과거는 먼 옛날의 일부나 그 주변에 있는 개인적인 혹은 집단적인 의식을 전달한다는 것이다. 이 두 가지보다 더 중요한 세 번째 가치는 구술 자료가 가진 생생한 인간성이다. 이는 과거의 정보와 개인 그리고 집단의 기억이 가지는 강점이다. 개인의 입장이 반영된 과거를 뒤돌아보며 얻을 수 있는 통찰을 언제나 결점이라고만 할 수 없다. '역사가 지닌 장기적인 의미를 평가 가능하게 하는 것은 이 개인의 입장을 반영한 역사적 시점이다.' 역사를 평가하는 분야에서 역사 속을 살아가는 사람들을 배제한다면 우리들은 이런 류의 회상에 기초한 역사 해석을 받아들이지 않을 것이다. 우리들은 그런 연구를 목표로 하지 않는다…. 우리는 어린이들의 죽음이 일상적으로 있었다고 해서 당사자에게 묻지도 않고 부모들이 죽음을 슬퍼하지 않았다고 추정할 수 없다[톰슨 2002: 296-297].

'신뢰성 부족'에 대한 문제는 처음부터 모든 질적조사, 특히 생활사의 바로 곁에 있었다.

이 문제를 해결하기 위한 두 가지 방법이 있다. 하나는 이를 기술技術적으로 회피 가능한 문제로 처리하는 방법이다. 다음은 오럴 히스토리의 자료란 '처음부터 그런 것'이며 그런 애매한 부분이야말로 오럴 히스토리의 가치라고 적극적으로 받아들이는 방법이다.

전자의 방법을 더 강력하게 채용한 사람은 식민지 조선에서 일본으로 밀항해 온 사람들의 오럴 히스토리를 조사한 박사라이다.

> 과거의 사건이나 일어난 일에 대해 조사할 때 그 사건과 일어난 일을 묘사하는 경우도 있는가 하면, 그것을 성립시킨 여러 조건을 묘사하는 경우도 있다. 과거 일어난 어떤 일은 그 일을 공유한 사람들에게는 무엇이었는가? 그 일에 대해 관계자 각각은 어떤 행동을 했는가? 그 행동과 상황의 이해는 어떠한 지식과 상식common sense에 기초했는가? 이것들을 검토하여 과거의 경험을 성립시키는 조건을 명확히 할 수는 없을까? 꼭 '오럴'이 아니더라도, 과거의 일어난 일이나 그 경험의 묘사를 통해 과거의 사회를 기술하는 것은 불가능할까? 지금까지 검토해 왔듯 오럴 히스토리 조사에는 사실, 구술 자료를 사용하지 않은 역사 연구 방법과 공유한 방법에 기초한 부분이 많다. 다시 말하자면 구술 자료의 특징에는 이러한 자료가 아니면 절대 얻을 수 없는 요소가 그렇게 많지 않다는 것이다. 그렇다면 구두로 얻어진 과거에 일어난 일에 관한 묘사를 사회학 자료로 쓸 때 강조해야 하는 것은 '구술oral'이 아니라 '사history' 쪽이 아닐까?[박 2017:56-57]

여기에서는 'oral'이라는 단어와 'history'라는 단어가 서로 대치하는 듯 보이는데, 확실히 이 'oral'이라는 단어는 사실과 독립된 것, 모호하고 애매한 것, 혼동하고 착각하는 그 무엇이다. 포르텔리나 톰슨과 비교해 볼 때 박사라는 명백히 객관주의적 입장에 서 있다.

이 정도까지 명확하게는 아니지만 포르텔리와 톰슨도 이야기 중 '사실이 아닌 것'을 다시 한번 사실과 연결해서 다루려고 한다. 경험이나 기억의 어긋남은 그 자체가 역사적 사실이다. 이야기 중 애매한 부분을 어떻게 해석하는가에 대한 부분만 인용했기에 포르텔리도 톰슨도 구축주의에 가까운 입장으로 보이지만, 그들의 연구 전체는 단연코 사실이나 현실의 측면에 서 있다. 여기서 '구술적인 것'은 역사 연구를 보다 더 풍부하게 하기 위한 것이지 그것을 근저에서 흔드는 것이 아니다.

2-2. 라이프 스토리

일본어권의 생활사 조사에는 '라이프 스토리'와 '라이프 히스토리' 이렇게 두 가지 호칭이 있다. 이 두 호칭은 자주 섞여 쓰이며 간단히 구별하는 것도 어렵다. 같은 연구자가 어떤 때는 '라이프 히스토리'라고 쓰다가 어느새인가 '라이프 스토리'라고 쓰고는 한다. 지금부터는 사람들의 이야기나 그것이 태어나는 상호 행위에 초점을 맞춘 것을 라이프 스토리, 사람들에 의해 구술된 인생을 사회구조와 역사 안에 위치시켜서 생각하는 것을 대략적으로 라이프 히스토리라고 부르겠다. 여기에는 저자 본인이 자신이 사용한 방법을 '라이프 히스토리'라고 스스로 부르면서도 '라이프 스토리' 안에 포함된 것도 있다(혹은 그 반대도 있다).

이번 장에서 이 거대한 연구를 모두 망라하여 상세히 검토하는 작업은 하지 않겠다. 그것은 다음 과제이다. 하지만 이 두 가지의 대표적 연구라고 할 수 있는 것들 중 몇몇을 개관하여 거기에서 애매한 것, 다양한 것, 사실이 아닌 것이 어떻게 다루어지는지 아주 간단히 정리하고자 한다.

켄 플러머Ken Plummer는 성性에 대한 스토리가 어떻게 태어나는지 다음과 같이 서술한다.

> … 사람들이 간단히 자신들의 섹슈얼한 생활을 '말한다'고 하여 그 생활의 '진실'을 폭로하는 것이 되지는 않는다. 사람들은 자기 자신을 사회적으로 구조화된 전기적 대상으로 전환한다. 그들은 진실에 관계하고 있는지 아닌지에 상관없이, 친밀한 자신의 이야기를 구성하고, 다소 설명 방식이 거칠지 모르지만, 꾸며 내는 일도 한다. 우리가 그들의 스토리를 정말로 존재하는 내적 진실과 단순히 관련된 것으로 생각해야 하는 것일까?[플러머 1998: 70]

이와 동일하게 라이프 스토리 학파의 대표 격인 사쿠라이 아츠시에게도, 이야기라는 것은 원래부터 사실과 무관한 것이다. 또는 사실이란 '다른' 수준에 있다. 이야기란 어디까지나 거짓으로 꾸며지는 것, 표현하는 것, 행해지는 것이다. 그것은 현실의 반영이 아니다.

이야기된 삶이란, 라이프 스토리를 중심으로 하는 언어적 표상이며, 언어 행위라는 문화적 관습, 청취자와의 관계나 사회적 문맥에 의해 좌우되는 것이다. 구술된 삶이 만약 그 사람이 속한 집단을 대표하는 표준적인 것이라고 해도, 그의 생활도 표준적이고 대표적이라고 할 수 없다. 오히려 그 나름의 개성적이고 자율적인 것이라고 생각하는 것이 자연스러울 것이다. 생활이라는 외적 행동, 경험이라는 내적 상태, 그리고 이야기 사이에 간극이 없을 것이라고 상정하는 것은, 개인이 해당 집단과 문화의 완전한 복사본에 지나지 않는다는 것을 전제하지 않는 이상 불가능하다[사쿠라이 2002: 32].

차별당하는 소수자와 인터뷰했던 내 경험에서도 돌연 예상치 못한 일에 대한 이야기가 나오거나, 구술이 중단되어 계속할 수 없게 되거나, 중요한 부분이 구술되지 못하거나 하는 일들이 자주 있었다. 충격적인 일의 경험, 트라우마 경험, 침묵의 이야기 등, 물어物語 세계의 일관성을 구성할 수 없는 단편적인 이야기야말로 이야기 방법, 문맥의 심리적, 사회적, 문화적 기능과 같은 다른 국면을 확실히 해 주는 것은 아닐까?[같은 책 94]

플러머와 사쿠라이가 동시에 강한 어조로 주장하고 있는 것은 이야기와 인생은 별개라는 것이다. 특히 사쿠라이는 '이야기가 사실을 반영하는지, 혹은 이야기가 사실(현실)을 만드는 것인지라는, 이야기의 진위에 관한 이분법에 대해 내 입장은 그 어느 쪽도 아니다, 혹은 둘 다이다.'[사쿠라이 2012: 23]라며 미묘하게 궤도를 수정하고 있다. 하지만 기본적으로 그의 방법론은 이야기가 사실인지 아닌지를 일절 묻지 않는다는 것이다. 나는 그러면 여기서 무엇을 말할 수 있는가에 대해서는 꽤 어려운 논의가 된다고 생각한다. 이미 이 책의 앞부분 '인용부 벗기기'에서 자세히 설명한 것처럼 그의 방법론을 실천한다면 꽤 곤란한 상황에 처하게 된다.

사쿠라이의 방법론은 '라이프 스토리'를 채용한 사람들 사이에서 그다지 엄밀하지 않은 형태로, 즉 구술자가 어떻게 사회구조 안에서 살아가는지, 어떠한 역사적 상황 안에서 생활하고 있는지, 어떻게 그 역사와 구조 안에서 살아남았는지 따위의 것들에 대한 물음을 포함한 형태로 계승되고 있다.

아라라기 유키코蘭由岐子는 사쿠라이를 인용하면서 이렇게 서술한다.

> 눈 앞에 있는 ○○라고 하는 개인의 '사고, 생각, 감정' 등의 주관적 현실을 파악하는 것에 주안점을 둔다면, 한센병자라는 것(어떤 한 가지 범주에 속하고 있다는 것)만으로도 그 태도나 행위 양식이 동질적이라거나 그 사람의 어떤 지향성이 생활 안에서 수미일관하고 있다고 생각하는 것은 분명 이상하다(예를 들어 한센병 소송에 대한 병자들의 태도 등). 다시 말하자면 같은 '일'을 경험해도 그 경험과 그것에 대한 이야기는 말하는 주체에 의해 변화한다는 것이다. 각각이 자신 나름의 의미를 부여하기 때문이다[아라라기 2017: 79].

같은 범주에 속한다 하더라도 개인에 따라 주관적 현실이나 주관적 의미 세계는 다른데, 이번에는 이 개개인의 주관적 현실, 의미

세계에 다양성을 인정하고 있다. 즉, 환자의 '다른 입'의 '이야기' 자체(이야기 내부에서)가 일관성을 갖지 못하고 혼돈스러운 것에 눈을 돌리는 것이다. 그 예로 자주 벌어지는 것이, 일어난 일의 연대기적 시간이 일정하지 않은 것이다. 조사자는 대면하고 있는 개인의 인생에서 일어난 일들을 순서대로 이해하려는 경향이 강한데, 구술자는 그런 연대순의 시간을 배려하지 않는다. 우선 일어난 일의 계기나 그것의 의미의 경중에 관심을 두며 이야기한다[같은 책 81-82].

아라라기의 실제 글은 한센병이라고 하는 구체적인 문제에 관여하면서 사회구조와 제도의 역사를 포함하고 있지만, 여기에서는 이야기를 역사나 구조로부터 독립된 것으로 정의하고 있다. 따라서 이들의 방법론은 애매한 것, 불확실한 것, 다양하고 유동적인 것을 오히려 중시하고 있다.

2-3. 라이프 히스토리

일본에 생활사 조사를 정착시킨 나카노 타카시中野卓는 확실한 객관주의자이며 실재론자이다. 그에게 역사적 현실은 실재하는 것이며 구술청취조사에서 구술되는 개인의 인생 역시 실재한다. 때로 '환상과 환각의 경험'이 구술되는 경우도 있지만, 그런 이야기까지도 포함해 그것은 서민의 실제 경험이고 현실감 있는 것이다. 이런 의미에서 모든 것은 실재한다. 생활사 사회학의 목적은 개인의 인생으로부터 본 역사와 구조를 묘사하는 것이다. 그가 남긴 이름도 없는 서민들의 거대한 생활사 논문은 모두 지극히 생생한 개인의 인생 경험이며, 동시에 격동하는 근대 일본의 역사 그 자체이다.

> 사회학은 사회적 현실을 대상으로 하며, 사회라는 현실은 과거의 현실도, 현재의 현실도 역사적 현실 이외의 것이 될 수 없다. 라이프 히스토리(생활사, 개인사)는 본인이 주체적으로 인식한 자기 인생의 역사를 조사자의 협력 아래 본인이 구술 혹은 기술한 작품이다. 자타自他 전기 작성도 포함한 민족지적 연구의 경우도 그렇지만, 인생의 현실을 재구성해서 해명하는 라이프 히스토리라는 것은 소설이나 역사 문학과 같은 창작 즉 현실 인생과 역사에 허구를 더해 예술적으로 재구성된 픽션과는 엄밀히 구별된다[나카노 2003: 101].

> … 전문 역사가가 기술한 역사라고 해도 역사 기술이라는 것은 예외없이 처음과 끝(기승전결)이 있는 이야기로 집필된다. 마찬가지로 라이프 히스토리나 개인 인생사도 이야기로 구술되고 기술된다. 하지만 그 이야기는 히스토리가 동반될 때에만 스토리성을 지니며 역사적 현실에 대해 구술되고 기술된 것이 아니라면 히스토리라고 부를 수 없다…
> 역사 기술 역시 당연히 '절대적으로 객관적인 사실'의 재현은 아니지만, 역사적 현실을 기술한 작품으로서 상대적으로 신뢰 가능한 확실함(신빙성authenticity)이 요구된다. 개인사의 경우 자신이 처한 현실의 인생을 상기하여 구술한 라이프 스토리에, 그가 내면에

서 바라본 현실의 주체적 파악을 중시하면서 연구자는 근현대의 사회사와 비춰 보며 위치를 정립시키고 각주를 달아 라이프 히스토리로 완성시킨다. 본인이 내면에서 인식한 개인사의 현실은 원래보다 본인의 현재 시점으로부터 기술되지만, 연구자가 해석하고 편집하여 분석하는 것도 연구자 자신의 현재 시점에 서서 이뤄진다. 현재의 시점에 서서 이뤄진다고는 해도 이 둘을 픽션(허구)으로 보는 것은 잘못된 것이다[같은 책 102].

나카노는 자신의 작품 속에 등장하는 '마쓰요' 씨와 '카메타' 씨와 같이 때로는 '환상적이고 환각적 경험'과 같은 것까지도 이야기하는 사람들이 근대 일본 사회를 저변에서 지탱해 온 사람들이라고 서술한다. 그가 그린 것은 이렇게 이름도 없는 서민의 생활사이며 그리고 이런 생활사를 지나온 근대 일본 사회였다.

'구술 생활사'라는 방법이라면 그런 사람들을 향한 공감을 바탕으로 이해할 수 있다고 생각한다. 그들의 이야기를 그대로 읽어 낼 때 내가 반복하여 경험한 것처럼 독자들은 독자들 사이에서 간주관적 교류를 할 것임에 틀림없다. 나는 조사자 겸 집필자라고 해서 그 특권을 가지고 인간적 공감 위에 그들의 환상 환각적 경험을 즉시 보통의 타인들과도 공유할 수 있는 역사적 현실로 본다는 말을 하는 게 아니다. 나는 보통의 근현대 일본인의 삶에 대한 희소가치가 있는 텍스트를 제공하는 것을 목표로 해 왔다[같은 책 127].

… 이처럼 그들의 내면으로부터 생활사를 듣는 것을 통해 그것을

인간적 현실로 공감하고 이해한 결과, 나는 우리가 역사적 현실이라고 보아 온 것들의 의미를 유연히 재구성할 용의를 가진다. 그리고 그것을 반영한 새로운 인식을 가지고 우리들이 살아온 역사를 해명해 가고 싶다[같은 책 130].

개인의 인생 이야기를 사회 안에서 이해하고 역사 안에서 그려 내려고 하는 또 한 사람의 사회학자인 다니 토미오는 해석학적 방법과 실증주의적 방법을 통합하여, 객관적 영역뿐만 아니라 주관적 영역까지도 포함한 경험과학으로서 생활사 사회학을 구상하고 있다.

> 대부분의 과학은 '정말로 있었던 일(고지엔[2])'에 기반하여 명제, 가설, 이론을 구성한다. 과학에 관계된 특징을 모아 아래에서는 '경험과학'이라는 용어를 사용하기로 하겠다. 경험과학 중에서도 관찰, 측정, 재현, 반증, 일반화가 가능한, 그러한 '사실'에 기반하여 이론이 형성되어야 한다는 입장을 '실증주의'라고 한다. 이는 자연과학을 모델로 하는 엄격한 방법론적 일원론이다. 이 입장에 따르면 라이프 히스토리에는 '사실'로 보기 어려운 것들이 많이 포함되어 있다. 물론 전부가 '사실'이 아니라고 말하지는 않는다. 예를 들어 학력이나 경력 등 사회 경제적 지위는 '사실'이라고 말할 수 있으며 실제 일어난 일들도 '사실'이다. 그리고 이것들이 라이프 히스토리의 귀중한 자료가 될 수 있다는 것을 경시하면 안 된다. 하지만 라이프 히스토리 방법에서는 행위의 주관적 동기를 묻거나

2 広辞苑. 일본의 대표적 출판사 이와나미쇼텐에서 발행하는 중형 일본어 사전. [옮긴이]

경험의 의미를 해석하려는 경우가 많다. 그런데 실증주의는 이 주관적인 동기나 의미 부여를 '사실'이라고 인정하지는 않을 것이다. 왜냐하면 이것들은 밖에서 관찰할 수도 없으며 측정하는 것도 어렵기 때문이다. 또한 앞에서 말했듯 조사자가 바뀌면 스토리의 내용도 바뀌어 버리기 때문에 스토리를 재현하는 것도 어렵다. 따라서 반증이나 일반화도 어렵게 된다.

그렇다면 행위의 주관적 의미는 사실이라고 말할 수 없는 것인가? 물론 그렇지 않다. 예를 들어 신이 정말로 존재하는지 아닌지는 둘째 치고 신의 존재를 믿는 사람들이 있는 것은 사실이다….

… 이상으로부터 해석학적 방법 또한 사실 인식의 한 방법이라고 말할 수 있다는 것을 알았다. 따라서 이 방법론을 경험과학 안에 위치시키는 것 또한 충분히 가능하다. 왜냐하면 경험과학의 목적은 사실에 기초하여 가설의 추출과 검증을 반복해 이론을 형성하는 것이기 때문이다. 사회사상을 실증주의적 '사실'뿐만 아니라 그곳에 사는 인간의 행위의 의미를 포함해 이론적으로 해명하는 그러한 경험과학을 구상하자[다니 2003:15-17].

다니엘 베르토Daniel Bertaux는 어떤 대상이나 영역에 대해서 생활사의 질적 자료가 되는 구술 청취를 반복해 본다면 이를 일반화하고 이론화하는 것이 충분히 가능하다고 주장한다. 우리들은 각자의 다양한 인생을 주체적으로 운영하고 있으며, 동시에 우리들은 역사적 상황이나 사회구조에 의해 규제되고 있다. 즉 우리가 어떤 특정 민족이나 신분, 지역, 직업 등의 집단에 속하고 각자 개성적이고 다양한 인생을 보낸다 해도, 어떤 공통의 구조나 상황 안에서 같은 경험을 공유하는 것은 충분히 가능한 일이다. 베르토의 방법론에 따르면 이렇게 공유된 경험과 상황을 모아서 역사와 구조를 묘사하는 것이야말로 사회학의 목적이다.

> 이런 관점은 객관주의적이며 그 목적은 독립된 개인 한 사람 한 사람의 가치 체계와 표상의 도식을 내부에서 인식하는 것도, 한 사회 집단의 가치를 인식하는 것도 아니다. 오히려 목적은 사회와 역사적인 리얼리티의 개별적 단편과 사회적 대상을 연구하는 데 있다. 즉 사회관계의 배치나 작동 원리, 과정, 사회적 대상을 특징짓는 행위 논리를 강조하면서 사회적 대상이 어떻게 기능하는지 그리고 변화하는지를 파악하는 데 있다. 이런 관점에서 라이프 스토리를 사용하는 것은 통계나 법규의 문서 혹은 '중심적인' 위치를 차지하는 피조사자 인터뷰, 행동의 직접 관찰과 같은 그 외의 소스를 배제하는 것이 아니다[베르토 2003:33].

이를 위해 베르토가 제안하고 있는 것이 '포화飽和' 혹은 '반복'이라고 하는 단순한 방법이다. 예를 들어 '파리의 제빵사' 등 어떤 공통점이 있는 대상자에게 반복해서 생활사 조사를 해 보면 그 사람들의 일상생활이나 경험에 대해 이론화 혹은 일반화할 수 있는 계기가 떠오르게 된다는 것이다. 좀 길지만 인용해 보자.

> 이 현장조사를 통해… 나는 나뿐만 아니라 미디어와 사회학자도 알지 못했던 사회적 세계를 발견할 수 있었다. 그것은 제빵 노동자, 도제, 작은 가게를 운영하는 빵 장인과 그 배우자들의 세계이다.

사회-구조적 관계 그리고 매우 엄격한 경쟁으로 구조화되고 조직화된 세계는 장인적 빵가게의 당사자 행위 가능성(사르트르의 표현에 의하면 '가능성의 장')에 매우 강한 영향을 끼치고 있다. 나는 제빵 노동자의 라이프 스토리를 몇 개 모은 것만으로도 이들의 스토리가 서로 합치하고 있다는 걸 발견했고 그곳에서 비슷한, 매우 구속적인 상황이 묘사되어 있는 것을 알 수 있었다. 열네 살에 부모 손에 이끌려 마을의 빵집에 도제로 들어간 후, 보수도 없이 주인과 같은 강도의 노동을 강요받은 사람이 있다. 주인에게 쫓겨나 마을로 나온 그는 주 60시간 이상 노동하는 젊은 노동자로 일하며 수입을 얻을 수 있는 일을 찾아냈다. 젊은 노동자들은 개인 사업을 가지기를 희망했고 이를 위해서는 인생의 반려자이면서 무보수로 일을 도와주는 젊은 배우자가 반드시 필요했다(결혼 계약은 사랑에 빠진 젊은 여성이 알지 못하는 사이에 이루어지는 암묵적 노동 계약이기도 했다). 이 젊은 여성 배우자들은 사랑과 결혼으로 시작한 이 일에서 신입임에도 하나 혹은 둘의 아이를 동시에 기르면서 하루 10시간, 주 6일 때로는 주 7일 노동을 해야 하는 상황에 처했다는 것을 알았다…. 나는 대조 사례 수십 건… 과 함께 프랑스에서 이십만 명을 고용하고 있는 하나의 경제 섹터 하부의 논리를 파악할 수 있게 되었다. 내 결론으로는 '포화' 현상 덕분에 사회학이 가능하다. 즉 '사례 히스토리', 라이프 스토리의 한정된 숫자로부터 하나의 사회에 적용 가능한 일반화를 제기할 수가 있는 것이다. 그 시대에는 굉장한 발견이 아닐 수 없었다. 포화의 원리는 (사례 연구에서 자주 사용되는) 비수량적 방법에서, 수량적 방법의 대표 샘플의 원리와 동등한 구성을 가진다[같은 책 19-20].

반복이라는 방법은 단순하지만 매우 중요한 방법적 아이디어이다. 우리들이 만나는 구술자들은 처음부터 그 어떠한 '대표성'과도 관계가 없다. 예를 들어 '오키나와 전쟁 경험자 대표를 한 명 추출한다는 것'은 불가능하다. 개별의, 특별한, 교환 불가능한 인생을 살아가는 구술자를 우연한 인연으로 만나, 그 경험을 듣는 것이 우리가 하는 조사이다.

하지만 이런 개별 조사를 반복하다 보면 말로는 잘 표현하기 힘든, 이것은 참으로 '오키나와적'이라고밖에 말할 수 없는 이야기와 맞닥뜨리게 된다. 이 책에서 인용하고 있는 이야기는 모두 그런 이야기들이다. 나는 베르토의 '포화'와 같이 오해하기 쉬운 단어는 쓰지 않지만('포화되어 더 이상 할 것이 없'는 조사란 없다. 현장조사에서는 언제나 생각지도 못한 이야기와 만난다), 그래도 한 사람 한 사람의 이야기 하나하나 속에는 특히 오키나와적 이야기나 오키나와적 경험이라고밖에 말할 수 없는 것들이 있다. 그것은 각각이 전혀 다른 경험을 구술하고 있고 공통된 것도 없지만 그래도 오키나와전의 경험 그 자체, 혹은 그 후의 전후 오키나와 사회사 그 자체라고밖에 말할 수 없는 이야기들이다.

베르토의 '반복하기(혹은 '포화')'라는 단어는 구술청취조사가 그 현장과 조사 전후에도 계속되는 일련의 사회적 과정이라는 것을 상기시킨다. 우리는 한 사람의 구술자를 몇 번이나 만나 이야기를 듣거나 혹은 여러 명의 구술자들과 만나 많은 이야기를 반복해서 듣는다. 우리는 대상이 되는 구술자뿐만 아니라, 그 지역의 상담 역할자, 지자체 회장, 행정 담당자, 신문기자, 사회 활동가, 재야의 역사가, 대학의 연구자와 독자와 같은, 구술조사의 대상은 아니지만 없어서는 안 될 사람들과의 상호작용을 긴 시간에 걸쳐 반복하여 행한다. 베르토의 방법은 이런 과정을 보여주는 것이다.

이번 장에서는 위와 같이 개인의 이야기에 입각한 생활사 조사를 편의적으로 오럴 히스토리, 라이프 스토리, 라이프 히스토리 이렇게 세 가지로 나누어, 각각의 방법론에서 사실 혹은 사실이 아닌 것이 어떻게 다뤄지는지 간단히 살펴보았다. 결과적으로 극단적 라이프 스토리 이외의 생활사 조사 방법은 주관적인 해석이나 비현실적 이야기와 같이 역사적 사실의 기술이나 사회학적 일반화, 이론화를 목표로 한다는 것이 확실해졌다.

그렇다면 이 사실이라고 하는 것을 개인사에 기초한 질적조사로 어떻게 획득할 수 있을까? 다음 절에서는 이 점을 논의하고자 한다. 이를 위해 우선 내가 질적조사에서 경험한 '대상자의 개입'이라는 사례에 대해 서술하고자 한다. 그리고 역시 양적조사 과정에서 내가 경험한 '현장에서의 상호작용에 의한 조사'에 대해 설명하겠다. 마지막으로 이런 '조정과 개입'이라는 사회적 과정이 양적, 질적에 관계없이 사회조사에 꼭 필요한 과정이라고 주장하고 싶다.

3. 질적조사의 공공성

질적조사는 종종 '타당성을 보증할 수 없다'고 이야기된다. 타당성을 보증할 수 없는 사회조사 방법에서 우리들은 어떻게 사회학적인 '지식'을 획득할 수 있는가?

양적조사와 비교하여 질적조사는 '흥미롭지만 애매모호하다'는 지적을 받는 경우가 많다. 그에 비해 양적조사는 '지루하지만 정확하다'고 여겨진다. 가장 소박한 차원에서 양적조사와 질적조사의 차이는 수학의 사용 여부이지만 좀 더 본질적으로는 이 각각의 조사 방법에 '타당성을 보증하기 위한 과정'이 있는지 여부에서 차이가 있다.

양적조사의 통계적 처리는 대략 다음과 같은 과정을 거친다. 우선 사람을 어떤 특정 지표와 변수에 따라 그룹 몇 개로 나눈다. 그 후 지표 혹은 변수가 각 그룹에 따라 얼마나 달라지는가를 계측한다. 그리고 그 변수 차이의 정도를 여러 검정에 의해 '의미가 있는지 없는지' 즉 그것이 '오차인지 아닌지'를 판단하게 된다. 궁극적으로 검정에 사용되는 계수의 크기가 어느 정도이면 그 차이가 '오차가 아니며 의미가 있는 것'인지 여부가 관습적으로 결정되지만 그럼에도 불구하고 양적조사에는 적어도 숫자로 표현되는 확고한 타당성의 표준이 존재한다고 말해도 좋다.

그렇다면 질적조사의 타당성은 어떻게 보증할 수 있을까? 이 물음에 대한 대답으로 대략 두 가지 방법이 있다. 하나는 그 절차를 확정해서 제시하는 방법이다. 다른 하나는 질적조사를 채용하는 연구자가 '실제로' 어떤 상황 안에서 어떻게 타당성을 얻는지를 기술하는 방법이다.

이 장에서는 이 두 가지 방법 중 후자의 방법으로 타당성 혹은 '실제와의 연결성'에 대해 생각해 보고자 한다. 아래에서 나 자신이 경험한 질적조사 과정에서 생긴 몇 가지 일들을 서술하고,

그중 타당성이 어떻게 '만들어져' 가는지를 기술하려고 한다. 여기서 목표하는 것은 과정을 확정하고 제시하는 것이 아니라, 타당성이 만들어져 가는 과정을 이해하는 것이다. 따라서 여기서 이뤄진 논의로 질적조사의 타당성을 '보증'할 수는 없다. 다만 질적조사에 대해 항상 생기는 몇 가지 오해를 푸는 것은 할 수 있지 않을까? 이를 통해서 질적조사가 '생각보다 그렇게 애매한 것은 아니었다'고 말할 수 있을 것이라고 생각한다. 매뉴얼을 만들 때와 비교하면 약간 소극적이고 간접적인 논의이기는 하지만 그래도 질적조사와 양적조사의 비슷한 점과 다른 점에 대한 앞으로의 논의를 정리하는 준비 작업으로서는 의미가 있을 것이다.

나는 우치코시 마사유키打越正行, 우에하라 켄타로上原健太郎와 함께 2012년부터 몇 년간, 오키나와에서 '계층과 공동체'에 대해 구술청취조사를 시행했다. 이후 우에마 요코上間陽子가 참가하여 넷이 되었다. 연구 성과는 한 권의 책으로 정리되어 '오키나와의 계층과 공동체沖縄の階層と共同体'[3]라는 제목으로 2018년도 중에 출판될 예정이다.

오키나와는 사회학자들에게는 '공동성의 낙원'이며 도쿄와 같은 도시 사회가 잃어버린 횡적 연결의 색이 짙게 남아 있는 장소로 많은 사회학자, 인류학자, 민속학자들이 조사를 해 왔다.

오키나와가 내지의 도시부와 비교해서 공동체 규범과 가족 규범이 강한 곳이라는 점은 확실하지만, 경제적인 면에서 보면 의외로 계층 격차가 매우 큰 곳이다. 우리들 네 명은 각자 장기간

---

3 이 책은 2020년 10월 《지역에서 살아가기—오키나와적 공동성의 사회학地元を生きる—沖縄的共同性の社会学》이라는 제목으로 나카니시야 출판에서 출간되었다. [옮긴이]

오키나와를 조사한 경험을 통해 이 계층 격차를 피부로 느꼈다. 통계적으로 확인한 것은 아니지만 오키나와에 자주 있는 '라이프 코스'로 다음의 세 가지 형태가 있는 것 같다. 하나는 류큐대학이나 내지에서 명문대학을 졸업하고 교원이나 공무원 혹은 대기업 정사원이 된 '안정층'. 또 다른 하나는 지역 고등학교나 전문학교를 나와 청년회에 소속되어 있고 고향에서 노인요양사로 일하거나 술집을 경영하는 '중간층'. 그리고 경제적으로 힘든 상황에서 자라 학교를 중퇴하고 지역사회에서도 배제된 '불안정층'이 있다. 물론 모든 사람이 이 세 가지의 분류 중 하나에 속하는 것은 아니며, 이 세 가지 범주에 따라 오키나와 사회 전체를 설명할 수 있는 것 또한 아니다. 이것은 다만 오키나와에서 조사하고 생활한 경험에서 발견한 가설적 범주에 지나지 않는다.

우리는 이러한 오키나와의 계층 격차를 구체적으로 '오키나와적 공동성과의 거리距離'로 그려 내고 싶었다. 오키나와적 공동성은 사회학과 인류학의 선행 연구들에서도 혹은 내지의 일반 사람들 사이에서도 오키나와를 설명하는 하나의 클리셰, 패턴이 되어 있다. 하지만 우리는 이런 고정적이고 단단하게 굳어진 오키나와의 이미지―그 아무리 '오키나와적인 것'의 가치를 높이 평가하려고 한다 해도, 아니 그것이야말로 식민지주의적 시선이 될 가능성이 매우 높다―를 상대화히고 디양화하기 위해 석어도 오키나와적 공동성을 계층 격차라고 하는 '완전히 정반대인' 것에서부터 이해하려고 조사를 계획했다.

이 조사에서 내 역할은 안정층 사람들의 생활사를 듣고 그로부터 공동체와의 관계를 생각하는 것이었다. 나는 2012년부터 2

년 정도 사이에 오카니와 본섬에서 나고 자란 20대부터 60대까지, 남녀 거의 동수로 교원, 공무원, 대기업 사원인 사람들 35명을 대상으로 생활사 조사를 했다. 자세한 내용은 '오키나와의 계층과 공동체'를 참조해 주면 좋겠다. 거기에는 다양한 인생 이야기가 구술되어 있다. 그중 많은 구술자들이 류큐대학 등에 진학해서 안정층의 길을 걷게 됨에 따라 서서히 고향의 네트워크로부터 소원해져 간 것, 그 정도로 모아이模合(오키나와의 계모임)에도 참가하지 않고 전통문화에 접하는 일도 없으며 지금 새로 사귄 친구들도 다들 대졸의 비슷한 계층 사람들이라는 것을 구술했다.

이 구술들은 단순한 '정형적 구술'이 아니다. 이것은 한 사람 한 사람 전혀 다른 인생의 전혀 다른 이야기이지만 그래도 오키나와의 사람들이(오키나와에 한정된 것은 아니지만) 어떤 역사적 상황 안에 그리고 사회구조에 규정되면서도 좀 더 나은 삶을 위해서 필사적으로 살아왔다는 것을 보여주는 '사회적인 구술'이었다.

이렇게 각각 다르고, 그 다른 각각이 오키나와라고 하는 같은 사회 안에서 살아가는 것을 보여주는 이야기를 들으면서 여러 가지 일들이 있었고 몇몇 젊은 구술자와는 친구가 되어서 조사 후에도 만나고는 한다.

그리고 언젠가 굉장히 흥미로운 일이 있었다. 어떤 구술 내용을 논문에 인용하기 위해 인용하려는 부분을 확인하도록 구술자 본인에게 사전에 메일로 부탁한 적이 있었는데 그때 어떤 한 구술자가 내가 만든 틀에 맞게 자신의 이야기를 다시 썼던 것이다.

나는 이 조사에서 언제나 안정층 (오키나와에서 이런 말은 없지만) 사람들에게 오키나와에는 큰 계층 격차가 있다는 것, 그 계층의 어디에 있느냐에 따라 공동체의 경험이 달라지는 건 아닐까 하는 것, 안정층의 사람들은 고향의 공동체로부터 상대적으로 '거리를 둔 삶의 방식'으로 지내고 있는 것은 아닌가 하는 것을 반드시 조사 맨 처음에 설명하기로 정했다. 그리고 이 이야기를 들은 모든 구술자로부터 아 그런 거 있네요, 알 것 같아요,라는 반응을 얻었다.

이렇게 내 자신의 가설이나 이론 구조를 이야기한 후 구술청취조사를 하고 나서 본인에게 확인을 해 달라고 했더니 그는 자신의 이야기를 내 가설에 '더욱 합치'되도록 수정해서 보내주었던 것이다.

우선 처음 그의 구술은 다음과 같았다. 이것은 나하 한가운데에서 나고 자란 남성 구술자가 고등학교 때 아직 농촌의 사회규범이 강하게 남아 있던 나하시 교외의 어떤 지역으로 이사했을 때 느낀 '문화 충격' 이야기 가운데 일부이다.

[수정 전]
△△(이사한 교외 지역)라는 데가, 굉장히 토착적인 사람들, 좀 이런 분위기가 있고. 이사해서 벌써 30년 이상 되었는데도 기본적으로 바깥 것, 타관 사람이죠 우리들은. 여름이 되면 에이사エイサー[4]는 아니지만, 지역에서 미치쥬네道ジュネ[5]라든지 여러 에이사를 조촐하게 하는데요, 기본적으로 불러 주는 사람이

---

4 일본 오키나와와 가고시마 지방에서 일본의 추석에 해당하는 오봉 때 추는 전통 춤. [옮긴이]

5 에이사와 함께 오키나와현에서 치러지는 선조 공양 의식. [옮긴이]

없으니까. 우리는 그런 청년이 없으니까. 불러 주지 않는 것도
있지만 내가 있을 때도 기본적으로 말을 걸어 주거나 하지
않으니까요. 그래서 어떤 입회지入會地 같은 게 있는데, 고향의
그거로, 입회지의 고향 사람들의 이 토지는 기본적으로 원래부터
있던 사람들이 공유하고 쓰는 거라서 타관 사람이 쓰는 곳이
아니라고, 뭐 완전히 그렇게 되어 있어요. 음, 별로 쓰려고
한다거나 그런 건 당연히 아니에요. 자신의 것이 아니니까.
그래서 그냥 이용하려는 마음조차 없긴 한데, 기본적으로 선이
그어져 있는 것 같은. 그걸 처음에는 몰라 가지고 어머니가
뭐랄까, 이런 이야기를 했었는데요.
"어머, 여기 그런 곳이었어?"
"응 그렇다니까, 여기는 기본적으로 타관 사람은 계속 타관
사람이니까"
"그래도 옆집 할머니랑은 사이도 좋은데"
"그건 옆집 할머니랑은 개인이니까, 개인이 아니고 가족이나
지역에서 관계가 되는 순간 이렇게 되는 거지, 정말로"
"아, 그래"
"그렇다니까"라고.

이 이야기는 사전 확인 때 다음과 같이 수정되었다.

[수정 후]
△△(이사한 교외 지역)라는 데가, 굉장히 토착적인 사람들이,
텃세가 세 가지고, 벌써 이사한 지 30년 이상 되었는데도

기본적으로 바깥 사람, 타관 사람이죠, 우리들은.
여름이 되면 청년단의 에이사는 아니고, 본래 그런 지역, 지역에서
미치쥬네 같은 걸 지역마다 조촐한 분위기로 하는데, 기본적으로
불러 주는 사람이 없으니까. 우리는 그런 청년이 없으니까,
불러 주지 않는 것도 있지만, 내가 있을 때도 기본적으로 말
걸어 주지 않았으니까요. 그래서 어떤 입회지 같은 걸 가지고
있는데요, 지역 공동재산 같은 거. 그래서 입회지 지역 사람들의
이 토지는, 기본적으로 여기 원래 있던 사람들이 공유해서
사용하던 걸로, 타관 사람이 쓰면 안 되는 걸로 되어 있어요.
뭐, 별로 쓰려고 한 적 당연히 없어요, 내 것이 아니니까.
게다가, 집에서 좀 떨어져 있으니까, 이용하려는 마음이 없는데,
기본적으로 선이 그어져 있는, 바깥 사람과 지역 사람들 사이에는.
그걸 처음에는 몰라 가지고, 어머니가 그런 이야기를 했었는데요,
"어머, 여기 그런 거야?"
"그래, 여기는 벌써 기본적으로 타관 사람은 계속 타관
사람이라고"
"그렇지만 옆집 할머니랑은 사이 좋잖아"
"그거는 옆집 할머니랑은 개인적인 관계니까. 개인이 아니라,
가족이나 지역에서 관계가 되면 그 순간 이렇다고, 정말"
"아, 그렇구나", "그렇다니까"라고.

    수정 후에는 '텃세가 세 가지고' '청년단의' '지역 공동재산' '바깥 사람과 지역 사람' 등 단어가 보충되어 있어, 좀 더 지역사회의 폐쇄성이 잘 드러나는 이야기가 되어 있다.

하나 더, 다음의 이야기도 수정되었다. 이것은 현재 일상적 생활 속에서 지역의 인간관계는 거의 완전히 단절되어 있고 비슷한 계층의 사람들과 만나고 있다는 이야기이다.

[수정 전]
계 모임이요. 두 번. 두 군데에서 했었는데, 한 군데는 완전히
저, 다들 여기저기로, 흩어져 버려 가지고, 그래서 지금 모이는
거는 ○○군이랑, 저 ○○시약소에서 일하는 사람이 있는데,
그건 일 년에 두 번만 모이는 거니까. 여름이랑 겨울.
(고등학교나 대학교 친구?)
네 그래요.
(의외로 비슷한 계층의 사람들?)
네, 그렇네요. 그래서 기본적으로 말이죠, 원래 계층이 이렇고
저렇고, 신경쓰는 건 아닌데, 그 대학의 서클 멤버예요, 모체가.

이 이야기는 다음과 같이 첨삭되었다.

[수정 후]
계 모임이요, 두 군데에서 했었는데, 사회인이 되고 나서는 친구와
했던 계는 완전히 멤버가 여기저기 전근으로 흩어져 버려서.
그래서 지금 모이는 건 공무원이나 대기업 사원, 교원 같은
멤버가 모이는 계 하나만. 일 년에 두 번만 모이는 거니까 계라고
하기 어렵게 되었지만. 여름이랑 겨울에 술 마시는 모임이죠.
(고등학교나 대학교 친구?)

네, 네.

(의외로 비슷한 계층의 사람들?)

네, 그렇네요. 그래서 기본적으로 말이죠. 원래 계층이 이렇고 저렇고 신경쓰는 건 아닌데. 그 고등학교에서 같은 대학 서클 멤버가 된 사람들이 중심이에요. 결과적으로, 다들, 안정 지향적이랄까, 공무원이라든지, 교원, 대기업이 많아졌네요. 중소기업에 다닐 생각으로 내정받은 사람도 있었는데, 전부 공무원 시험에 붙고, 민간 기업에 내정을 거절했죠. 저도, 결국 공무원이 되어 버렸네요.

'모이는 건 공무원이나 대기업 사원, 교원 같은 멤버가 모이는 게 하나만' '결과적으로 다들 안정 지향적이랄까, 공무원이라든지, 교원, 대기업이 많아졌네요. 중소기업에 다닐 생각으로 내정받은 사람도 있었는데, 전부 공무원 시험에 붙고, 민간 기업에 내정을 거절했죠. 저도, 결국 공무원이 되어 버렸네요'라는 긴 글이 첨가되어 내가 설명한 것이 더욱 강조되어 있다. 그 밖에도 일부러 내 생각에 맞추어 고쳐 주었지만, 역시 이야기 그 자체를 다시 쓰거나 보충을 다는 것에 저항감이 들어 본인에게 연락해서 원래대로 돌려놓았다.

결론적으로 이것은 내가 만든 틀이나 이해가 한 사람의 구술가에 의해 받아들여졌다는 것이나. 생활사에 한하지 않고 모든 질적조사는—때로는 양적조사도—조사 대상자들의 이러한 '개입'에 자주 노출된다. 이번 경우는 긍정적인 개입이었지만 역으로 부정적 개입도 있다.

다음 예는 조사 대상이 아니라 어떤 오키나와현 내에 있는 대학에서 열린 내 집중 강의를 들으러 온, 현 출신 50대 남성 연구자로부터 받은 메일의 일부이다.

2014년도 말에 있었던 집중 강의에서 나는 생활사 방법론과 저서 《동화와 타자화》를 쓰기 위해 실시했던 귀향자들에 대한 조사 결과 그리고 마침 막 시작한 '오키나와의 계층과 공동체' 이야기를 했다. 거기서 나는 '이탈離脫'이라는 단어를 사용해서 오키나와의 안정층이 고향 공동체로부터 떨어져 나가는 것에 대해 말했는데, 이 '이탈'이라는 단어, 혹은 그 생각 방식에 대해 수업 뒤풀이 후 장문의 메일을 받았던 것이다.

> 그런데 '이탈'이라는 단어 사용에 대해 □□대학? 선생님이 부적절하다고 반론한 것이 신경이 쓰여서 조금 생각해 보았습니다. 그 선생님에게는 향수를 동반하는 오키나와가 현 상태와는 무관하게 좋은 것으로 남아야 한다는 심정이 있는 것이 아닐까 하고 바보 같은 생각을 해 봤습니다. 내게는 제가 나고 자란 그리고 현재도 살고 있는 ○○마을은 애증의 장소입니다. 하지만 이 지역에 관계하고 계속 살고 있고 '이탈'하고 싶다는 생각은 안 합니다. 그런 의미에서 '이탈'이라고 일컬어져도 '나는 해당하지 않아'라고 생각합니다. 지난번 뉴스를 봤는데 폭력단 '이탈'자가 증가하고 있다는 표현이 나왔습니다. 폭력단은 나쁜 거지요. '이탈'이라는 단어 사용에 대해 '당사자'가 어떤 반응을 하는지는 자신이 그곳을 어떻게 의미 지었는지에 따라 다르지 않을까 하고 소심하게 생각해 보았습니다. '고향은 멀리 있어도 생각나는 곳'이라는 말에는 공감합니다. 멀리 살면 얼마든지 몽상화하는 것이 가능하지만 거기서 자신이

생활한다고 생각하면 답답해지는 일도 많습니다. 하지만 고향과 떨어지기 싫다. 대체 뭘까요? 귀소 본능일까요? … 저는 용어야 어떻든 상관없다는 입장입니다. 오히려 적절한 용어가 있다고 해도 나는 자신의 '커리어'와 고향에서 벗어나는 것을 연관 짓고 싶지 않아요. 오히려 저는 교원이라는 직업을 옛 친구가 의식하는 게 부담스러워요. 저에겐 학교 동료보다 고향 친구들이 훨씬 중요하거든요. 학교 내에 친구라고 부를 수 있는 사람은 한 명밖에 없어요. (쓴웃음) 그리고 저는 어떤 자전거 팀에 들어가 있는데 취미 모임이니까 서로 일이나 가족에 대해 화제 삼지 않아서 무척 편해요. 지역에 밀착한, 직종에 관계없는 생활이 가장 마음 편해요.

여기서 약간 보충하자면, '부적절과 반론'이라는 것은 이런 것이다. 이 집중 강의에는 현 내외로부터 연구자와 대학원생들이 몇 명 참여했다. 그중 메일을 보낸 한 명과 또 다른 연구자가 질의응답 중에 '이탈이라고 하는 단어를 사용하는 것은 의미가 너무 과한 것 아닌가'라는 발언을 했던 것이다. 완전히 분리되었다는 의미로 쓰인다면 확실히 지나친 느낌이 있기 때문에 이후부터는 '거리화距離化' 등의 단어를 쓰기로 했다. 하지만 이 단어도 메일을 보낸 사람이 보기에 마음에 들지 않았던지 이것은 용어의 문제가 아니며, 고향으로부터 결코 떨어져 있지 않다는 메일을 보내 왔다.

이 둘의 의견을 반영하여 나는 이탈이라는 단어 대신, 거리화라는 단어를 쓰기로 했지만 메일에 적힌 것은 표현의 문제가 아닌, 틀 그 자체에 대한 비판이었다. '이탈'이라는 개념을 가지고 고향 공동체로부터 '완전히' 떨어져 있다는 것을 주장하려고 한 것은 아니었다. 하지만 적어도 교원과 공무원 등 안정된 직업을 가지고 안정된 수입이 있는 사람들과 고등학교를 졸업한 후 지역에서 불안정한 음식점 등을 경영하는 사람들과는 지역공동체에 대한 '관계 방법'에 어느 정도는 차이가 있는 것이 아닐까 하고 생각했다. 그리고 이 생각에 내가 청취조사를 한 구술자들 대부분이 기본적으로 긍정해 주었다. 그래서 나는 그 틀을 폐기하는 것까지는 불가능했지만(그 자체 역시 상호 조정의 결과다), 질적 자료로부터 일반적인 것을 서술하는 것의 본질적 어려움에 대하여 통감하였다. 이후 여러 장소에서 여러 사람들에게 내 이론틀을 이야기했지만 그때만큼 강한 위화감을 표명한 사람은 달리 없었다.

어찌되었든 이런 개입이 있어서 처음보다 우리들의 조사나 연구 결과가 '더욱 잘 받아들여지게' 되는 것이다. 거꾸로 말하면 질적조사가 '더욱 잘 받아들여지게' 되려면 조사를 둘러싼 다양한 사람들의 개입과 상호 조정이 꼭 필요하다.

이상의 두 사례처럼 개입을 통해 나 자신의 이론틀과 해석이 어느 정도 '타당한가'에 대해서는 최대한 진중할 필요가 있다고 생각한다. 이런 개입은 특히 사회운동이나 행정, 미디어의 조사에서는 더욱 클 것이다. 거기에는 더욱 노골적인 그리고 정치적 '개입'이 일어날지도 모른다. 하지만 이런 부단한 개입에 항상 열려 있다는 것, 되도록이면 이런 개입을 받아들이고 조정해 가는 것은, 이를 통해 질적조사가 '타당해진다'면 더욱 필요한 일일 것이다. 우리는 사회 안에서 조사하고 있기 때문이다.

우리가 하는 조사는 사회 안에 있으면서, 사회와 함께 존재한다. 모든 조사는 당사자, 연구자, 관계자, 행정, 미디어 등을 포함한 '외부로부터의 시선'에 노출되어 있다. 그리고 조사를 둘러싼 네트워크에 상호 개입이 일어남으로써(낙관적인 화법이 허해진다면), 질적조사도 그 나름의 타당성에 가까워지는 것이 가능하다. 어떤 중범위적 사회문제에 대해서는 연구자나 당사자뿐만 아니라 이 문제에 '관계'하고 있는 사람들이 많이 있다. 그런 사람들 간에는 '무엇이 타당한가'를 둘러싸고 투쟁과 갈등이 상시 존재한다. 이런 사회관계 안에서는 조사의 결과나 그 과정이 항상 타자의 눈에 비치고 개입이 일어나게 된다.

질적조사의 타당성을 내재적이고 과학적인 절차로 보증하는 것은 어렵지만, 질적조사가 실제로 어떻게 이루어지고 있는가 하는 것을 이른바 '민속지적'으로 기술하는 것은 가능하다. 질적조사는 이미 사회학이나 인류학에서 빈번히 사용되고 있다. 질적조사는 이렇게 사회과학 안에서, 이미 가장 흔한 방법으로 자리잡았다.

질적 자료에 대표성도, 재현성도 없다고 해서, 우리가 그 타당성 전부를 버려 버리고 끝없는 '스토리 해석 게임'에 빠지게 되는 것은 아니다. 우리가 해야 하는 것은 이미 통상 과학의 방법으로 사용되는 질적조사의 각 조사 결과가 어느 정도 타당하고 어느 정도 그렇지 않은가에 대해 구체적으로 질문하는 것이다. 그리고 이런 '질적조사의 공공성'은, 타당성 확보를 위한 유일한 수단이다. 질적조사의 타당성은 과정이 아니라 공적 공간의 사회적인 상호작용 안에 구축된다. 그것은 단순한 자의적, 정치적 과정에 지나지 않는 것이 아니다. 이는 이미 통상 과학의 방법으로 확립되어 있는 이상 '실제로' 타당할 가능성이 있는 것이다.

4. 양적조사의 블랙박스

4-1. 양적조사에서 '사회적인 것'

역으로 이런 질문도 가능하다. 질적조사의 타당성이 공적인 공간의 사회적인 상호작용 안에서 만들어져 간다(그리고 그것은 단순히 자의적 과정이 아닌 '실제로 타당한 것임에 틀림없다')고 한다면, 양적조사는 실제로 어떤 과정으로 실행되는 것일까? 거기에 '블랙박스'는 존재하지 않는 것일까?

다음으로는 시점을 바꾸어 양적조사 과정에 대한 '블랙박스' 즉, 사회적인 조정과 개입의 과정에 중점을 두고 거기서 실제로 어떤 일이 일어나고 있는지 그리고 그것은 어떤 의미를 가지는지에 대해 생각해 보려고 한다.

질적조사는 항상 정해진 표현으로 비판받는다. '재미는 있는데 정확하지는 않다'는 것이다. 이런 질적조사의 정의는 항상 양적조사와의 대비를 통해 이뤄진다. 예를 들어 양적조사는 재미는 없지만 정확한 것으로 표현되고는 한다.

이런 비판에 의하면 질적조사는 다양한 영감을 부여해 준다. 하지만 질적조사로 어떤 확정된 법칙이나 지식, 사실에 도달하지는 못한다. 질적조사의 과정에는 주관성, 자의성, 다의성, 애매함, 혹은 사회적 상호작용에 의한 간섭이 있으며 이것들은 질적조사의 '블랙박스'라고 비판받는다.

여기서 만약 질적조사의 문제점인 '확실성의 부재', 혹은 '사실에 도달하기 어려움'의 요인이 양적조사에도 존재한다고 하자. 이때, 질적조사나 양적조사 '둘 다 제대로 되어 있지 않다'며 회의하는 것이 아니라 오히려 그렇기 때문에 '둘 다 제대로 되어 있다'고 말할 수 있다면, 질적조사와 양적조사의 대비를 통해 지적되는 질적조사의 문제점은 해소되거나 적어도 정도의 문제가 될 것이다.

다음에는 이 두 가지 것, 즉 '양적조사 과정에도 질적조사와 비슷한 블랙박스가 존재한다'는 것, '그렇다고 해서 둘 다 사실에 도달할 수 없는 것은 아니'라는 것을 이야기하고 싶다.

질적조사 자료의 주관성과 자의성, 혹은 '비의성'에 대해 야스다 사부로安田三郎, 하라 준스케原純輔는 《사회조사핸드북 제3판》에서 다음과 같이 적고 있다.

> ['통계적 방법'과 '사례연구법' 간의 논쟁에 관해] 이 논쟁의 핵심은, 통계적 방법(전자)은 1. 다수의 사례에 대해 폭넓게 2. 소수의 측면을 전체로부터 잘라내어 3. 하지만 객관적으로 계수 혹은 계량하여 4. 상관계수 등 객관적 분석에 의해 보편화하지만, 사례연구법(후자)은 1. 극히 적은 수의 사례에 대해 2. 다수의 측면을 전체 관련적이고 십숭석으로 3. 수관석, 동찰석으로 파악하고 4. 또한 주관적이고 통찰적으로 보편화하는 것으로 인식하며, 이 네 가지 성질 각각은 본질적으로 상관되어 있어 딱 잘라내 떨어뜨려 놓는 것은 불가능한 것으로 생각된다. 오해는 여기에 존재한다… 네 가지 성질이 반드시 본질적으로 상관되어 분리되지 않는 것이 아니다… 제3 포인

트를 보면 객관적으로 계수 혹은 계량하는 것이 바람직하다. 하지만 일부 학자가 반대하는 것처럼 모든 측면이 객관적으로 계수, 계량 가능하지는 않다. 그리고 현실의 미묘한 뉘앙스를 훼손하는 경우도 있다. 하지만 주관적인 과학이라는 말은 자기 모순이기 때문에 가능한 한 노력하여 충실히 객관화하는 것이 과학자에게 부여된 책무이다. 물론 그 노력이 주효하지 않을 때는 주관적인 파악이 임시적으로 인정되어도 좋을 것이다[야스다·하라 1982: 5-6].

여기서 야스다와 하라는 질적조사(사례연구방법)란 대상을 '주관적, 통찰적으로 파악하고' 동시에 '주관적, 통찰적으로 보편화하는' 것이지만 이런 주관적인 것은 과학으로 볼 수 없다고 딱 잘라 말하고 있다. 두 사람은 '다수 사례의 소수 측면'을 분석하는 양적조사와 '소수 사례의 다수 측면'을 분석하는 질적조사 둘 다를 비판하지만, 그럼에도 이들이 이상적으로 여기는 것은 어디까지나 양적조사이며, 이들은 다변량분석 등의 방법을 사용해서 사회학은 다수 사례의 다수 측면을 분석하는 법칙정립적 과학이 되어야 한다고 주장한다.

이 둘이 같은 책에서 말하는 질적조사의 본질이 주관적, 통찰적 대상의 파악과 기술에 있으며 그렇기 때문에 질적조사는 과학이 되지 못하고 겨우 '임시적인 것'으로 인정될 뿐이라는 말은 고전적이고 전형적인 정의 방법으로, 지금까지도 자주 교과서에서 반복되어 주장되는 것이다. 질적조사 방법이 주관적인 해석이나 통찰에 기초하고 있는 것과 그렇기 때문에 과학이 아니라는(혹은 객관적인 사실에 도달할 수 없다는) 이 둘의 논점은 몇 번이고 지적되어 오고 있다.

하라 준스케와 우미노 미치오海野道郎가 쓴 《사회조사연습》에서는 더욱 강한 주장이 등장한다. 질적조사(청취조사)는 조사자의 주관에 크게 좌우되며 확실성이나 동일성을 확보할 수 없으므로 '청취조사 자료에 통계적 처리 방법이 적용될 수 있는지를 궁리해야 한다'고 말하고 있다.

> 한편, 조사 대상자와의 자유로운 대화를 통해 자료를 수집하는 청취조사에서는, 조사 진행 방법이 조사자의 주관적 판단에 크게 의존한다. 그리고 조사자의 판단을 좌우하는 요소로 경험과 감이 강조된다. 어떤 방법을 채용할지 여부는 조사하려고 하는 현상의 특성에 따라서도 제약되므로 일괄적으로 조사표를 사용하는 방법은 좋다고 할 수 없다. 또한 조사표를 사용하는 경우라고 해도 질문 문장의 작성과 면접 방법에는 경험과 감이 중요하다. 하지만 언제까지나 객관화하기 어려운, 조사자의 경험과 감에만 기대는 상태는 바람직하지 않기 때문에 방법의 표준화, (조사자의) 훈련 방법 확립을 통해 객관성을 높이려는 노력이 필요하다[하라·우미노 1984: 10].

> 이에 대해 비지시적 면접 조사에서는 질문 형식이 제각각이다. 각 회답자에 맞는 형식을 선택해서, 실질적인 동일성을 확보하려고 하며 동일성의 비판은 조사자의 주관에 맡겨진다. 다만 이것은 걸핏하면 조사자의 독단에 빠지기 쉬우며 주의가 필요하다[같은 책 152].

첫 번째로 다차원해석법이라던지, 다변량해석법이라고 불리는 통계적 해석 방법의 발달에 의해, 현상의 특성을 단일 차원뿐만 아니라 다차원적으로 포착하여 종합적으로 처리하는 것이 가능하다. 두 번째로 종합적, 다차원적으로 보는 것도 중요하지만 동시에 그 경우에도 현실의 복잡한 현상을 가능한 한 적은 차원으로 포착하여 설명하려는 것이 과학 연구의 목표임을 잊어서는 안 된다. 그것에 의해 사고의 경제가 유지되며 지식의 축적이 가능해진다. 이렇게 생각하면, 청취조사 자료에 관해서도 통계적 처리 방법이 궁리되어야 한다[같은 책 155].

질적조사가 주관성이 과잉되어 있고, 표준화가 불가능한 이른바 '비의적' 방법이라는 문제는, 통계적 처리에 의해서만 극복할 수 있다고 말한다. 지금은 교과서에서 이렇게까지 분명하게 주장하는 일은 드물지만, 그렇다고 해도 기본적으로는 이 논자들이 질적조사에 관한 어떤 종류의 이미지를 다른 일반적인 교과서나 방법론적 논문과 공유하고 있는 것은 분명하다. 예를 들어 이들 주장을 아타라시新[2005], 타마노玉野[2008], 모리오카森岡[2008] 등 대다수 저자들이 긍정적이든 부정적이든 공유하고 있다.

그건 그렇고, 양적조사에 대해서도 숫자가 자료로 변환되는 과정에서 어떤 모호한 것, 애매한 것이 존재한다는 것은 지금까지 자주 지적되어 왔다. 그것들은 모두 분석에 어려움을 일으키는 노이즈일 뿐이며, 기술적으로 처리되어야 하는 것으로 이해되어 왔다. 질적조사의 블랙박스가 상호 행위와 해석인 것에 비해, 양적조사의 블랙박스는 노이즈와 착오 같은 '교란 요인'이다.

예를 들면 세야마 카즈오盛山和夫의 《사회조사법입문》을 보면 다음과 같이 설명하고 있다.

> [조사표 점검은] 영어로 에디팅이라고 부른다. 자료를 보기 좋게 편집하는 것과 같은 어감이 있지만, 이는 어디까지나 응답자의 정확한 응답을 확정하는 것이다. 조사 직후에도 간단한 점검이 이루어지지만, 조사표를 하나하나 정성들여 보면서, 오기나 응답 누락, 특히 조리에 맞지 않는 응답은 없는지를 체크한다. 오류가 발견되었을 경우, 올바른 기입 내용을 다른 응답 부분 자료로부터 알아냈다면 정정을 한다. 이것이 불가능할 경우 응답을 DK 처리한다. 만일 대상자의 범위에 없는 사람이 응답했을 경우 무효표로 그 조사표를 폐기하고 본래의 대상자는 회수 불능한 것으로 처리한다. 전체적으로 응답에 신뢰가 가지 않는 조사표를 발견해도 마찬가지이다[세야마 2004: 144-45].

> 조사표의 자료를 파일에 입력 가능한 숫자와 기호로 전환하는 작업이 코딩이다. 프리 코딩의 경우, 사전에 준비된 코드표에 따라 응답에 코드를 부여하면 된다. 다만 어떤 코드를 부여해야 하는지 판단하기 어려운 응답도 있다. 가능한 한 팀을 꾸려 판단이 어려운 것은 상담하면서 진행하는 것이 좋다[같은 책 145].

현재의 조사방법론에서는 양적조사라고 해도 그것으로 어떤 소박한 자연을 반영하는 자료를 얻을 수 있는 것은 아니라는 점을 종종 지적하고 있다. 오히려 역으로 자주 있는 통계 자료나 양적조사가 아무리 애매하고 모순덩어리라고 해도 '적당한' 것인지 여부가 종종 지적되고 있다. 하지만 이런 애매함이나 다의성은 모두 기술적으로 처리 가능한, 처리해야 하는 것으로 이해된다. 세야마의 교과서도 그것은 '정확한 응답을 확정하는 것'에 의해 극복 가능하다고 한다.

물론 기술적인 처리로 애매함을 회피하려고 하는 양적조사의 전략이 전혀 틀린 것만은 아니다. 오히려 양적조사의 목적에서 보자면 그것은 꼭 필요한 것이다. 그리고 양적조사의 방법적 논의에는 이 기술적 처리의 노하우가 거대하게 축적되어 있다.

하지만 양적조사의 블랙박스 그 자체에 대해 즉, 양적조사가 의거하는 수치적 자료를 실제 조사 대상인 사람들로부터 얻는 '그 순간'에 '실제로 무엇이 일어나고 있는가?'에 대해서는 지금까지 충분히 고찰되어 왔다고는 말하기 어렵다. 다음에서 보는 것처럼 사실 실제 양적조사 과정에 대해서도 질적조사에 대해 지적되어 온 것과 같은 사회적 상호 행위와 조사자의 적극적 해석이라는 블랙박스가 존재한다. 여기서 세야마 자신이 '팀을 꾸려 판단이 어려운 것은 상담해 가면서 진행한다'고 서술한 것은 매우 흥미롭다. 그것은 확실히 올바른 방법이다. 하지만 팀 안에서 무엇을 질문하고 어떻게 토의하며, 어떤 합의를 통해 '사실'에 도달하는 것일까? 이는 '사회적 상호작용'을 통해서이다. 양적조사 과정 안에 사회적 상호작용과 해석의 과정이 이른바 '블랙박스로' 분명히 포함되어 있는 것이다.

여기에서 본 절에서 질문해야 할 문제를 다음과 같이 설정할 수 있다. 그것은 양적조사의 블랙박스에서 자료를 얻는 그 순간에 어떤 것이 일어나는지, 그리고 그것이 어떤 의미가 있는지이다. 이 문제를 던지기 위해 다음 절에서는 실제로 내가 수행한 양적 조사 현장에서 일어난 이러저러한 일들을 미시적 시점에서 민속지적으로 그려 보고자 한다.

4-2. 아사히정 조사 개요

이 조사는 2008년도부터 2009년도에 걸쳐 당시 내가 소속해 있던 류코쿠대학 국제사회문화연구소의 조성금을 받아 실시되었다(이 조사의 개요에 관한 이하의 기술은 일부 [기시 등 2011]과 중복된다). 대상이 된 지역은 오사카 시내의 거대한 터미널 역 옆에 접한 도시형 피차별부락인 '아사히정(가명)'이다. 이곳은 전후부터 일찍이 부락해방동맹지 원元 지부가 결성되어, 이후의 해방운동을 이끌어 온 유명한 활동가들을 다수 배출했다. 가장 번성했던 시기에는 2천 명 정도 살았다고 하는데 현재는 옛 주민 중 다수가 빠져나갔고 주로 고령인 주민이 사는 조용한 마을이 되었다.

나는 이 마을에서 동화[6]를 위해 지어진 시영주택 및 분양 주택에 사는 약 500세대 전부를 대상으로 설문조사를 실시했다. 그리고 합쳐서 30명 이상의 주민들로부터 상세한 생활사를 들었다. 설문조사에서는 약 500세대 중 335세대, 696명분의 조사표를 회수했고 회수율은 약 66퍼센트였다.

---

6 일반적으로 한 문화가 다른 문화에 흡수되는 것을 말한다. 일본은 피차별부락을 대상으로 동화 정책을 펼쳤는데, 그 대상이 된 곳을 동화 지구라 부른다. 이 정책은 역차별을 낳기도 하여 동화 지구 출신자와의 결혼을 반대하는 등의 문제가 현재까지도 존재한다. [옮긴이]

이 조사를 위해 2007년도 말부터 2008년도에 걸쳐 아사히정의 부락해방동맹 지부, 주민 집회, 각 주택 자치회, 노인회 등에 인사를 돌았고 조사에 협력해 줄 것을 부탁했다. 또한 실제 조사에 앞서, 조사 협력을 부탁하는 전단지를 모든 가구에 배부했다. 이 과정에서 아사히정의 몇몇 유지와 활동가 분들이 큰 도움을 주었다.

실제 조사의 중심이 된 것은 나와 오사카시립대학의 사이토 나오코斎藤直子였다. 그 외 많은 대학 연구자와 지역 활동가들이 네트워크를 결성하여 많은 도움을 주었다.

우선 우리 조사팀은 류코쿠대학 사회학부 수업 등에서 조사 아르바이트를 모집했다. 다른 몇몇 대학의 교원들도 협조해 주어 오사카시립대학, 오사카체육대학, 오사카쇼인여자대학 등에서 전체 30명이 넘는 학생과 대학원생 등을 모집했다. 그다음으로는 응모한 전 조사원을 대상으로 아사히정에서 현장조사와 연수를 실시했다. 지역 유지 분께서 도움을 주셔서 마을 안의 인권문화센터에서 지역 역사와 현재, 피차별부락에 관한 일반적인 지식을 익히고 그 후 실제로 마을을 걸어 보며 견학을 했다. 학생들을 단순한 아르바이트 요원으로 대하지 않고 이러한 연수를 실시한 것은 교육이라는 점에서도 일정 효과가 있었을 것이다. 미리 전 가구에 조사 협력을 부탁하는 전단지를 배부한 이후, 2인 1조로 각 가정을 방문하여 그 자리에서 조사표를 기입하는 방법으로 설문조사를 실시하였다. 그리고 지역 NPO의 도움으로 동화 대상 주택에 방 하나를 빌렸고, 조사 기간 중 우리들이 매일 대기하고 조사할 동을 결정하고 회수한 조사표를 체크하는 등의 일을 수행하는 조사본부 목적으로 그 방을 사용할 수 있게 되었다. 조사는 2008년 11월부터 2009년 2월에 걸쳐 시간대와 요일을 바꿔 가며 16일간에 걸쳐 시행되었고 큰 문제없이 무사히 종료했다.

결과적으로 '고령화', '유동화', '빈곤화'라는 도시형 부락의 실태가 드러났다. 예를 들어 조사가 가능했던 696명 중 65세 이상이 236명, 33.9퍼센트였다. 또, 다른 지역 출신 주민이 62.2퍼센트였다. 어린이와 젊은이 중에는 이 마을에서 태어난 수가 많았는데 이를 세대주에 한정하여 보면 그 숫자는 69.9퍼센트가 된다. 7할의 사람들이 지역 바깥에서 유입되어 온 사람들이었다. 또한 빈곤화도 진행되고 있어서, 세대의 30.1퍼센트가 생활보호를 받는 세대였다. 세대 수입도 100만 엔 미만이 21.8퍼센트, 100만 엔 이상 200만 엔 미만이 30.7퍼센트, 합쳐서 5할 이상의 세대가 연수입 200만 엔 미만으로 생활하고 있는 것이 밝혀졌다. 그 외의 자세한 집계 결과에 대해서는 이미 몇몇 곳에 공개하였다([기시 2010a], [기시 2010b], [기시 등 2011], [기시 등 2014]).

4-3. 현장에서 '만들어지는' 자료

이 아사히정 조사에서 내가 속한 팀의 경우, 나가서 조사하는 경우도 있었지만 기본적으로는 조사본부에서 대기하다가 학생 조사원이 가지고 오는 조사표를 보고 기입에 누락은 없는지, 응답에 모순점은 없는지를 체크했다. 특히 일에 서툰 조사원이 작성한 응답지의 경우, 단순한 실수나 기입 누락, 응답 간의 모순 등이 꽤 발견되었다. 예를 들어 '수입' 항목에 '연금'은 해당하지 않는다고 표기하고 '복지'에 관한 질문에는 '공적 연금인 노령연금을 수급받고 있다'고 표기하거나 했다. 그 밖에도 '연금'과 '생활보호'의 구별이 제대로 되어 있지 않은 것으로 보이는 사례도 적지 않았다.

우리 팀은 회수한 조사표 전부를 훑어보고 하나하나 정성들여 고쳤지만, 이렇게 기입이 미비한 곳에 대해서는 한 번 더 방문해서 재조사하거나, 전화로 질문하거나, 아니면 다른 새로운 사람과 조사 대상자에게 확인을 부탁하기도 했다. 이미 설명한 것처럼 이 조사는 지역의 자치회와 해방동맹 지부 등으로부터 전면적인 협조를 얻어 재조사와 재확인 등의 일도 순조롭게 진행할 수 있었다. 하지만 굳이 한 번 더 만나거나 전화할 정도가 아닌 수준의 미묘한 문제나 착오일 경우 혹은 재조사를 거절당하는 경우도 있어서 이쪽에서 해석하고 판단하는 경우도 많았다.

가장 고민했던 것은 근무지의 산업과 직종 분류에 관한 항목이었다. 직업 중분류 등에 따른 항목에 응답자의 응답을 코드화해야 하는데 분류가 불가능한 응답이거나 본인 응답에 모순이 너무 많았다. 고령자와 생활보호수급자가 많은 것도 이유였지만 직업도 대부분이 불안정해서 조사 도중부터는 이 항목에 관해서 질문하는 것을 그만두어 버렸다.

혹은 고용 상태에 관한 질문에서 이런 경우도 있었다. 구식 조사표에 기초한 조사 결과와 비교할 수 있도록 상용, 임시 일용, 회사, 단체 임원, 자영업자, 그 외로 분류하는 질문과 정규직원(정사원), 파트타임 및 아르바이트, 파견 및 계약직 등으로 분류하는 두 가지 질문 항목이 있었다. 이 질문에 어떤 50대 남성(독신, 유입자)은 두 질문에 모두 '상용', '정사원'이라고 대답했다. 하지만 조사원의 이야기에 따르면 그 근거는 '타코야키 매대를 끌며 매일 열심히 일하고 있다'는 것이었다. 아마도 '제 몫을 다하는 사회인'의 의미로 '상용'이나 '정사원'의 단어를 고른 것으로 보였다. 이 사례에서는 조사표를 들고 왔을 때 이미 응답자가 '타코야키 매대를 끌고 있다'는 것을 알고 있었기 때문에 '자영업'으로 해석하고 그렇게 조사표에도 바꿔 적어 넣었다.

또 다음과 같이 약간 복잡하게 얽힌 경우도 있었다. 조사를 잘 부탁한다는 사전 인사를 하기 위해 지역 사정에 매우 밝은 활동가와 모든 세대를 방문했는데 그때 아사히정의 길에서 어떤 여성과 마주쳤다. 이분은 당시 이 마을 바깥에 살고 있었는데 이 마을에 혼자 사는 이혼한 남편 집에 가끔 들르고는 했으며 마침 그때 전남편 집에 가는 중이었다. 우리가 인사하면서 조사 이야기를 하자 그 여성은 "그 사람, '뭐든 대충 적당히 하는' 사람이니까 내가 대답할게요"라며 우리들에게 협조해 주겠다고 했다.

조사가 시작되고 조사원이 그 남성의 집을 방문할 때 조사원이 전 부인에게 전화를 하기로 되어 있었다. 조사원은 그 남성의 집에서 전 부인 집으로 전화를 걸어 거기서 '남성의 생활 실태에 관한 설문을 전처에게 전화로 응답을 받'으려고 했다. 남성은 옆에서 그걸 보며 가만히 듣고 있었다.

그 후, 조사본부에서 실수로 이 남성의 조사가 완료된 것을 확인하지 않은 채, 다른 조사원이 그 남성의 집에 가서 또 조사를 한 적이 있다. 그러자 그 남성은 '전처에 의해 응답이 완료'된 상태임에도 불구하고 아무 설명도 하지 않고 다시 조사원에게 응답했다.

결과적으로 우리들 손에는 두 통의 조사표가 놓이게 되었다.

하나는 전처에 의한 것이고 다른 하나는 본인에 의한 것이었지만 여기서 문제가 발생했다. 둘의 내용이 전혀 달랐기 때문이다. 지역 활동가가 그 둘과 개인적으로 친분이 있었기 때문에, 그 내용을 체크했는데 최종적으로 전처가 응답한 쪽이 조사표로 채용되었다.

이렇게 고쳐 쓰거나 재해석하는 작업이 양적조사 방법으로 올바른 것인지의 문제는 지금까지도 잘 모르겠다. 하지만 이런 극단적인 예가 아니더라도 상식과 양식의 범위 내에서 이런 식으로 조사본부에 있는 여러 연구자와 지역 유지들과의 논의를 통해 고쳐쓰기나 재해석을 해서 '자료에 반영하는 것'이 조사의 전 기간을 통해 이미 이루어지고 있었다.

이상은 조사 중 있었던 일들을 기록한 현장 노트를 재구성한 것이다. 하나 더, 이 문제를 생각할 때 자료가 되는, 조사원이 청취조사 중 조사표에 남긴 상세한 메모가 대량으로 존재한다. 미묘한 대답이거나 바로 이해하기 어려운 응답이 나온 경우, 그 장소에서 자신이 판단하지 않고 조사 대상자가 말한 것을 전부 메모하기로 미리 정했기 때문이다.

지면 사정으로 아래에는 극히 적은 예를 드는 것에 그치겠지만 조사원이 조사표에 남긴 메모 등으로부터 자료가 어떻게 현장에서 '만들어져 갔는지'를 더 미시적인 차원에서 기술해 보겠다.

4-4. 재해석되는 조사표

개표 번호 002, 74세 여성, 독거 세대, 근접한 다른 피차별부락에서 이주. 같은 지역 출신의 남편과 함께 30년쯤 전에 아사히 정으로 이주했고 남편과는 20년 전에 이혼. 그 후 재혼했지만 다시 이혼하였고, 이후 혼자 살고 있다. 아이가 둘 있고 그중 첫 번째 남편 사이에서 생긴 아이는 지구 바깥 일반 지역에서 살고 있다. 두 번째 남편과의 사이에서 낳은 아이는 사망했다.

[10 배우자와는 어떻게 알게 되었습니까?]라는 설문에 '찻집에서 우연히 만났다'라는 대답이 조사표에 메모로 남겨져 있다. 선택지는 다음과 같다(과거 부락에서 조사로 사용된 것과 같은 조사표를 사용했다).

1 가족, 친척의 소개
2 지인, 친구의 소개
3 학교에서 알게 되었다
4 직장에서 알게 되었다
5 서클 활동, 자원봉사 활동에서 알게 되었다
6 부락해방운동 등의 사회운동을 통해 알게 되었다
7 그 외(구체적으로)
8 모름

조사원은 이 선택지 중 '7'번을 골라 자유 기술 부분을 공백으로 남겨 두었다. 조사표 여백에는 그 외에도 많은 메모가 남겨져 있다. 그에 따르면 이 여성은 전쟁과 빈곤 때문에 소학교 2학년 때 학교를 그만두었다. 그 이후 구두닦이, 막노동, 코보치(해체), 건물 청소 등 저임금의 불안정한 일을 전전해 왔다. 어렸을 때는 '죽이나 비지가 들어간 밥밖에 먹을 게 없었다'고 한다. 결혼과 출산 후, 인접한 부락에서 아사히정으로 이주했다. 초혼 상대는 토목 작업원이었고 이혼한 후 재혼하여 그 상대 사이에서 얻은 두 번째 아이를 낳았지만 사망했다. 첫 번째 남편 사이에서 생긴 아이는 결혼해서 관서 지역 주변부에 살고 있는데 며느리가 아이를 아사히정에 보내고 싶어 하지 않는다는 것도 적혀 있다. 왜 며느리가 손주를 데려오지 않는가에 대해서는 자세히 청취조사를 하지 않는 한 설문조사를 하면서 조사표 구석에 휘갈겨 쓴 메모만으로는 아무것도 알 수 없다. 하지만 아마도 피차별부락과의 관계를 회피하고 있기 때문일 것이다.

이 여성은 첫 남편과의 만남을 '찻집에서 우연히'라고 표현하고 있다. 찻집에서 우연히 만났다는 것은 그 자체로는 무척 상상하기 어려운 상황이지만, 아마도 이것은 '찻집 같은 곳에서 그냥 어쩌다'와 같은 말투였지 않았을까? 전후의 어느 시기, 스낵[7]이나 바를 '양주 찻집'이라고 표현하던 적이 있다. 스낵에서 점원으로 일할 때 나중에 남편이 되는 남자 손님과 만났거나, 혹은 바에서 남자가 말을 걸어왔거나, 상세한 것은 모르지만 어느 쪽이든 '찻집에서 우연히' 만나는 것보다는 이쪽이 더 자연스럽다. 실제로 아사히정에서 생활사 조사를 하면 '스낵에서 일할 때 손님이던 남성과 만났다'는 이야기가 다수 구술되었다.

조사 대상자에 의해 구술된 많은 이야기 혹은 이야기되었을지도 모를 이야기는 이렇게 가지치기되어 [7 그 외]라는 선택지로

---

7   일본의 스낵은 일반 좌석 외에도 카운터석이 있고 술과 간단한 음식을 파는 곳으로, 카운터석 너머 '마마'로 불리는 여성이 주로 손님과 이야기하며 접대한다. 가라오케가 있기도 하다. [옮긴이]

축소되어 버리지만 말할 것도 없이 이것은 원래 구술된 이야기를 꾸몄다든지 지어낸 것은 아니다. 이들 선택지 중에 어느 것인가, 라는 질문을 받는다면 누구라도 7번 항목을 선택했을 것이다.

다만 그렇다고 해도 '찻집에서의 우연한 만남'에 대해 상세한 내용이 좀 더 구술되었더라면 결과가 달라졌을 가능성은 충분히 있다. 예를 들어 그때 단골이었던 다른 손님과 같이 왔다든가, 혹은 작은 지역 출신 고향 친구가 거기에 동석했다든가, 아니면 다른 아는 사람이 데리고 갔던 가게에서 만났다든가, 그런 것들이 구술되었다면 [1 가족, 친척의 소개]나 [2 지인, 친구의 소개]가 선택되었을지도 모른다. 설문조사의 질문과 응답이 생겨나는 현장에서 여러 대화를 거쳐 현장에서는 [7]이 선택된 것이다.

반복하지만 이런 결과가 픽션이라거나 진실이 아니라고 말하고 싶은 것이 아니다. 오히려 거꾸로 이런 과정을 거치는 것 이외에 우리가 '사실'을 얻는 것은 원래부터 불가능한 것은 아닐까, 라는 점을 주장하고 싶다.

그 외에도 [14 장애가 있습니까?]라는 질문이 있었는데, 메모에 따르면 이 질문에 대해 이 여성은 '귀가 잘 안 들려요(폭력을 당해서)'라고 대답했다. 그 폭력이라는 것은 이혼한 첫 번째 남편에게 구타당했음을 말하며, 구타당했을 때 고막을 다쳤던 것 같다. 그 이후 귀가 잘 안들리게 되었다고 구술되어 있었다. 하지만 응답에는 [4 장애는 없음]으로 되어 있다. 아마도 정식으로 장애자 수첩을 받을 정도의 장애는 아니라고 판단했던 것으로 보인다. 장애자 수첩을 가지고 있는지 아닌지는 다른 독립된 질문이 있는데 이 질문은 본래 순수히 '신체에 부자유한 곳이 있는지'를 묻는 것이다. 따라서 정말로 귀가 잘 안 들린다면 여기에 신체 장애가 있다는 선택지를 골랐을 가능성도 있지만 조사원은 장애가 아니라고 판단하였다.

한 가지 더, 노동력의 상태를 묻는 질문에서 일을 하지 않는 사람이 '실업자인지 아닌지' 확정하기 위해 구직 중인지를 묻는 설문이 있었다. 메모에 의하면 구직 중인지 아닌지라는 질문에 대해 이 여성은 '취직할 뜻은 있지만 신체적으로 무리'라고 대답하고 있었다. 그리고 이 응답은 [3 아무것도 하지 않고 있다]로 처리되어 있었다. 이미 고령이고 생활보호를 수급 중인 것도 있어서 하로워크[8]에 다니며 일자리를 찾는 일 따위는 실제로 하고 있지는 않지만 지금 상태로는 안 되겠다고 생각해서 뭐라도 해야 한다는 마음이 있다는 것은 조사 결과에서 완전히 빠져 있다. 반복하지만 이것으로 설문 결과가 거짓이 된다는 말은 아니다.

이상은 조사표에 적혀 있는 응답의 결과뿐만 아니라, 거기에 이르는 과정 중에 구술자와 청취자에 의한 여러 (주관적인) 해석과 재해석을 나중에 재구성하는 것도 가능하다는 예시였다.

다음은 조사표의 메모와 조사원의 보고를 바탕으로 현장팀이 의논을 해서 실제로 조사표를 재기입한 예이다.

번호 005, 70세 남성, 64세 부인과 살고 있다. 시가 제공하는 고령자 대상 일자리에서 일하고 있고, 연금과 합쳐서 세대 수입이 200만 엔 정도 된다. 50년 전쯤 아사히정에 이주했다. 남편은 일반 지역 출신이지만 타지역 부락 출신의 아내와 만나 둘이서 아사히정으로 이주하여 가정을 꾸렸다.

---

8   일본의 공공 일자리안정소. 실업급여 지급 및 재취업 상담 등의 업무를 한다. [옮긴이]

조사원이 조사표에 남긴 메모에 따르면, 이주한 경위를 물은 '5-B2 왜 아사히정에 이주하셨나요?'라는 설문에 그 남성은 젊은 시절 부모가 먼저 야반도주하여 아사히정에 '도망쳐 들어'왔다고 응답했다. 그 자신은 일반 지역 출신이라고 대답하고 있지만 그의 부모는 어떤 인연으로 여기에 온 걸까? 부모가 이미 살고 있었으므로 그는 이에 의지하여 다른 지역 부락 출신의, 나중에 아내가 되는 여성과 둘이서 아사히정으로 이주하였던 것이다.

이 경우 문제는 고를 수 있는 선택지가 [1 부모의 사정으로]와 [2 친척에 의지하여] 두 가지였다는 것이다. 조사원은 처음에는 '1 부모의 사정'이라고 기입했지만, 조사본부에서 조사표를 본 후, 이 응답을 어떻게 처리할지를 두고 조사원들 사이에서 토론이 벌어졌다. '부모의 사정으로' 라는 응답에는 명백히 '부모가 데리고 와서', '부모와 함께'라는 의미가 들어 있다. 혹은 부모가 아이와 함께 이주를 원한 경우 이런 표현이 가능할 것이다. 하지만 먼저 부모가 이주해 있고 나중에 그것에 의지하여 스스로 이주한 경우 '부모의 사정으로'라는 응답을 고르기는 어렵다. 우리 조사팀은 토론 결과 '친척'에 부모도 포함된다고 해석하여 최종적으로 [2 친척에 의지하여]로 응답을 수정했다. 우리는 응답자의 응답만이 아니라 질문 항목이 가지는 '의미'도 그 장소에서 재해석했다.

번호 023, 64세 여성, 단독 거주. 파트타임으로 일하며 200만 엔 정도 연수입이 있다. 옆 현에 있는 부락에서 태어나 오사카 시내에 있는 타지역 부락으로 전입했다. 21세 때 그곳에서 결혼하여 아이 셋을 낳았는데 남편이 해방운동에 참가하는 것을 반대하여 다툼 끝에 이혼. 아이들을 데리고 잠시 '다리 밑'에서 노숙 생활을 했다고 한다. 운동에도 참가하고 공영주택에도 입주하기 위해 1980년대에 아사히정으로 이주했다.

방금 전과 마찬가지로, 아사히정에 이주한 이유, 동기를 물은 질문 [5-B2]에서 조사원은 처음에 [9 그 외(구체적으로)]를 선택하고 자유 기술 부분에 '이혼'이라고 적어 넣었다. 하지만 조사표에 남긴 간단한 메모와 조사원이 기억하고 있는 그 당시의 대화로부터 상기와 같은 경위로 아사히정에 들어온 것이 명백해졌다. 조사원은 여기에서 '아사히정에 온 이유는 무엇입니까?'라고 질문했고 조사 대상자 여성이 바로 '이혼이요'라고 대답했기 때문에 이 응답을 고르게 되었지만, 설문지에 남은 기록과 기억을 토대로 볼 때 자유 기술한 '이혼'이라는 이주 이유가 타당한지 여부를 두고 조사팀 안에서 격렬한 토론이 벌어졌다. 기본적으로는 구술자가 이야기한 이야기 그대로를 존중해야 맞지만 해방운동에 참가하기 위해 그때까지 운동으로 만난 아사히정의 지인들을 통해 이주했고 이는 선택지 [3 친구, 지인을 통해]에 해당한다는 해석이 가능하다. 그 결과 조사팀은 조사표를 고치기로 했다. 실제로 조사표에 적힌 메모 가운데 '해방운동을 하던 지인을 통해'라는 기술이 있었던 것이 결정적 이유였지만 이러한 조사표의 재해석에는 문제가 있을지도 모른다. 하지만 설문의 취지를 좀 더 존중한 결과 우리들은 이런 판단을 내리게 되었다.

이처럼 양적조사 현장에서 조사 대상자의 '생생한 목소리'가 '수치 자료'로 전환되어 가는 과정에서, 현장에서의 상호작용이나 조사자의 판단, 해석이 조건이 되는 경우를 보았다. 이는 양적조사에 오류를 가져오는 교란 요인이라기보다는 오히려 원래부터 그것 없이는 자료 그 자체를 얻어 낼 수 없으며, 그런 의미에서 조사표 자료는 그때그때 현장에서 '만들어지고' 있는 것이다. 물론 여기에서 들고 있는 사례는 극히 일부이고 내용도 사소한 것들이어서 성급하게 일반화하는 것은 어려울지 모른다. 하지만 나는 이 사례들이 시시해서 이야기할 거리가 못 된다거나 극단적이고 예외적인 사례라고 생각하지 않는다. 모든 양적조사의 처음부터 끝까지를 포함하는 긴 과정 중, 크든 작든 이 원고에서 예로 들었던 요소들이 개입될 여지가 있다는 것은 실제로 조사를 처음부터 끝까지 관찰하면 확실히 알 수 있다.

양적조사 과정에 상호 행위나 해석이라고 하는 이른바 '사회적 요인'이 포함되어 있다는 것은 어떤 의미를 가질까?

처음 보았듯이 질적조사의 블랙박스는 조사자의 주관적, 자의적 판단이나 해석으로 '사실성'을 애매하게 하는 것으로 비판받아 왔다. 혹은 역으로 이러한 주관적 판단이나 현장에서의 상호작용은 질적조사의 '두터운 기술'이나 '내재적 이해'를 가져오는 것이기 때문에 그것이야말로 질적조사의 목표 방향이라고 주장되기도 한다.

이러한 요소가 양적조사에 포함되어 있는데도 질적조사에 대한 비판을 유지하려고 한다면, 양적조사도 똑같이 그 근본부터 무너지게 될 것이다. 그렇다면 양적조사를 포함한 모든 사회조사가 '사실'이라는 것을 포기해야만 해야 할까?

여기서 문제되는 것은 질적, 양적을 따지지 않고 사회조사에 관계하는 연구자의 상호 행위와 해석, 판단에 의해 그때마다 '만들어지는' 것이 자의적이기만 하고 현실과는 어떤 접점도 없는 것인가 하는 것이다.

물론 그런 경우도 적지 않을 것이다. 이미 우리는 많은 질적조사 중, 대상의 자의적인 선별 및 자료의 주관적 해석'일 뿐인 것'이 만연한 것을 목격하고는 한다. 하지만 어떤 것이 어떤 경우에 자의적이 되는 경우도 있다고 하는 것과 조사가 이미 자의적일 뿐이라는 것은 완전히 다른 이야기이다.

조사라는 것을 처음부터 끝까지 일련의 긴 과정으로 보았을 때 "조사 대상자의 이야기가 조사자와의 상호작용과 해석을 통하여 '자료'로 변용된다"는 것 자체는 조사가 양적이든 질적이든 공통적이라는 것을 알려 준다. 원래 양적조사도 이미 입력된 자료의 한 묶음을 컴퓨터로 통계적으로 처리하는 동안 여러 수법으로 표준화하는 것에 지나지 않는다. 양적조사 교과서에 적혀 있는 것 거의가 이 내용이다. 하지만 어떻게 조사를 '실천'하는가,라는 점에 대해서는 거의 논의가 되지 않으며 거기서 일어나는 것은 질적조사와 크게 다르지 않다.

여기서 한 번 더, 우리들의 조사가 어떻게 가능했는지에 대해 되돌아보자. 우선 조사 그 자체를 가능하게 한 것은 아사히정이라고 하는 거대한 도시형 피차별부락과 우리 조사팀 간의 '연緣'이다. 그것은 우리들의 연구력歷뿐만 아니라 다양한 '활동의 생활사'가 가능하게 한 것이었다. 구체적으로 프로젝트가 진척된 것은 당시 내가 소속한 대학 내 예산 배치에 전망이 보였기 때문이다. 이미 이야기한 것을 반복하는 것이지만, 그 후 우리는 조사팀을 꾸려, 지역의 해방 동맹 지부와 연대해서 지역을 돌고 노인회와 자치회에 인사도 했다. 그리고 조사 협력을 부탁하는 전단지도 작성해서 전 세대 우편함에 넣기도 했다. 2000년에 오사카부와 오사카시에 있는 피차별부락에서 수행된 조사(이른바 '2000년 조사')의 조사표를 바탕으로 동맹 지부와 검토회를 거듭하여 질문 항목을 결정하고 조사표를 작성했다. 수업과 세미나를 통해 아르바이트를 해 줄 학생들을 확보하고 실제 조사에 들어가기 전에 현지에서 현장조사 학습회를 개최했다. 지역의 NPO가 동화 주택의 방 하나를 '조사본부'로 빌려주고 문구용품 등 필요한 물품도 준비해 주었다. 그리고 일정도 조정하여 아르바이트 조사원 학생들에게 조사 방법과 조사표의 기입 방법을 가르쳐주었다.

4-5. 사회조사에서 사회적인 것

이 '사회적'인 과정은 그 자체로는 자료에 영향을 미치지 않는 것처럼 보인다. 하지만 어느 지역을 조사할지, 누구를 대상으로 할지, 어떤 질문 항목을 만들지, 누구에게 조사를 하게 할지 등 이미 이 단계에서 조사 결과 그 자체를 좌우할 해석과 판단이 다수 포함되어 있다.

그리고 설문조사 그 자체가 이루어지는 순간에는 여러 선택과 판단이 겹쳐진다. 청취자인 학생들의 질문 방법. 그것에 대한 조사 대상자의 대답 방법. 그리고 이번에는 특별히 조사에 응해 준 분을 대표로 만들어 그분을 통해 세대원 한 사람 한 사람에 대하여 이야기를 들었다. 따라서 여기에서도 아주 큰 해석의 여지가 있다. 자기 자신의 내력과 생활 실태에 관한 것이라도 아주 작은 착각부터 의도적인 거짓말까지 다양한 '노이즈'가 들어가 있을 것이다.

그리고 그 응답을 조사표에 적어 넣는 동안 일어나는 조사원의 해석이 있다. 거기에도 착각이나 거짓이 포함되어 있을 가능성이 있다. 조사본부에 들고 돌아온 조사표를 우리 연구자 팀이 최종적으로 틀린 곳은 없는지 여부를 확인하게 되는데, 이때에도 분명히 오해나 거짓이라고 생각되는 것이 있으면 다시 한번 같은 곳에 조사를 나가는 경우도 있었고, 그 장소에서 우리들의 판단으로 재기입하는 경우도 있었다. 그리고 조사 후에도 어떤 항목을 중시할지, 자세히 집계할지, 아니면 조사 결과 전체로부터 어떤 것을 뽑아낼지, 리포트를 어느 장소에서 발표할지 등을 결정하는 '사회적'인 과정은 지금까지도 끝나지 않고 계속되고 있다.

이런 사회적 상호작용에 의한 조사 결과의 '구축'은 우리와 현지 공동체 사이에 맺어진 끈끈한 인연 덕분으로, 우리는 아사히정 활동가와 주민의 유지가 큰 도움을 주었기 때문에 쓸데없을 정도로 자세히 관찰할 수 있었다. 크든 작든 어떤 조사라도 인간을 상대로 하는 한 조사는 모두 똑같이 사회에 둘러싸인 형태로 진행될 수밖에 없다.

'소리'가 '자료'로 될 때까지, 그 사이에는 이런 거대한 해석과 상호 행위가 파묻혀 있다. 이것은 단순히 나만의 체험은 아닐 것이다. 대부분을 '외주'하는 대규모의 조사에서도 연구자 자신이 자신의 눈으로 보게 되는지 아닌지만 다를 뿐, 같은 요소가 그 과정에도 들어 있다.

우리들이 처리하는 숫자도 원래는 누군가가 설문을 읽고, 거기에 답하고, 어떤 선택지가 알맞은지 그때그때 선택한 것이다.

즉 해석과 재해석이라고 하는 질적인 과정이 양적조사의 기반이 되어 있는 것이다.

그리고 무엇보다도 중요한 것은 이런 요소에 의해서 질적조사도 양적조사도 타당성에 도달할 수 있다는 것이다. 한쪽에 객관적인 자료, 그와 다른 쪽에 주관적 자료가 있는 것이 아니라 모든 자료가 상호작용과 주관적 판단 안에서 그때그때 만들어진다고 한다면, 우리들은 다른 방법이 있는 것도 아니므로 그것을 가지고 일을 해 나갈 수밖에 없다. 우리는 실제로 그렇게 하고 있다. 더구나 그것으로 어떻게든 해 나갈 수 있음에 틀림없다. 그것은 말하자면 완전히 타당한 것은 되지 못하더라도 대략 타당한 것은 될 수 있다. 어떤 조사 방법이라도 블랙박스가 존재한다고 할 때, 그때그때의 조사 결과에 대해서만 그 객관성을 묻는다면 문제는 발생하지 않으며, 어떤 하나의 조사 방법이 통째로 의심스럽다고 하는 사태를 피할 수 있다. 그리고 그런 대략적인 타당성에 기초한 조사는 개개의 분석에 착오가 있더라도 전체적으로는 바깥의 세계와 어떻게든 연관성이 있을 것이다. 그러한 사회조사에 착오가 있는 사례도 다수 있지만 대략적으로 타당한 것으로 취급하는 것 말고 다른 방법은 없다.

물론 그것이 '더욱' 타당한 것이 되기 위해서는 자료나 과정의 투명성과 과학자 공동체의 토의 등 충족해야 할 기준들이 있다. 여기에서 이것들 각각의 원칙에 대해 검토하는 것은 불가능하다. 다만 양적조사든 질적조사든 사회학자 공동체(및 그것을 둘러싼 바깥의 세계)에 대한 열린 토의 자체가 이 '대략적인 타당성이라는 원칙'에 따라 이뤄질 필요가 있다고는 말할 수 있지 않을까? 따라서 이 의미에 대해 세야마 카즈오의 말처럼 '되도록이면 팀을 짜서, 판단이 어려운 것은 상담하면서 진행하는 것이 좋다'는 것은—아마도 세야마가 의도한 이상으로—맞는 것이었다.

우리는 한 번 더 혹은 몇 번이고 더 머튼에게로 돌아가야겠다.

계통적 회의주의라는 것은 기존의 관습, 권위, 기성 절차 및 일반에 '신성'시되는 영역의 기반에 대해 몰래 의문을 품는 것이다. 계통적 회의주의가 신념이나 가치의 경험적 기원을 분명히 하는 것은 '논리적으로 말하자면', 순수한 마음을 가진 사람들에게는 왕왕 타당성을 부정하는 심리적 효과를 동반한다. 제도화된 상징이나 가치는 충성과 집착과 존경의 태도를 요구한다. 하지만 과학은 자연과 사회의 개개 국면의 사실 문제를 탐구하는 데다가 같은 자료에 대한 다른 태도(과학 이외의 제도에 의해 고정화되고 자주 의례화되어 있는 것)와 (논리적이 아니라) 심리적으로 갈등하게 된다. 대개의 제도는 무조건적인 신뢰를 요구하지만 과학이라는 제도는 회의를 갖는 것을 감사히 여긴다. … 과학적 연구자들이 이들에 대해 위에서 명령받은 무비판적, 순종적 태도로 대하는 일은 없다[머튼 1961: 501].

과학의 에토스는 과학자를 구속한다고 여겨지는 가치와 규범의 복합체이며 감정에 색색으로 물들어 있는 것이다. 이 규범은 '해야 한다', '하면 안 된다', '바람직하다', '해도 좋다'라는 형태로 표현되어 제도적 가치로 정당화되고 있다. 훈령과 사례에 의해 전달되고 제재를 통해 강화된 이 지상 명제는 여러 정도로 과학자에 의해 내면화되어 그의 과학적 양심, 혹은 현대풍으로 말하자면 그의 초자아를 만들어 내는 것이다[같은 책 505].

머튼에 의하면 이런 과학자들의 에토스, 관습mores, 혹은 '아비투스' 그리고 이들에 기반한 상호작용과 해석이야말로 과학적인 타당성을 보증하는 것이다. 물론 이것이 '자동적'인 과정은 아니겠지만 그래도 그런 것 이외에는 어떤 것에도 기댈 수 없다는 것을 우리가 몇 번이고 자각해야만 한다고 생각한다. 그리고 이런 에토스나 아비투스를 가진 것은 과학자뿐만이 아니다. 중요한 것은 열린 장소에서 많은 사람들이 참여하는 토의가 가능한 한 보증되는 것이다.

어찌 되었든 양적조사 안에 블랙박스가 있다고 해서 우리가 비관적으로 될 필요는 없다. 그것은 '양적조사는 질적조사와 같은 정도로 자의적'이라는 것을 의미하는 것이 아니라 역으로 '양적조사는 질적조사와 같은 정도로 타당하다'는 의미를 가질 뿐이다.

우리는 여지껏 상호 행위와 해석이라고 하는 '사회학적인' 과정을 '사실'이라고 하는 것과 단절시켜 생각해 왔다. 하지만 앞으로는 상호 행위나 의미적 해석에 의하여 어떻게 '사실' 혹은 '세계'에 도달이 가능한지를 성실히 생각해야만 한다.

우리들은 사실과 타당성이라는 것을 이른바 사회에 위탁한다. 우리들은 사람들과 함께 타당성과 사실성을 그 장소에서 제작해 간다.

폭음 아래에서 산다는 것
선택과 책임에 대해

1. 시작하며—후텐마에 사는 것은 '자기 책임'인가?

2015년 6월 25일, 한 베스트셀러 작가가 자민당의 젊은 의원들이 개최한 헌법 개정을 위한 '문화예술환담회'라는 공청회에서 다음과 같은 발언을 했다.

> 시가지에 둘러싸인, 세계에서 가장 위험한 미군 후텐마 비행장의 생성을 두고 "원래는 주변에 아무것도 없는 논밭이었다. 그런데 기지 주변에 가면 장사가 된다며, 수십 년간 다들 기지 주변으로 이동했다"고 말했다. 즉 기지 주변에 사는 주민들이 돈을 목적으로 하고 이주해 왔다는 인식을 드러낸 것이다(《오키나와타임즈》 2015년 6월 26일).

이 발언이 어떤 문맥과 취지로 행해졌는지 지금 당장은 묻지 않으려고 한다. '장사가 된다'는 단어를 '돈을 목적으로 했다'는 의미로 받아들여도 되는지 역시, 여기에서는 논의하지 않겠다.

다만, 이 발언이 전체적으로 다음과 같은 의미를 지닌다는 것은 확실하다.

— 후텐마 주변에 사는 사람들은 자신의 의지에 따라 그렇게 한 것이다. 그들은 기지 소음 문제에 대한 이해를 바탕으로 그곳에 살고 있다. 즉 자신들이 좋아서 그곳에 살고 있으므로 기지 문제에 대해 이의를 제기할 권리가 없다. 기지 피해의 책임은 다 알고도 그곳에 살기로 한 그들에게 있다.

작가의 발언이 의미하는 것을 정리해 보자면 위와 같을 것이다. 그의 발언은 재일코리안이나 피차별부락 사람들, 혹은 외국인 연수생 등에게 '싫으면 돌아가라'고 말하는 이들의 논리와 똑같다. 중요한 것은 그의 발언이 기지 문제의 모든 책임을 일본과 미국 정부가 아닌 (혹은 일본인과 미국인도 아닌) 오키나와 사람들에게 귀속시켜 버린다는 것이다.

그리고 그 근거가 되는 것이 '좋아서 사는 것'이다. 이 작가의 말도 안 되는 폭언 자체를 여기서 자세히 다루는 것은 그 자체로 가치 없는 일이다. 하지만 그와 같은 사고를 하는 많은 사람들이 있다. 이들은 후텐마 문제뿐만 아니라 공원에서 살기로 자청한 노숙자들이나 스스로 일하고 있는 성매매 여성들에 대해서 '자기 책임'이라고 하는 이름의 논리로 차별적인 시선을 던진다.

이 발언에 대해 〈오키나와타임즈〉에서 반론 기사를 게재했다. 그 기사에 따르면, 기노완시(촌) 후텐마 주변에는 전쟁 전부터 이미 집락이 형성되어 있었고 9천 명의 사람들이 살고 있었다는 것이다(〈오키나와타임즈〉 2015년 6월 27일).

기사의 의미는, 원래 그곳에 사람들이 살고 있었다는 것이다. 그러므로 그 이후에도 계속 사는 것은 당연하다는 것이다. 하지만 이게 유효한 반론이 되지 못한다는 것을 금방 알 수 있다. 왜냐하면 현재의 기노완시에는 9천 명은 물론이고 거의 10만 명에 가까운 사람들이 살고 있기 때문이다. 이들은 전후 후텐마 기지가 '생기고 난 후부터' 이곳에 살고 있다. 이곳에서 살라고 강요당한 사람은 거의 없을 것이므로, 이들 10만 명의 '보통 사람들'은 스스로의 의지에 따라 이곳에 살고 있는 (혹은 이곳에서 나고 자란 사람들이 계속해서 살고 있는) 것이 된다.

〈오키나와타임즈〉 반론 기사에는 '대부분의 지역은 원래의 집락으로 복귀하지 못한 채, 미군이 지정한 비행장 주변의 땅에 재편성된 것이다'라는 표현이 있다. 이는 폭언에 반론을 제기하는 타임즈조차도 자유와 의도에 의한 행위에는 책임이 따르며, 만약 책임이 없다고 한다면 그것은 외부에서 강제당한, 어쩔 수 없이 이뤄진 행위의 경우일 것이라는 사고방식을 공유하고 있음을 보여준다.

그렇다면 기노완시에 사는 10만 명의 사람들은 기지의 존재에 대해 책임을 져야만 하는 것일까? 원래부터 이들은 어떤 경위로, 어떤 선택을 해서 여기에 살고 있는 것일까? 내가 알고 싶은 것은 자신의 의지로 선택해서 후텐마에 사는 사람들의 선택 경위와 실제 생활에 대한 것이다. 이들의 매일의 생활과 인생의 선택에 대해 알고 싶다.

일전에 후텐마 기지 바로 옆에 살고 있는 한 여성의 생활사를 조사한 적이 있다. 이 글에서는 이 이야기를 통해 하나의 '오키나와의 현실'에 대해 생각해 보고자 한다. W씨의 생활사로부터 기노완 사람들이 어떻게 그곳에 살고 있는지, 거기에 어느 정도의 '책임'이 존재하는지에 대해 생각해 보자.

2. W씨의 생활사

W씨는 42세 여성으로, 코자(오키나와시) 출신이다. 직업은 교사. 배우자는 46세로 역시 교원으로 일하고 있다. 두 살배기 딸과 고양이 두 마리가 있다. 구술조사는 2015년 8월 9일에 했다.

2-1. 현재 상황

- 지금 사는 곳은 어디인가요?
기노완시 A지구라는 데예요. 후텐마 비행장의 활주로 가까이에 있어요. 바로 비행기가 들어오는 데예요.

- 소음이 꽤 심하겠네요.
네, 그래요. 굉장해요. 매일 똑같은 게 아니라 제트기 훈련이 있는 날이거나, 또 오스프레이가 거기에 같이 뜨는 날, 바람 방향에 따라서 꽤 다르구나 하고, 살기 시작하면서부터 알았어요. 날에 따라 소음이 심한 시간이 달라요.
다만, 뭐랄까? 날씨가 좋으면 일단 소음이 너무 심해서 안 돼요.

제트기도 날고, 오스프레이도 날고. 이른 아침 떠서 심야까지 돌다가 밤 10시쯤 지나서야 돌아오는 비행기가 꽤 많아요.
정말로 난, 코자에서도 살았으니까 이 폭음에 꽤 익숙하다고 생각했어요. 그런데 시간에 따라서 소음도 달라요.

- 기노완 중에서도 특히 시끄러운 지역인가요?
네, 그렇죠. 그 오자나大謝名라는 데가 자치회랑 공민관 사람들이 텔레비전에 나와서 '얼마나 소음이 심한지'를 말한 곳인데, 거기랑 거의 같은 정도에요. 그러니까 기노완에서도 아주 시끄러운 지역이죠.

- 오키나와 사람들도 잘 모르나요?
네, 여기가 굉장히 심한 지역이라는 거는 기노완 사람들은 아는 눈치인데. 처음부터 기노완에 살던 사람들이요. 우리 부모님도 깜짝 놀라기도 하고, 역시 평일에 손님을 부르는 건 주저하게 되더라고요. 뭐, 어떤지 보여주는 건 좋을 것 같다고 생각하지만, 이런 큰 소음에 진동도 심하다는 거를.
하지만 만약 내 친구가 여기에 살고 이런 상황이라는 걸 알게 된다면, 왜 계속? (웃음) 왜 여기에 계속 사냐고, 그렇게 생각할 거 같아요.

- 소음은 어떤 식인가요?
… 음, 어떤 식이냐 하면, 그러니까, 건물이 소음으로 부르르 떨린다고 말하면 아시려나.

한번은 내가 남편이랑 사이가 안 좋을 때가 있어서(웃음). 너무 예민해져서 둘 다. 소음 때문에. 그리고 정말로 가슴이 두근거릴 정도로 진동이 심해서. 그러니까 이런 상황이 계속되니까 거의, 저녁밥 먹는 게 처음 살기 시작했을 때는 밤 8시, 9시, 10시에 먹을 때가 많았어요. 둘이 같이 있을 때. 괜히 짜증이 나고 그러네 하면서.

제트기가 비행하는 시간도 대강 파악이 되고. 이 시간 하고 저 시간에는 괴롭다는 게 점점 보이기 시작했는데. 근데 오스프레이도 여기다 같이 비행하게 되어 버리고부터… 집이 흔들린다니까요. 그런데 이걸로 둘이 사이가 나빠지는 건 싫다고 그런 이야기를 하고서는 오스프레이가 한 대 뜰 때마다 요상한 춤을 추기로 약속해서(웃음), 그렇게 화해하고(웃음). 그런 적도 있었죠.

- 아이는 괜찮은가요?

우리 애요… 음, 괜찮지 않을지도….

우리 애보다는 고양이가 힘들어했죠. 지금은 화장실 위치를 바꿔서 가장 진동이 약한 데로 배변하는 곳을 옮겼거든요. 이사 오고 나서 바로는 정말 괴로웠는데, 왜냐면 이사하고 나서 고양이들이 방광염에 걸려 버렸거든요. (폭음이) 너무 무서우니까 소변을 못 보더라구요. 그래서 이? 고양이들이 소변을 안 보네, 하고 매일 확인하는데, 좀 심각한 거 같아서 병원에 갔더니 방광염이더라구요. 백혈구 수치가 엄청나게 떨어지고 굉장히 강한 공포심을 느끼는 상태라고….

배변 장소를 바꾸고 그리고 밖에 가끔 산책을 데리고 나갔는데 그것도 다 그만두고. 우리들 침실이 제일 소음이 적어서 우리 침실에 고양이 화장실이랑 급식대를 설치해 줬죠. 그러고 나선 꽤 좋아졌어요.

우리 애는, 결국 태어나서 계속 여기에 있는 셈이잖아요. 그러니까 그 영향도 있다고 생각하는데. 고양이 쪽이 조용한 데서 살다 온 거고, 우리 애는 이런 시끄러운 환경에서 자라 왔으니까. (그래도) 애도 제트기보다는 오스프레이에 힘들어해요. 안아 달라고 오는 때는 오스프레이가 날 때가 많아요.

- 오스프레이는 소리가 좀 다르죠?

아, 달라요, 완전 달라. 토할 것 같은 기분이 되어 버려요. 두두두두 하는 소리에. 정말로 있잖아요, 배 속이 다 뒤집히는 것 같은 소리라니까요.

- 보조금이나 보상금은 없나요?

아, 방음에 대한 주택 보조는 있다는 거 같던데. 우리집은 안 했어요. 그러고 보니 강 저쪽 편에, 전에 지사였던 오타 마사히데大田昌秀[1] 씨 집이 있는데, 시끄러워도 보조금 안 받는다고 하더라고요. 어떻게 하다 보니, 뭐랄까, 안 받는 게 좋겠다고 생각해서. ('대책은 마련하셨나요? 이중창이라든지') 침실만 했어요. 다른 데는 아무것도 안 했어요.

---

[1] 1925년에 태어나 오키나와 지상전을 경험한 전 오키나와현 지사. 오키나와현에 미군 기지를 두는 것에 반대했으며 2017년에 사망했다. [옮긴이]

2-2. 이사하게 된 경위

- 지금 몇 년째 살고 계신가요?

4년 반 정도요. 아직 5년까지는 안 됐고. 집을 한 채 지었죠(웃음).

- 자가네요. 땅도. 여기로 결정한 이유는 뭔가요?

네. 슈리에서 계속 살았었는데, 거기서 살았는데 너무 조용하고. 동네 분위기도 마음에 들고. 그런데 우리 친정이 코자에 있어서. 시댁이 슈리 옆이고, 거의 뭐 슈리라고 해도 되는데, 거기 있었고. 나는 친정에 꽤 자주 들르거든요. (어머니는 혼자 생활 중) 엄마한테 무슨 일이 생겼을 때를 생각하면 여기는 고속도로도 가깝고, 친정까지 40분이면 가거든요.

그렇게 생각하니까, 기노완이나 우라조에의 고속도로(도로 출입구)에서 바로 나오면 있는 곳을 골라야겠다고 한 거죠.

- 차 가지고 살기에는 편한 곳이네요.

굉장히 편하죠. 여기서 3분 만에 고속도로 탈 수 있으니까, 신도심도 그렇게 멀지 않고. 여러 의미에서 편리한 곳이에요. 우선 그, 편리함이라는 거. 그리고 각자 친정에서 중간에 있다는 거. 나중을 생각하면.

그래서 기노완이랑 우라조에 중에서 찾다가. 우리집 앞 도로는 골목길이어서 주민 이외에는 안 들어오거든요. 막힌 길이라서. 그래서 고양이도 산책시킬 수 있고, 그게 결정적이었어요.

아래에는 큰 강이 있어서, 물이 나거든요. 반딧불이도 막 나오고,

여기. 그러니까 편리성이랑, 고양이 안전이 중요하니까. 그 생각을 하니까 여기가 됐다고 할까?

- 처음부터 자신의 집을 지을 생각으로 땅을 찾은 건가요?
네, 그래요. 처음부터 땅을 보고 있었어요. 부동산에서 소개해 줬어요. 같이 보러 왔는데 꽤 맘에 들었어요. 다른 한 군데도 마음에 들어서 보고 있는 곳이 있었는데, 여기는 집 앞에 차가 안 들어오니까. 그게 컸죠.

- 그때는 소음에 대한 각오는 하고 있으셨나요?
그렇죠… 비행장의 연장선상에 있으니까 시끄러울 거라는 건 알고 있었어요. 그래도 (자신이 태어나고 자란) 코자 정도일 거라고 생각했는데. 코자도 시끄럽긴 한데, 거긴 뭐랄까, 텔레비전이 안 나오거나, 회선이 혼선되어서 못 보게 된다거나, 집이 진동으로 공포를 느낄 정도의 그런 건 전혀 없었어요. 다만 아, 되게 시끄럽네 같은, 좀 불쾌하다 정도의 소음이었어요.
그러니까 비슷할 줄 알았어요. 소음에 대해선. 남편은 슈리에서 자랐으니까, 폭음 경험이 전혀 없어서. 남편한테는 시끄럽겠구나 하는 이야기는 했었어요.
하지만, 그것보다도 (땅을 살 때) 가장 무섭고 걱정했던 게, 대각선 방향에 저 앞쪽이 ○○○○(격전지)여서, 굳이 따지자면 하늘 위보다는 땅 위가 더 무서웠어요. 뭐랄까, 굉장한 격전지였다는 걸 알고 있어서, 사람이 많이 죽은 땅이라는 생각이 들어서.

- 격전지였다는 것도 땅을 물색할 때 고려하고 그러나요?

그럼요, 생각하고 말고요. 부동산 사람한테 그건 꼭 물어봐요. 오키나와 중남부에서 땅을 볼 때, 사람들이 안 죽은 땅이라는 게 거의 없다고, 부동산 사람이 그러더라고요(웃음). 너무 납득이 갔어요. 그렇죠, 안 죽은 데를 찾는 게 더 어렵죠, 그러길래 그렇구나 하고 생각했어요. 단지, 처음 땅을 봤을 때 그 무서운 기분이 너무 강해서.

- 뭔가, 느껴지는 게 있었나요?

음, 그러니까, 저… 무서웠어요 그냥(웃음). 왠지 너무 무서워서. ○○○○(격전지)에 있고, 그래서 아무튼, 역시 무섭구나, 그런 생각에 '(이 땅에) 불려 온 사람들'이 주변에 있다는 식으로, 그런 말 오키나와에선 자주 하는데. 그런 게 이런 땅을 말하는 걸까 하고 생각했어요.

근처에 사는 어떤 할머니가, 이 근처 자주 산책하는 할머니가 있는데요. 얘기해 봤더니 여기 밑에서 용천수가 나오잖소, 아, 있네요. 반딧불이 날아다니는, 이런 얘길 했는데.

전쟁 중에는 거기 큰 동굴이 있어서 주민들이 다들 거기 숨었었는데. 그 용천수가 있으니까 물은 확보되어서 거기서 지냈다고.

팔십이 다 되셨는데. 자주 (우리집 현관의) 꽃을 본다던가, 꺾어 가기도 하는 제 맘대로 하는 할머니인데(웃음). 예쁘게도 폈네요, 이런 말 하면서(웃음). 그 할머니가 여기 밑에는 말이야, 하면서 어떤 이야기를 해 줘서.

- 그 이야기가 땅을 사지 않을 정도의 이유는 안 되었던 거네요.
음… (땅을 산 큰 이유 중에 하나가) 반딧불일까? 마침 5월 정도 되었을 때 땅을 보러 왔는데, 밤에도 한번 보러 오자고 이야기해서. 둘이서 보러 오고는 했는데, 그때 반딧불이 한 무리가 날고 있어서, 진짜 여기 있구나 하고, (땅이 맘에 들어서) 결정했죠.
살기 시작하고부터랄까, 건축사한테 목조로 굉장히 심플한 집을 원한다고 하고, 그렇게 지어 주시라고 이야기했더니, 아, 그건 좀 무리인데요, 하더라고요. 소음 정도가 그래서 그런 집을 짓는 거는 무리라고 이야기가 나와서. 결국 석조로, 콘크리트로 만들었어요. 어쨌든 나무로 짓게 되면 살 수 없을 거라고.

- 철근 콘크리트로 지어도 이 정도 소음이 들리는군요, 지금도. 처음 살기 시작한 때에는 소음에 대해 알아차리셨나요?
지을 때 벌써 알아차렸죠. 그리고 그때 마침 오스프레이가 배치되지 않을까 하는 이야기도 나오고. 그때는 에이 설마 그렇게 심하기야 하겠어 했죠.
이런 후텐마에, 지금도 심각한데, 이런 폭음 속에서 다들 살고 있는데, 여기에다 오스프레이 같은 비행기를 정말로 배치할까, 왠지 사람으로서 (그런 일을) 정말 할까 하는 마음에.
(일본에 대한 감정은) 불신만 있는 건 아니었어요. (집을 짓고 살 때까지는) 괜찮아지겠지 하는 마음도 어딘가 있었거든요. 아, (일본 정부가 하는 일은) 그런 논리가 아니구나 하는 걸 통감했죠.

- 전에 땅주인이나 부동산 업자가 여기는 소음으로 시끄러운 곳

이라는 말은 하지 않던가요?

계약할 때만 그렇게 말하더라구요. 예전 땅주인 하고는 사전에 만나지를 못해서. 부동산 쪽에서는 한마디도 없었어요(웃음).

2-3. 지역사회의 복잡함

- 이웃 분들도 다들 참고 지내시나요?

그렇죠. 그런데 동네 분들 하고 소음 얘기는 처음엔 가볍게 꺼내고 그랬는데, 점점 하지 못하게 되어 버렸어요.

제일 사이가 좋은 옆집 분은 군대에서 일하고 있는데요. 애들끼리도 사이가 좋고 그랬는데, 작은애는 "시끄럽지" 하면 "너무 시끄러워" 하고 받아 주고 그래요. 가볍게. 그런데 큰애는 지 아빠가 하는 일을 아니까, 그래서 그런지, 하나도 안 시끄럽다고, 그러는 거예요(웃음).

- 오….

네, 그래서 말하면 안 되겠다고 생각했죠. 작은애는 시끄러운 거 싫다고 그냥 얘기하는데.

- 그 사람은 기지에서 일하니까 여기에 살고 있는 거네요. 다른 주변 분들은 어떤 경위로….

옆집은 이주하신 분이에요. 내지에서 이주하신 분. 그래서 후텐마가 이렇다는 건 몰랐다고 그러더라고요. 옆집 분도 반딧불이 많네요, 그런 이야기하고(웃음). 아직도 이런 데가 있구나 하고,

그러게요 우리도 그렇게 생각했어요, 하면서 (이 땅의 좋은 점) 이야기(만) 하고 그래요.

대각선 저쪽에 사는 사람은 할머니 한 분인데. 가데나嘉手納에서. 정말이지 (가데나 기지의 소음이 너무 심해서) 어디라도 좋으니까 가데나에서 벗어나고 싶다고. 여기 물건이 나와 가지고, 여기라면 살 수 있겠다, 그래서 이사했는데…. 여기도 시끄럽네… 하시더라고요. 정말이지, 가데나에서도 힘들었는데, 지금 여기에 오스프레이가 비행하는 날은 정말 "하아…" 이렇게 한숨 쉬고.

아, 그리고 하나 더. 저기, 이 지역 사람들하고 점점 이야기를 안하게 된 이유 말인데요. 여기 지사 선거가 있었을 때, 포스터가 여기저기 막 붙어 가지고. 지사 선거 전이었나? 아직 남아 있는데요. 어디 누가 만들었는지 아무 정보도 안 써 있는. 기노완 시민회관에 다들 몇 월 며칠에 모이라고. 참가하는 건 좋은 거라고. 그렇게만 적혀 있었는데. 그게 이 근처에 막 붙어 가지고. 그래서 방금 얘기한 그 꽃 가끔 훔치러 오는 할머니 있었잖아요. 그 할머니 옆집에 밭일을 아주 열심히 하는 할머니가 살고 있어서, 나는 그 할머니가 참 좋은데요. 그 사람은 뭐랄까. 기지는 후텐마에서 나가라고 하는 현수막을 잔뜩 걸어 놓고 그래서, 자기 밭 앞에. 그리고 헤노코 추진이라서 써서 걸어 놨는데. 그 일쟁이 할머니가.

- 헤노코 추진이요?

응응, 그래요. 헤노코 기지에 이전을 찬성한다고, 추진하자고. 정확한 단어는 기억이 안 나는데.

- 자, 그럼 후텐마에서 나가라고, 헤노코로 가라고, 그런 의미인가요?

네 맞아요. 현수막은 지사 선거 전에 걸리고, 그래서 (당시 지사였던) 나카이마² 지사가 (선거에서) 떨어지니깐 다음 날 아침, 그 현수막이 전부 철거되었더라고요. 그 꽃 훔쳐 가는 할머니랑 (현수막을 걸었던) 이 일쟁이 할머니는 집도 옆집이구요(웃음). 뭐랄까 정말로. 진짜 괴로웠어요. 매일매일이. 아침에 그걸 보고. 근처에 사는 애 일도 그렇고. 점점 다들 대화를 안 하게 되었어요. 그렇게 생각하니까 지금, 굉장히 괴로워요.

2-4. 지금부터는

- 힘드시겠네요… 익숙해지게 될까요, 앞으로?

음… 어렵네요. 생활이니까 익숙해지겠지요. 비행할 때나 하늘을 보고 풍향을 보면서, 아 오늘은 비행이 있겠구나, 마음 한구석에서 각오를 단단히 하고 하루를 시작하긴 해요.

하지만 첫해 1년간은 이런 식으로 마음의 준비를 하지 않으면, 뭐랄까, 몸이 배겨 내질 못한다는 느낌이랄까. 지금은 그때만큼 준비를 하거나 하진 않지만, 살아지는거죠. 생활을 하니까.

처음에는 많이 싸우고 그랬는데, 그래서 그런 이상한 춤도 막 추고 그러지 않으면 안 될 정도로요(웃음). 뭐랄까 즐겁게? 즐겁게

---

2 나카이마 히로카즈仲井眞弘多. 자민당 소속으로 2006년에 오키나와현 지사로 당선되어 2014년까지 임기가 계속되었다. 2013년에는 후텐마 비행장을 헤노코로 이설하겠다는 정부의 의사에 찬성 의견을 표명하였다. [옮긴이]

랄까요, 맘 편히 웃지도 못했는데. 다른 건 아무것도 못 할 정도로 (군용기가) 나는 경우도 있긴 한데. (지금은) 그렇게 (이상한 춤 같은 거) 하지 않아도 살아는 지는 거죠. 그걸 익숙해짐이라고 한다면 익숙해짐이랄까.

하지만 화는 나요. 화, 나요. 남들처럼 살고 싶을 뿐인데라고.

- 자기 책임이라고 정리하는 사람들도 있잖아요. 어떻게 생각하세요?

으음… 그쵸… 있죠… 근데 뭐랄까, 처음엔 슬펐다고 할까?
선택의 가능성은 물론 있는 거니까. 그런 의미에서는 왜 여기를 골랐나 하는, 그런 말을 할 수도 있다고는 생각하지만… 여러 조건들 중에서 우리들은 혼자 사는 엄마도 있고, 돌봐 드려야 하니까, 슬슬 그런 상황이 되고 있어서. 일도 계속 해야 하고 이런 상황들 때문에 고속도로 근처에서 사는 게 아주 중요했어요.
그러니까 그런 이유나 고양이, 그런 것들로 여러 선택지 중에서 여기 사는 걸 선택한 거죠. 그런 걸로 살고 싶은 장소라고, 여기서 살고 싶다고 생각해서 (여기에서 살고 있는데) 생활이 끔찍하게 괴롭다고 할까, 부당하다고 해야 할까? 그렇게 생각하면서 산다는 건… 저 높은 하늘은 내가 어떻게 할 수 없는 거잖아요.

- 다들 거기까지 생각하며 집을 고르지 않는 게 보통이죠.
그렇죠, 그리고 땅을 볼 때 땅의 연속선에서 생각하잖아요. 보통. 땅바닥, 지면이랄까. 그러니까 주변에 걸어 보고 기분이 좋은지, 고속도로까지는 얼마나 걸리는지, 가게에 가려면 얼마나 걸리는

지 이런 거 생각하지. 그런데 하늘을 보면 비행기가 막 날아다니는 거예요. 게다가 (오스프레이가 새로 배치되고) 점점 여러 비행기가 날아다니게 되었고요.

그러니까 그런 건 살아 보기 전까지는 몰랐던 거죠. 오키나와라는 데가 어딜 가도 비행기(군용기)가 다니니까. 살아 보지 않으면 모르는 게 정말 있어서. 그걸 자기 책임이라고 한다면… 역시 그건 우리 책임인가, 하고 생각하게 돼요.

- 저, 어떤 작가가 돈이 목적이라고 말했잖아요, 그거 어떻게 생각하세요?

(쓴웃음, 폭소) 참, 말 함부로 하네,라고 생각했어요. 그 뭐랄까, 살지 않으면 모르는 거, 생활하고 있는 사람들의 생활 리듬이라든지, 그런 걸로 생활이 이뤄지는데. 그치만 오키나와라든지, 후텐마 문제를 그런 식으로 보는 사람들이 많아요.

그런 사람들이 볼 때 여기는 그런 거죠 일종의, 생활자들이 있는 장소가 아닌 거잖아요. 그러니까 그렇게 아무렇게나 말하고, 말만으로만 생활이라는 걸 함부로 내뱉는구나 하는 기분 들죠. 그리고 그 말에 동조하는 사람들이 많이 있다는 게, 음. 어떻게 하면 좋을까 하고.

- 앞으로는 어떻게 하실 생각이신가요, 아직 생각하지 않고 계신가요?

음. 계속 살 생각이에요. 의지도 있고. 제대로 한번 화를 내 보려고 생각 중이에요. 살려고 산 땅인데, 거기서 생활하기 위해 지은

집이니까. 사는 데는 무척 편리한 곳이니까요. 없는 돈을 다 쏟아부어서 만든 곳이잖아요. 그러니까 더 이상 어디 갈 수도 없고. 계속 살아야지요.

결론—폭음 아래서의 선택과 책임

이상, 후텐마에 이주한 경위와 그곳에서의 생활을 중심으로 W씨의 생활사를 들어 보았다. W씨의 생활사를 고찰해 보기 전에, 후텐마 기지가 있는 기노완이 어떤 지역인지 간단히 정리해 보려고 한다.

후텐마 기지가 있는 오키나와현 기노완시는 인구가 밀집한 오키나와 본섬 중남부 한가운데에 있다. 남쪽에는 현청 소재지인 나하시, 북쪽에는 제2의 도시인 오키나와시가 있다. 이 두 도시 사이에 끼어 있고 오키나와 본섬의 '척추'와도 같은 국도 58호선이 있는 기노완시는 교통이 편리해서 전후에 인구가 급격히 늘었다. 전쟁 전에는 오키나와현이 약 60만 명, 나하시가 10만 명, 기노완시가 1만 3천 명 정도로 안정적인 인구 추이를 보였지만 전후가 되면서 갑자기 인구가 증가했다. 나하시는 1950년부터 60년까지 불과 10년 동안 인구가 두 배로 늘었다. 복귀 전후로 나하의 인구는 30만 명 정도로 안정되어 있었지만, 그때부터 스프롤화[3]가 시작되어 우라조에시, 기노완시, 오키나와시의 인구가 급증하고 있다. 이 네 개 도시의 인구를 종합하면 오키나와현 전체의 반

---

3 스프롤 현상은 무분별하게 도시가 급격히 발전하면서 그 주변이 무질서하게 택지화되고 지가가 급등하는 것을 말한다. [옮긴이]

오키나와현과 주요 4시의 인구 동태

	오키나와현	나하	우라조에	기노완	오키나와	4개시 합계	현 인구 중 비율
1920	571,572	100,112	11,707	12,704	25,742	150,265	26.3%
1925	557,622	98,305	11,374	12,569	24,451	146,699	26.3%
1930	577,509	105,331	11,264	12,857	25,050	154,502	26.8%
1935	592,494	111,329	11,369	13,346	25,134	161,178	27.2%
1940	574,579	109,909	11,804	12,825	23,861	157,679	27.4%
1950	698,827	108,662	11,910	15,930	34,551	171,053	24.5%
1955	801,065	171,682	18,832	24,328	53,273	268,115	33.5%
1960	883,122	223,047	24,512	29,501	66,658	343,718	38.9%
1965	934,176	257,177	30,821	34,573	77,708	400,279	42.8%
1970	945,111	276,394	41,768	39,390	82,781	440,333	46.6%
1975	1,042,572	295,006	59,289	53,835	91,347	499,477	47.9%
1980	1,106,559	295,778	70,282	62,549	94,851	523,460	47.3%
1985	1,179,097	303,674	81,611	69,206	101,210	555,701	47.1%
1990	1,222,398	304,836	89,994	75,905	105,845	576,580	47.2%
1995	1,273,440	301,890	96,002	82,862	115,336	596,090	46.8%
2000	1,318,220	301,032	102,734	86,774	119,686	610,196	46.3%
2005	1,361,594	312,393	106,049	89,769	126,400	634,611	46.6%
2010	1,392,818	315,954	110,351	91,928	130,249	648,482	46.6%

오키나와현, 나하시, 우라조에시, 기노완시, 오키나와시 인구 동태(출처: 오키나와현 웹사이트)

수를 차지한다.

우선 여기에서는 전후에 위치와 교통 요건 때문에 기노완시 인구가 급증했다고 가정하자. 전후 오키나와현 내에서 일어난 대규모 경제성장과 인구증가, 그리고 도시화와 인구이동에 의해 후텐마 주변에 많은 사람들이 사는 지역이 형성되었다. 또한 전후 오키나와의 경제성장과 인구이동에 대해서는 졸저 《동화와 타자화—전후 오키나와 본토 취직자들》(나카니시야출판, 2013)을 참조하기 바란다.

4년 반 정도 전에 이곳으로 이사한 W씨는 기지가 있는 마을인 코자에서 나고 자랐다. 코자는 가데나 기지에서 가까워, W씨는 전투기 폭음을 꽤 들으며 자랐다. 그리고 내지 대학원에서 공부한 후 오키나와현에 돌아와, 본섬 중부에서 교원으로 일했다. 같은 교원인 남편은 나하시 슈리 출신으로, 결혼한 이후 한동안은 높은 지대에 있는 조용한 주택지인 슈리에서 살았다.

이 둘은 얼마 동안 슈리에서 산 다음, 코자에서 혼자 사는 모친을 위해서 코자와 나하의 중간에 있는 우라조에 혹은 기노완 쪽에서 집을 알아보았다. 후텐마 기지 바로 옆에 있는 지금의 토지를 고른 이유는 교통의 편리함이었다. 이 지역은 코자와 나하의 중간 지점에 있었고 고속도로를 타기에도 적당히 가까워서 차로 생활하기 아주 편리한 곳이었다.

그 밖에도 용수가 있는 것, 반딧불, 고양이를 위한 도로 조건 등, 우리들 본토의 인간이 집을 고를 때와 전혀 다르지 않은 이유로 현재의 토지를 골랐다.

후텐마의 폭음이 어느 정도인지 안 것은, 집을 한창 짓고 있을 때였다. 코자에서 폭음에 어느 정도 적응되어 있었고, 후텐마의 폭음에 대해서도 물론 잘 알고 있어서 각오는 되어 있었지만, 생각한 것과는 완전히 다른 수준의 소음과 진동이었다.

기르던 고양이의 건강이 나빠지고, 또 작은 아이도 오스프레이에 겁먹은 듯한 모습이 구술되고 있다. 견디기 힘든 스트레스에 부부 사이가 나빠지기도 했지만, 이러저러한 궁리 끝에 극복하고 있었다.

예를 들어 구술 중에 "오스프레이가 날아와서 폭음이 들려오면, '우스꽝스러운 춤'을 춘다"는 재미있는 이야기가 있었는데, 한편으로는 그 엄청난 스트레스의 크기를 상상하게 된다. 물론 이런 방법으로 어떻게 될 수 있는 정도의 폭음이 아니지만 "이렇게라도 하지 않으면 살 수가 없"는 것이다.

특히 이걸로 부부관계가 나빠질 뻔했다는 사실은 매우 슬프다. 폭음은 이렇듯 개인 생활 안까지 침투해 오고 있었다.

또한 폭음과 진동이 지역사회를 분열시키는 이야기도 있었다. 이웃에 사는 사람들 중에 한 집의 아버지가 기지에서 일하고 있었고, 그 탓인지 아이들도 오스프레이의 소음에 대해 입을 다물게 되어 버렸다.

다른 한 명의 할머니는 밭에 '후텐마 기지 반대'라는 현수막을 거는 동시에 '기지를 헤노코로 이동하라'는 현수막도 걸었다. 이렇듯 기지의 존재는 오키나와 사람들을 분열시키고 대화를 어렵게 만들고 있었다.

물론 한 사람의 생활사로 기노완시에 사는 사람들 전체를 이야기하기는 어렵다. 하지만 W씨가 살게 된 경위와 그곳에서 경험한 것은 오키나와의 하나의 현실 그 자체라고 말할 수 있다.

이미 본 것처럼 전후 후텐마 기지가 '생기고 나서부터' 거대한 숫자의 사람들이 기노완시에 이주했다. 가장 큰 이유는 지리적 조건이다. 코자와 나하 사이에 위치한 이곳은, 경제적으로 어려움을 겪고 있는 코자나 이미 인구가 포화 상태였던 나하와 비교했을 때 살기가 쉬웠다.

실제로 우라조에와 기노완시는, 나하 인구가 30만이라는 상한에 도달하고 난 이후부터 급속히 인구가 증가했다. 이 많은 사람들은 각자 생활 중 여러 조건을 고려한 뒤, 자신의 의지로 이곳에 이주하여 살고 있다.

이곳에 살고 있는 10만 명의 사람들은 각자 다들 여러 조건과 제약을 바탕으로 자기 자신의 생활을 책임지고 있는 '보통 사람들'이다. 그런 사람들이 각자의 경위로 이곳에 와서 살게 되었다.

그 각각의 선택은 각각의 의지에 의한 것이지만, W씨의 이야기를 들으면 그 선택이 복잡하고 다양한 조건과 제약을 바탕으로 이루어져 있다는 것을 알 수 있다. 즉 후텐마 기지 옆에 살고 있는 그들은 우리와 똑같이, 매일을 살고 있는 '보통 사람'인 것이다.

코자의 폭음에 익숙한 W씨조차 예상하지 못한 수준의 폭음으로 인해 침실 창문을 이중으로 하거나, '우스꽝스러운 춤'과 같은 의식을 만드는 등, 그는 어떻게 해서든지 이 상황을 이겨내 보려고 무던히 노력한다.

그리고 확실히 전 재산을 버리고 지금 바로 도망가야 할 정도는 아닐지도 모른다. 여름에는 반딧불이가 날고 휴일에는 조용히 지낼 수 있기 때문이다. 교통편도 좋고, 살고 있으면 즐거운 일도 많을 것이다.

하지만 그렇다고 해서 오스프레이가 날 때마다 드는 '토할 것 같은 기분'이 없어지는 것은 아니다. 우리들에게 100퍼센트 채워진 생활이란 없다. 폭음을 포함하여 여러 것들과 타협하면서 그래도 살아가는 것이 우리들의 생활이다. 이런 사람들의 생활에 기지 피해 책임까지 더해진다면 우리들은 어디에서도 살아갈 수 없을 것이다.

우리들의 생활은 완전한 자유와 완전한 강제의 어디쯤에 있다. 이런 복잡미묘함을 멋들어진 선전 문구나 거시적 관점의 '지정학'적 시점에서 보면 이해할 수 없을 것이다.

'싫으면 떠나세요'와 같은 언어가 배제하고 있는 것은 W씨의 생활사에서 들은, 정말 그곳에 살아가고 있는 개인의 매일의 생활이다. 물론 기노완시에 사는 사람들은 자신의 자유와 의도로 그렇게 하고 있다. 하지만 그 행위는 다양한 제약과 조건 그리고 인간관계 안에서 찾은 타협점이다.

자신의 생존 조건 안에서 좀 더 나은 삶을 위해 여러 선택을 해 온 개인의 인생들에게, 우리가 그 거대한 후텐마 기지의 '책임'을 지게 할 수 있을까? 우리는 개인의 실제 생활사로부터 생각해 보고 행위, 의도, 선택, 책임 등의 개념에 대해 다시 고민해 보아야 한다. 비록 자신의 의지로 후텐마에 살고 있다고 해도 우리는 견디기 어려운 소음 피해에 대해 이의를 제기할 수 있다. 나아가 그 책임을 당사자 개인에게 지게 하는 것은 더더욱 할 수가 없다.

담배와 코코아
'인간에 관한 이론'을 위해

생활사는 사회학의 '질적조사' 가운데 하나로, 개인의 성장 혹은 인생 이야기를 듣고 사회에 대해 생각하는 것 또는 그 현장에서 들은 이야기 그 자체를 가리킨다. 개인의 이야기로부터 어떻게 사회를 언급하는가에 대해서는 다양한 의견과 논쟁이 있다. 개인의 이야기를 듣는 생활사 조사는 매우 개인적인 스타일로 행해진다. 사회학뿐만 아니라 역사학이나 인류학의 오럴 히스토리, 라이프 히스토리를 수집하는 구술청취조사에서도 올바른 방법이라는 것은 존재하지 않는다. 그것은 어디까지나 조사자의 개인적인 경험과 체험에서 이렇게 저렇게 만들어지고 짜깁기된 방법에 근거하여, 그때그때 되는 대로 현장에서 수집한 불충분하고 단편적인 이야기를 모아서 어떠한 지식과 이론을 구축하려고 하는 것이다.

대략적으로 말하면 우리들은 우선 어떤 사건이나 벌어진 일 혹은 지역과 집단의 '당사자'라고 불리는 사람들과 만나 '그것'에 대해 구술을 청취한다. 예를 들어 우리는 어떤 피차별부락에 사는 사람들과 만나서 그 성장 과정과 생활에 대해 들은 후, '그 부락'에 대해 쓴다. 전쟁 전과 후에 걸쳐 매우 가난한 슬럼 지역이었다는 것, 성매매와 야쿠자에 관여하게 된 사람도 많았다는 것, 월세를 다달이 내는 것조차 어려워 며칠씩 쪼개어 내는 경우도 허다했다는 것, 징병되어 간 군부대 안에서조차 차별당한 일들을 쓴다. 혹은 한신대지진 피해자였던 사람을 만난다. 재해가 있던 당일, 그 일을 어떤 식으로 경험했고 느꼈는지. 지진 직후 길거리의 모습. 지원과 복구 과정. 20년 이상이 지난 이후, 그 일이 인생에 어떤 영향을 끼쳤는지 듣는다.

생활사 구술청취조사는 이렇게 특정 대상에 대한 구체적인 지식이나 경험에 대해 듣는 것이다.

거기서 얻는 것은 역사적이고 사회적인 '사실'이다. 예를 들어 우리가 이미 크게 변모한 피차별부락의 예전 모습에 대해 권위 있는 문서나 신뢰할 수 있는 숫자 자료를 가졌다고 해도 그 모습을 '있는 그대로' 아는 것은 불가능하다. 우리가 할 수 있는 것은 단지 예전에 그곳에 살고 생활했던 몇몇 개인을 만나서 그 이야기를 듣는 것이다. 우리는 그런 단편적인 이야기에서 어떤 시대의 지역과 집단의 모습을 생생하게 그려 낼 수 있다.

하지만 생활사 조사는 이렇게 '역사와 구조'와 직접 관계된 특정 지식을 얻는 것만을 목적으로 하지 않는다. 그 외에도 아주 중요한 목적이 하나 더 있다. 그것은 구술자 본인이 자라 온 환경, 생활 모습, 내력, 행위, 경험을 듣는 것이다. 이것은 어떤 시대의 어떤 지역에 있었던 일을 묘사하는 조사와 비교하면 좀 더 개인적이고 조용하고 조심스러운 조사이다. 이것이 우리가 생활사 조사를 하는 또 하나의 목적이다.

개인적인 인생을 듣는 생활사 조사에서도 처음에는 특정 집단이나 범주를 대상화하는 일이 많다. 오키나와 전쟁 체험자, 도시형 피차별부락에 사는 사람들 혹은 재일코리안 여성. 하지만 거기서 듣는 것은 어디까지나 개인적인 생활의 기억이다. 이 다양하고 유동적인 이야기는 언제나 우리들의 집단과 범주에 관한 기존 관념을 깨부순다.

하지만 동시에 이 이야기는 단순히 뿔뿔이 흩어진 개인의 인생에 대한 것으로 한정되지 않는다. 이렇게 다양하고 유동적인 인생의 이야기를 통해 우리들은 오키나와전을 경험한 사람들이 어떻게 살아왔는지, 빈곤층 여성으로 태어난다는 것이 어떤 것인지 이야기할 수 있다. 어떤 상황에 놓인 개인이 좀 더 나은 삶을 살기 위해 필사적으로 발버둥친 기억과 이야기로부터, 우리들은 '인간에 관한 이론'을 쌓아 올릴 수 있다. '또 하나의 생활사'가 바라는 것은 이 인간에 관한 이론이다.

이 장에서 나는, 역사와 구조에 관한 지식이 아닌, 좀 더 개인적이고 보다 단편적인 생활사 쪽을 다루려고 한다. 그래서 거기에서부터 인간에 관한 어떤 이론을 만들 수 있을지, 그 이론에는 어떤 의미가 있는지 간단히 서술하고자 한다. 물론 한정된 지면에 그 전부를 쓰는 것은 불가능하다. 여기서 할 수 있는 것은 어디까지나 몇몇 짧은 사례의 이야기를 통해 그 가능성을 생각해 보는 것이다.

다음 이야기는 1935년에 태어난 여성의 이야기이다. 이 여성은 오키나와의 어떤 외딴 섬에서 나고 자랐는데 열 살 때 오키나와 전쟁을 겪었고 집단 자결에서 살아남았다. 군인이 손에 건네준 수류탄 두 개가 우연히 모두 불발이 되었고 그 덕에 구사일생으로 살아남았다. 그리고 집단 자결 현장에서 가까스로 도망쳐, 가족 몇 명과 함께 숲속에서 생활했다. 아래는 산속에서 자생하는 풀과 나무, 열매 등을 먹으면서 5개월 정도를 버티고 종전 이틀 전 산을 내려온 시점부터 구술된 것이다.

그 이야기 중 '담배 에피소드'가 있는데 그것은 아주 짧고, 몇 줄밖에 되지 않지만, 이것이 묘사하는 정경은 강렬한 환기력을 가지고 있다.

> 밤에, 한밤중에 소곤소곤 말하는 소리가 들려서 일어나 보니까 마을 젊은 사람들이 모여서는, 우리 집에. 무슨 상담을 하고 있는 거예요. 의논을 하고 있는 거야. 며칠 동안이나. 이틀인가 사흘인가? 그래서 곧 무슨 일이 또 있는 건가 하는 생각이 들어서, 그랬더니 백기를 들고 내려가자고 하는 이야기를 하고 있었나 봐요. 일본군이 어디 어디에 있으니까 거기는 안 지나가도록 갈 길을 다 정해 놨더라고요. 자기들이. 여기서 이렇게 여기로 가서 내려가자고.
>
> - 패잔병한테 들키면 잘못하다가는 죽을 수도 있으니까요 그렇죠? 일본군한테요.
> 죽죠. 군인들도. 아직 싸우고 있는 중인데. 뭐 하는 거냐 물어보고, 스파이다, 이러면서.

- 6월에 오키나와전이 끝났죠.

그 이후예요. 그래서 가끔씩 그, 톰보라고 하는 비행기가
날아와서는 전쟁이 끝났습니다, (산을) 내려오세요,
조용히 내려와 주세요. 다들 여기에 있어요 하는 듯한.
그 톰보가 삐라를 뿌리고 그랬어요. 전쟁 끝났다고 써 있어서.
그걸 다들 산에 가서 주워 오고 그랬어요.

- 자, 그럼 전쟁이 끝났다는 정보가 퍼져 있었군요.

네, 알고는 있었는데. 저쪽에서, 그러니까 산 위에서 마을을
봤더니 마을 사람들이나 미군들이 걸어 다니는 걸 자주 봤거든요.
높으니까. 산이. 다들 산 위에 자주 올라갔어요. 그래서 8월 13일에
이 사람들이 결정한 대로 밤에 자는 나를 흔들어 깨워서,
부모님이. 지금부터 내려갈 거니까 조용히 해, 울거나 하면 안 돼.
조용히 내려갈 거니까, 소리를 내면 일본군이 잡으러 오니까,
그럼 바로 죽이니까, 하고 부모님이 말했지요.
그래서 천천히, 소리 안 나게 다들. 각자 집에서 나와서 다들
이렇게, 길을. 제일 선두에 있는 사람이 제대로 길을 이렇게
하니까. 그거 하나 믿고 내려온 거예요, 뒤에 붙어서. 그랬더니
나는 기억이 안 나는데, 내가 엄청나게 울었다고 그러더라고요.
6월 26일에 언니가 아기를 낳았어요. 그 산중에서.
그리고 먹을 것도 없는데 부모도 죽고 없는 아이들이 젖동냥을
하러 오더라고요. 그런데 한 명 분조차 없어서. 하루 한 끼 죽만
먹었으니까. 한 명 분도 안 나오는 거예요. 이러다 어떻게 되는
걸까 해서. 우리 조카는. 그 걱정도 걱정이지만 엄마도 죽고 없는

아이들, 걔네들이 찾아오는 거예요. 그대로 돌려보낼 수도 없고
해서 조금씩만 먹이고 돌려보냈지요. 그랬더니 우리 조카가
앵앵 울더라고. 그때 2개월, 6월 26일에서 8월 13일에
내려왔으니까 2개월 정도였는데. 아기가 한 달 정도 더 있었으면
죽었을 거예요. 아기도. 근데 아주 잘 건강하게 지금까지
칠십 먹을 때까지 살아 있죠 호호(웃음).
그래도 엄마 잃은 아이들은 죽었어요. 목을 축일 정도만 먹고
아무 것도 없었으니까. 그러니까 몇 달이나 여기 있으면
안 되겠다고, 피골이 상접해서. 우리 조카도. 그래도 지금은
아주 건강해. 칠십 살이라니까요(웃음). 영양부족(이었는데도).
그래도 빨리 내려와서 산 거지.

- 어느 정도 있었나요? 4개월이나 5개월 정도 산에 있었나요?
3월 28일에 옥쇄가 있었잖아요. 그리고 4월 1일, 2일까지
의식이 없는 채로 여기저기 헤맸어요. 어딜 지났는지, 며칠이
지났는지, 나는 그것도 몰라요. 그래도 내려온 게
8월 13일이니까요. 4월 초반, 초반이라 해도 4, 5, 6, 7, 8이에요.
5개월은 있었네요, 산속에서.

 밤이었나요? 산을 내려오실 때기?
산을 내려온 건 그날 밤이었어요. 그래서 우리 조카 애기를
언니가 꼭 껴안고 있었는데 그것도 안 보였어요. 내가 운 건,
애기를 두고 내려가는 줄 알고. 그래서 울었다네요.
우리 유키오(가명)를 두고 왔어요 하고. 유키오 두고 간다고

담배와 코코아 275

엉엉 울었다 그래요. 난 전혀 기억이 안 나는데. 네가 하도 울어서
큰일이었어, 금방 잡혀 버리기 직전이었다니까 하고 언니가
그러더군요. 울었던 거 전혀 기억이 안 나는데. 그래서 산속에서
좀 그거 하고 있다가(대기하고 나서) 내려와 가지고는, 마을이
보이는 때부터는 아침 해가 올라오더라구요. 한밤중에
내려왔는데. 그때 누구 속옷이었는지 모르겠지만(웃음), 그걸로
백기를 만들어서, 대나무를 잘라서 거기에 걸어서. 그래서
맨 앞사람이 그걸 들고 내려왔어요. 안쪽에 그 마을, 집락에
가 보신 적 있나요? 거기에 가는 길 있지요, 왜. 거기 바위가
있는 쪽으로 내려왔어요. 길도 없는 길을. 선두에 사람이
이래저래 해 줘 가지고. 그랬더니 논 쪽에 말이죠, 미군이.
10미터 간격으로 서 있는 거예요. 어른들에게 담배. (그래도 이쪽은)
받질 못하죠, 무서우니까. 독이 있는지 없는지도 모르고(웃음).
자기가 불을 붙여서 피워 보여주고는 괜찮다고 받으라고 해서.
그래도 어른들은 절대로 남자애들은 (담배를 받을 엄두를 못 냈죠).
담배는 산속에서는 잘도 피웠으면서, 나무를 이렇게 말려 가지고
피웠다니까요(웃음). 이렇게 큰 잎이 있어서 그걸 말려 가지고,
곱게 말았어요. 한가하니깐요. 다 손으로 만들었죠. 뭐든.
다 수작업으로. 그리고 집안 남자들은 뭘 피우더라고, 나뭇잎을.
그래 놓고서 미군이 자, 자, 피우라고 줘도, 절대 안 받아요.
그리고 우리들한테는 껌. 미군이 지네들도 껌을 씹고 있었고.
껌을 이렇게 자, 자 하고 주는데 무서워서 절대로 안 받고,
싫어하니까, 맛있다고 자기가 이렇게 씹는 걸 보여주더라고요.
근데 아무도 안 받아.

3시간 정도 걸린 이 구술청취조사에서 구술된, 전쟁 전부터 아주 최근까지의 80년에 걸친 인생 이야기 중 가장 인상적이었던 이야기가 이 담배 에피소드이다. 이 이야기는 언제까지고 나의 기억에 남아, 나는 몇 번이고 이 이야기를 생각하고 그 의미를 여러 가지로 구해 보았다. 그리고 이번 원고를 쓰게 되면서 다시 한 번 녹취록을 읽어 보고 놀랐는데 그것은 불과 백 몇십 자 되는 이 짧은 이야기 때문이었다.

　이 짧은 에피소드가 강한 인상을 남긴 이유는 그것이 오키나와 역사에서 가장 가혹한 상황 중에 구술된 '유머러스한' 이야기이기 때문이다. 인간은 이렇게나 힘든 상황에서도 살아가는 기쁨이나 재미를 찾아내려고 하는 존재이다.

　생활사 조사를 하다 보면 여러 가지 것들이 구술된다. 보통은 대략적인 큰 주제를 정해서 구술청취조사를 하는데(그러지 않으면 조사의 취지를 설명할 수 없다), 대부분의 경우 주제로부터 벗어나 그때의 대화 흐름에 몸을 맡기고 여러 가지 것들을 이야기하게 된다. 그렇게 조사의 본론과는 별로 관계없는 작은 이야기 안에 간혹 강한 인상을 남기는 것들이 있다. 나는 인터뷰를 마친 후에도 이런 작은 이야기들을 잘 기억해 두었다가 가끔 끄집어내어 생각에 잠기고는 한다.

　우리들이 하고 있는 것을 극히 단순화해서 말하면 인생이나 사회에 관한 작은 이야기, 디테일을 모으는 것이다. 하지만 지금까지의 사회학 혹은 '사상'의 세계에서는 디테일을 '역사와 구조'를 해체하여 상대화하기 위한 것으로 사용해 왔다. 우리 사회에는 차별과 폭력 혹은 다수의 분단이 실재하고, 디테일을 모아 그 기술을 쌓아 올리는 것은 사회의 그런 경계선의 실재를 '흔드는' 것과 관련되어 있다. 적어도 사회학이나 다수의 사회사상 영역에서 디테일이라고 하는 것은 이렇게 다루어져 왔다.

담배 에피소드가 우리에게 전하는 것은 정글에서조차 우리들은 즐거움을 발견하고, 실제로 그것을 즐긴다는 것이다. 그것은 완전히 주체적이고 의지적인 행동이며 인간의 창조성이나 유머, 살아가는 힘 같은 것들과 관계하고 있다.

그렇다면 여기서 우리는 매우 깊은 의문에 부딪히게 된다. 우리는 우리 자신의 이러한 씩씩함을 이런 가혹한 상황과 어떻게 연결지어 생각해야 할까? 역사와 구조에 의해 억지로 말려든 선택 불가능한 상황 안에서 발휘되는 우리들의 창조성이 역사와 구조와는 어떤 관계가 있는 걸까?

좀 더 알기 쉽게 말하면 이런 것이다. 가혹한 역사와 구조 안에서 농락당하면서도 주체적이고 창조적으로 살아남는 인간들은 피해자가 아니라 오히려 자유 행위자이다. 하지만 이런 해석을 하는 것으로 우리들은 그 역사와 구조의 가혹함에 대한 비판적 관점마저 놓아 버리는 것은 아닐까?

오키나와전의 가혹함에 대해서는 이미 수많은 방법으로 이야기되어 왔다. 그걸 여기서 반복할 필요는 없을 것이다. 하지만 오키나와전이 한창일 때 경험한 약간의 즐거운 에피소드가, 어쩌면 그 '잔혹함'을 경감시켜 버리는 것은 아닐까?

그러나 내가 이 이야기를 들었을 때 실감한 것은 이렇게나 혹독한 상황 속에서 즐거움을 찾아내는 사람들이란, 다른 이들도 아닌 우리와 같은 신체와 감정을 가지고 있다는 것이다. 이 점은 오키나와전의 잔혹함을 조금이라도 줄여 놓거나 하지 않는다. 오히려 이런 신체와 감정을 가진 우리와 같은 존재가 그러한 운명에 직면했다는 단적인 사실을 청자인 우리들에게 불쑥 들이민다. 이 시점에서 우리에게 '인간에 관한 새로운 이론'이 필요해진다. 확실히 오키나와전 중에도 사람들은 담배를 만들어 그걸 즐기는 여유가 있었다. 이 사실이 오키나와전의 혹독함에 관한 이미지를 바꾸어 버린다면 이는 우리들이 가진 '인간에 관한 이론'이 아직 불충분하기 때문일 것이다.

다른 이야기를 하나 더 소개한다.

미군 기지가 멀리 건너다 보이는 높은 곳에 있는 카페에서 이 구술자는 '(지금부터) 리얼한 이야기를 해 볼게요'라면서 '코코아 에피소드'를 들려주었다. 나는 오키나와의 계층 격차와 공동체에 관한 구술청취조사 중에 이 이야기를 들었다.

오키나와의 계층 격차와 공동체 조사 프로젝트에 대해서는 이미 이 책에서도 몇 번 언급했지만, 간단히 말하자면 공무원이나 교원, 대기업 사원이 된 사람들(안정층)과 고등학교 그리고 전문학교 졸업자로 고향에서 술집 등의 서비스업을 포함한 자영업을 하는 사람들(중간층), 불안정한 직업을 전전하는 일용 근로자나 풍속업 여성들(배제층)에 대해 구술 청취와 참여 관찰을 통해 지금까지 단단하게 굳어져 온 '오키나와 공동체에 대한 거리감의 차이'를 그려 내는 프로젝트이다.

앞선 언급한 이야기는 내가 담당한 '안정층' 구술조사 중에서 어떤 교원 여성으로부터 들은 이야기이다.

구술자 여성은 1974년에 오키나와 코자에서 태어났다. 어머니는 교원이었고 아버지는 없었다. 집에는 '서재'가 있을 정도로 지적인 환경이었다. 하지만 다니던 고향의 중학교에는 꽤나 불량한 학생들이 많았고 이 여성의 친구는 불량 조직에 들어갈 정도로 학교에서도 특히나 삐뚤어진 여학생이었다. 구술자도 일단은 그 그룹에 들어가 있었지만 자력으로 진학할 고등학교를 정하고 학원을 다녔고, 류큐대학에 진학했다. 졸업한 뒤에는 도쿄에서 대학원을 다녔고 현재는 오키나와현에서 교사로 일하고 있다.

이 여성은 중학생 때 같은 불량 그룹 친구들에게는 자신의 성적이 좋았던 사실을 숨겼었다고 한다. 나고 자란 지역 친구들과 언제나 함께 행동했지만 결과적으로 그녀는 진학이라는 다른 길을 걸었다. 고향의 폐쇄적인 공동체로부터 벗어나는 길을 선택한 것이다.

이 구술자는 빈곤 가정 출신이 아니었지만, 중학생 때까지의 기억 속에는 지역의 빈곤함이 가져온 것들이 깊게 새겨져 있었다.

중학교, 고향의 중학교. 고향. 걸어서 15분 정도.

- ○○중학? (웃음).
○○중학교. 응, 맞아요 맞아. ○○중학교였어요. 양키가 많은 학교였었으니까 (그때부터?) ○○소학교에도. 음. 그럭저럭 있었나?

- 그건 ○○중학교 학구에 그런 지역이 있었던 건가요?
응, 맞아요 맞아. 방금 말한 야에지마八重島라는 데는 학구가 달라서 거기는 좀 더 정도가 심했던 기억이 있는데.
음. 그리고, ○○는 어느 정도일까, 지금. 취학 원조가 3할
정도 아닐까? 그리고, 그러니까, ○○중학교가,
저기, ○○아동원이라는 시설도 있었고, 단지가 몇 개 큰 게
들어 있었어요. 단지가 들어 있는 학구.

- 말썽이 많았나요?

차를 엎어 버린 적도 있고, 선생님 차를 보면 스프레이로
낙서하고. 이 정도면 말썽 많이 피운 건가요(웃음)?
이 정도는 그냥 있는 일이었어요.

- 엄청난데요.

그렇죠. '켄짱군단'이라는 게 있었거든요. 켄짱군단.
켄이라고 하는 남자애가 있었는데. 그 아이가 군단을 만들었는데.

- 대장이요?

아, 대장이요. 그래서, 음, 고속도로가 생겼을 때 자전거로 무리를
만들어서 역주행을 한 거예요. '△△중학교(옆에 있던 학교)
덤벼라'라고 간판을 만들어서 다닐. 그걸로 교장선생님이
굉장히 화기 니서 "고속도로에서 역주행을 하면 안 된다"고
말했거든요(웃음), 그랬는데 다들 "역주행이 아니야!" (웃음),
"문제는 그게 아니야!"라고 말하면서(웃음). 그런 일도
있었고요. 그런 게 재밌었어요. 그런 게 가끔 있고 해서 정말
재밌었어요. 나는 1학년 때 굉장히 노력해서 양키 데뷔를 했어요.

정말 열심히 해서. 그런데 소질이 없어 가지고, 양말도 다른 거
신고 치마도 자르고 교복 개조를 해서, 손톱도 칠하고
그런 거 했는데.

- 미니스커트가 유행한 시대였나요?
네, 그 정도였죠, 저는. 전에 뭐 마셨을 때 아마 이야기한 것
같은데, 그룹에 애들은 다들 중1 때, 성경험을 했거든요,
차례차례. 거의 강간이나 마찬가지였는데. 역시 뭐랄까,
그때가 분기점이랄까.

- 들어간 그룹은 꽤나 레벨이 높았네요.
높았다고 생각해요. 그중 정말 높은 아이가 있었는데,
음, 이름이, 다카코(가명)라는 애가 있었거든요.

- 지금 뭐하고 있을까요(웃음).
정말, 지금 뭐하고 있을까? 다카코랑 친해지고 싶었어요.
싸움만 주구장창 했었어요. 멋졌으니까.

- 예쁜 아이였나요?
다카코는 그렇게 뭐, 그룹 안에서 예쁜 편은 아니었어요.
그래도 뭐랄까, 싸움까지 가는 속도가 빨라서. 그래서 상대 약점을
아무렇지 않게 말할 수 있어서. 5학년 때 같은 반이었는데,
그 반이 교실 붕괴 상태여서 고양이를 기르고 그랬어요(웃음).
(교실에서(웃음)?) 네. 정말 사이가 좋았어요, 다들. 정말로.

지금 나도 교육 현장에서 일하지만, 고양이 기르면 좋다고
생각해요(웃음). 그래서 선생님이 뒤쪽으로 오려고 하면 다들
일치단결해서, 선생님 질문 있어요! 하고. 몰래 숨겨 놓고
길렀어요. 그런 일들이 있을 때 주모자로. 그래서 그때 나는
그렇게 사이가 좋은 편은 아니었는데, 중1이 되어서.
꼭 친해지고 싶었어요. 좋아했죠. 멋지다고 생각했어요.
정말 멋지다고. 멋진 애들이 정말 많았어요. 그때는. 그러니까,
저, 밤에 놀러 다니면서 별자리에 엄청 밝은 미키라든지.
밤에 그렇게 놀러 다녔으니까(웃음). 아, 그렇지만 그 성경험이
한창일 때, 멋지지 않다고 생각했어요, 맞아요. 1월쯤에 다들
이래저래 성과 관련된 여러 일들이 있어서. 이런 식으로 말하는 거
어떨지 모르겠지만, 그냥 솔직히 터놓고 말하자면, 강간당하고
우리 집에 온 일 같은 거죠. 목욕 좀 하게 해 달라고. 그런 일.
일단은 하게 해 달라고. 그런 일이 있었거든요. 이거, 정말 멋진
걸까? 생각했는데, 뭐랄까, 이건, 내가 하고 싶은 일일까. 그런
기분이 들어서. 2학년이 될 때 그룹에서 빠지겠다고 결정하고는.
선생님이 부르더니 "다카코의 상태, 어떻게 생각해?" 하더라고요.

- 사이 좋은 걸 선생님은 알고 있었으니까.
네, 맞아요. 그러니까 그 성 피해 이야기는 안 했지만, 나는
그렇게 되고 싶지 않다고 그런 대답을 했어요. 매정하죠(웃음).

- 너는 그런 그룹에 있는 애들과는 다르다? 이런 식?
네, 그래요. 네, 네. 그렇게 말했어요. 이런 곳에 있을 애가

아니라는 말을 했다기보다는 다카코 같은 상황을 어떻게
생각하냐고, 그리고 어떻게 되고 싶냐고. 어떻게 되고 싶은가.
응. 그렇게 말했어요. 저, 손이 야물지는 않은데 피아노를
배웠거든요. 피아노 학원에 다녔던 걸 어떻게 해서든 숨기고
몰래 다녔었는데.

- 피아노를 몰래 배웠다구요? 안 멋지니까? 공주님 같으니까?
네(웃음). 중1 때 다카코 집에 애들이 막 모여서 담배 피고
텔레비전 보고, 본드 불고, 담배 피웠었던가. 본드는, 음, 다카코
집에는 없었으니까 본드는 못 하고. 2학년생들이었어요 다들.
불기 시작한 게. 나는 안 하고. 한 번도 안 했어요. 그리고 나중에
3학년이 되고 나서 다카코가 나랑 같은 반이 되었는데, 이거 절대
선생님들이 일부러 그랬다고 생각하는데요. 아무튼 그래서 데리러
가고 그랬었나? 엄마가, 눈앞에서 자살했어요, 다카코 엄마가.

- 언제요?
3학년 때. 눈앞에서 뛰어내려서, 죽어 버렸어요. 그래서 음.
장례식에, 문 같은 데 앞에까지 가서, 그런데 못 들어갔어요. 나.
1학년 때 버리려고 생각하지 않았냐, 하는 생각에. 그러니까
들어갈 자격 같은 거 없다고 생각해서 그냥 돌아온 기억이 있어요.

- 결국, 장례식에는 들어가지 않고, 얼굴도 안 보고.
네, 안 봤어요.

- 다카코는 장례식에 와 준 거 모르나 봐요.

모를 거예요.

- 그럼, 다카코는 안 온 걸로 지금까지 생각하고 있을까요?

그렇게 생각하겠지요. 그래도 그 이후로 다카코,
야쿠자가 사 버려서. 없어졌어요.

- 야쿠자?

야쿠자가 샀다고 그래요, 샀다고. 금방 없어져 버렸어요, 눈앞에서.
완전히. 엄마 죽고 바로 이후에. 카훈자 다리라고 있는데요,
카훈자 다리. 음, 쥬리尾類(근세 오키나와의 유녀)로 팔려 가는
여성들이 읊었던 유명한 다리인데. 그게 아직 남아 있어요.
진짜 다니는 길, 걸어서 다니게 되어 있어요. 카훈자 다리가.
건너갈 수 있는데, 중학생인 우리들이 거길 건너가는데,
엄마가 죽고 나서 학교에 계속 오질 않았거든요. 엄마가 죽고
난 이후로. 카훈자 다리에서 다카코가 쭈그리고 앉아 있고
야쿠자가 쫓아와서 데리고 갔다는 이야기를 반 남자애들이
하더라고요. 약을 한 것 같아요. 강제로. 이제는 두 번 다시
만날 수 없겠구나, 생각했어요. 중3 때요.

- 다카코 집은 뭐 하던 집인가요? 아버지라든지.

건축업. 지금 생각해 보면 가정폭력이 있었어요.
자주 비명 소리가 들렸으니까.

- 그때 이후로는 다카코와 한 번도 만난 적 없나요?
한 번도 만난 적이 없네요. 없어요. 중1 때는 사이좋게
타코야키도 먹고 했는데, 중1 끝날 무렵에 갑자기 그 그룹
여자애들이 남자애들이랑 경험하고. 1월이에요. 12월, 1월. 그리고
(상대는) 자동차가 있는 남자애. 꼬셔서 차에 태우는 코스. 차로.
피임도 안 하고 강간을. 그런 일 아주 많았어요.
나카노쵸(에서 꼬셔 가지고). 고파치(국도 58호선)까지 가는 건
꽤 어려우니까. 나카노쵸 바로 앞에 고야 십자로가 폭주족
근거지였거든요. 그래서 거기서 보니까 폭주족들이.

- 갤러리에서 봤겠군요.
네네 맞아요, 아 맞다. 저도 한 번 간 적 있는데, 낙서하고 왔는데.

- 낙서(웃음)?
왠지, 내가 왔다! 이런 기분으로, 낙서하곤 했는데. 그때 대부분
꼬드김에 넘어간다 그럴까, 차에 태워서.

- 그런 데서 어슬렁거리면 남자애들이 따라온다거나, 위험할 수
있다 뭐 그런 말은 듣지 못했나요? 아니면 그래도 간 건가요?
음. 저는 있었지만. 동료들에게 좋은 평가를 받을 거라고
생각했다고 할까? 그리고, 다들 어땠냐고 그러면 나는 잘
모르겠어서, 좋게 보일거라 생각해서. 누가 말 걸면. 탔을지
안 탔을지 모르겠지만, 뭐 평가는 좋아질 거 같아서. 그래서.

- 그건, 다가오는 남자들이 있는 게 없는 것보다 좋은 거였나요?
여자로서?
뭔가 말할 거리가 생긴다고는 생각해요. 자랑할 게 생긴다.
그리고 실제로 남자애들이랑 같이 가는지 마는지는 전혀 다른
문제인데, 가볍게 받아넘기든지 하는 건 그거 나름대로 멋지니까.
그렇게 생각했죠.

- 다들 그런 애들이 위험한 일을 한다는 거를 알고서도 한 거네요.
역시 말 걸어 주면 기쁘니까.
그러니까요. 어땠더라, 성경험 때 이야기는 자세히 듣기는 했는데,
음. 어떻게 말하면 좋을까? 예를 들어, 좀 너무 리얼한 이야기이긴
하지만요. 저도 잘 모르니까 일단 말해 보면, 피임은 했는지
안 했는지 잘 모르겠는데, 이런 거 당해서 이런 거도 하고, 그래서
이런 때는 기분이 좋았지만 이렇게 하면 아팠고, 뭐 그냥 이랬다
하는 이야기를 하는데요. 그래서 지금 어쨌든 몸이 너무 힘들고
찝찝하니까 목욕물에 들어가고 싶다고 (친구가 말해서). 그래서
알겠어, 뭐 마실 거 줄까? 하고 물어보니까, 코코아가 마시고
싶다고. 뭐랄까, 그때 내 감각으로는 엄청나게 피곤한 사람이 그런
걸 마시고 싶어 하잖아요. 그래서 알겠다 그러고 만들어 주는데,
뭐라고 하면 좋을까? 괴롭다는? 기분이 들어서. 그 사람이 괴로워
보이고. 그래서 어디에 포커스를 맞추면 되는지에 따라 전혀 다른
느낌이 드는데, 내가 생각하는 리얼함은 "코코아 마시고 싶어"
였어요. 그렇게 말하니까, 그게, 음, 피로? 너무 피곤하다는 식의
말로 들렸거든요. 괴로워, 힘들어. 당연히 힘들겠지. 그런 식으로

나는 느꼈어요. 나라면 싫다고 생각했고. 차 안에서라니, 절대 싫어.

- 코코아라고요, 코코아. 그렇군요.
그래요.

- 코코아 마실 때마다 생각나겠다(웃음).
나, 그러니까, 추워지거나 하면 생각해요. 항상. 열셋, 열넷 먹은
아이가, 코코아 먹고 싶다고 하는 모습.

- 설탕도 듬뿍 넣어 주길 바랐겠죠.
네, 네, 그래요. 그래서 마시멜로를 넣은 기억이 나요(웃음).
정말로. 정말 그 기억이 나요. 달지 않으면 안 되겠다 싶어서.

- 평범하게 정식으로 사귄 (아이들), 없었나요? 중1 때 12월이든
1월이든. 그걸 하거나, 남자친구가 생겨서 남자친구랑 했다거나
(크게 상관없지만 그래도) 다들 그런 식이었나요?
음. 켄짱군단이… 아, 맞다. 생각났어요. 켄짱군단 애랑 사귀었던
애가, 음, 중3 때였나, 그때 "크리스마스 어떻게 하지." (웃음).
그런데 저는 그때 얌전하고 모범생이어서, 크리스마스가 뭐
어떻다는 거야 하고(웃음). 아무것도 몰라서(웃음). 켄짱군단
애들은 우리집에 잘 놀러 왔는데, 그, 자전거를 타고(웃음). 그래도
절대 집 안에는 들이지 않았어요. (그랬어요?) 네. 당할 거라고 생각
해서(웃음). 절대 들이지 않아, 너네들 들어올 생각하지 마, 이렇게.

- 켄짱은 지금 뭐하고 있나요?

몰라요… (웃음). 저는 그러니까, 고향을 버렸어요. 그러니까, 정말로, 음, 중2가 되어서 빠져야지 하고서는, 중2가 되었어요. 그러고 나서 중3 때, 중2 때부터 여기 고향을 어떻게 하면 벗어날 수 있을까 하는 생각만.

- 굉장히 의도를 가지고.

네, 맞아요.

- 그래도 놀자고 권유하거나, 집에 찾아오거나 했죠?

남자애들이 오긴 했어도 집에 들이지 않았고. (다카코는요?) 아. 그러니까 이미 그 애는 중2 때 벌써 안 보이는 존재였어요. 학교를 안 왔으니까. 아마도 이때부터 음, 방금 말한 약 하는 이야기 말인데, 왜냐하면, 버스에 타서 양키들이 따라오면 꼭 "다카코 알아?" 하고 물어봐요. 그건 정말 그 정도로 공포의 대명사가 되어 버려서. 이 근방 일대에는 전부 이름이 알려진 사람이 되었어요.

- 중2, 열넷 그쯤에.

네, 일단 그쯤이라는 기억이. 그리고 중3이 되어서 같은 반에 배정받고, 졸업은 해야지 하고 선생님들이 계속 데리고 오고 그러기도 했는데. 머리도 이미 염색했지, 냄새가 벌써. 계속 술냄새가 진동했다는 기억이 있어요.

담배와 코코아

코코아 에피소드를 좀 더 알기 쉽게 다시 풀어 보자.

당시 구술자는 중학교에서 높은 레벨의 집단에 들어가 있었다. 가까운 중학교까지 이름을 알릴 정도로 유명한 여자애를 중심으로 한 양키 그룹이었다. 처음에 그런 놀이는 누군가의 집에 모여 담배를 피우거나 본드를 불거나 하는 정도의 하잘것없는 것들이었다. 하지만 중1부터 중2가 되는 시기 겨울에 이 여자아이들이 동시에 성경험을 하게 되었다. 그리고 이 일은 구술자가 이 그룹으로부터 거리를 두는 직접적인 계기가 되었다.

코자의 나카노쵸라고 하는 번화가에 모여드는 폭주족들을 보려고 몰려드는 여자아이들에게, 이 길거리는 일종의 '갤러리'였다. 하지만 구술자의 친구들은 차에 탄 남자애들의 꼬드김에 강간에 가까운 일을 당해 버린다.

어느 날 밤, 그 유명한 양키 여자애와 그 친구가 이런 식으로 꼬드김을 당해 둘 중 한 명이 차 안에서 강제로 성경험을 당한다. 그리고 그 후 둘은 구술자의 집에 찾아와 몸이 찝찝하니까 욕실을 좀 빌려 달라고 한다. 구술자는 아무것도 묻지 않고 목욕물을 데워 주었다. 목욕을 끝내고 나온 친구 중 하나가, 코코아가 마시고 싶다고 한다. 구술자는 거기에 마시멜로를 듬뿍 넣어서 아주 단 코코아를 타 주었다.

구술자는 이 에피소드를 "좀 리얼한 이야기를 해 볼게요"라고 말하고서 구술하기 시작했다. 이는 구술자의 마음속에서도 특별히 인상적이었던 이야기인 것이다. 구술자는 이, 실제로 일어난 이야기를 몇 번이고 떠올리고, 그 의미에 대해 여러 번 생각했을 것이다. 그리고 이 이야기를 들은 나 역시 굉장한 감명을 받고, 몇 번이고 코코아라고 하는 단어를 읊조렸다. 그런 일이 있었네요, 라고밖에 말하지 못했지만 그런 일이 있었다는 것을 어떻게 해서든 구술자와 공유하고 싶었다.

이야기 중에 같은 반 친구인 양키 학생들의 일상이 묘사되어 있는데 용맹스럽게 깃발을 들고 자전거로 오키나와의 자동차도로(고속도로)를 역주행한 이야기 같은 것들은 용감하고 자유롭고 유머러스하기까지 하다. 폴 윌리스가 서술했듯 불량 소년 소녀들은 억압적이고 폐쇄적인, 숨쉬기도 힘든 교실 공간을 어떻게 해서든지 즐겁고 보람 있는 그리고 자신들에게 의미 있는 것으로 바꾸어 놓는다. 삐뚤어진다는 것은 말하자면 학교를 새로 만드는 것이다. 어른들의 룰이 지배하는 공간을 자신들의 룰로 다시 쓰는 것이다.

이러한 자유는 얄궂게도 윌리스가 묘사한 것처럼 자기 자신에게는 가혹한 결말을 가지고 온다. 특히 남성들의 성폭력을 통해 가혹함은 소녀들을 짓누른다.

하지만 구술자는 그런 반 친구들을 단 한 번도 '불쌍하다'고 표현하지 않았다. 다른 구술 장소에서도 그녀는 그와 비슷한 표현을 한 번도 쓰지 않았다.

코코아 에피소드는 소녀들이 생각한 대로 행하고 씩씩하게 현실을 바꾸어 간 것의 끝에 드러난, 여성으로 산다는 것의 잔혹함에 대한 이야기이다. 또한 지역의 여성으로 어떻게 할 수 없는 괴로움에 대한 이야기다.

이 이야기는 우리들 자신이 생각한 대로 행동한 결과를 어느 정도 받아들이지 않으면 안 되는가 하는 문제와 연결된다. 그리고 약자나 소수자, 혹은 '타자'라고 하는 존재는, 통상적이라면 짊어지지 않아도 될 책임을 억지로 지게 되는 상황에 놓이기도 한다는 것을, 이 코코아 이야기는 보여준다.

소녀들은 불쌍한 피해자도 아니며, 자유롭고 씩씩한 저항의 투사도 아니다. 현실의 쓴맛은 그 사이 어딘가에 있다. 그리고 이 괴로움은 괴로움으로 표현되지 않는 경우도 많다. 괴로운 경험과 그 표현은 생활의 실천적 문맥 안에서 경험되며 표현된다. 어떠한 일이 생긴 밤, 따뜻한 목욕물과 코코아를 찾아서 친구 집에 온 한 여중생의 괴로움을, 우리가 직접 이해하고 공유하는 것은 불가능하다. 그럼에도 불구하고 그런 일이 실제로 있었다는 것, 그리고 구술자가 아무것도 묻지 않고 목욕물과 코코아를 제공했다는 것, 그리고 그것을 25년 이상이 지난 지금까지도 기억하고 청취자인 나에게 말해 주었다는 것. 그리고 다음에는 내가 필자가 되어 이 이야기를 적어, 지금 이것을 읽고 있는 독자에게 무언가를 전하려고 하고 있다는 것. 이런 것들을 모두 포함한 무엇인가가 '이해한다'는 것이라고 나는 생각한다.

담배 이야기는 아무리 가혹한 상황이더라도 사람은 즐거움과 재미를 찾아낸다는 것을 우리에게 전해 준다. 코코아 이야기는 자유롭고 주체적인 생활 안에도 '어린 여성이라는 것'의 괴로움이 존재하며, 그것이 본인에 의해 언어로 표현되는 일은 매우 제한적이라는 것을 우리들에게 알려 준다.

우리는 이야기를 듣는 것으로 어떤 행위나 상황에 대해, 그것이 실제 어떠했는지에 대해 지식을 얻을 수 있다. 그것은 복잡하고 풍부하며 예상을 배신하는 것일 수도 있다. 한편으로 우리는 우리들을 끌어들이는 역사와 구조가 얼마나 잔인하고 냉혹한 것이 될 수 있는지를 알고 있다. 만약 이 둘 사이에 모순이 생기는 경우 어떻게 해야 좋을까? 그럴 때에도 개인의 이야기를 세계로부터 단절시킬 필요는 없으며 역사와 구조의 가혹함에 대해 평가 절하할 필요도 없다. 왜냐하면 우리들은 이 둘을 연결 짓는 매개항인 '인간에 대한 이론'에 변화를 줌으로 해서 거시적인 역사와 구조의 가혹함, 그리고 미시적인 개인 행위의 창조성과 주체성을 모순 없이 해석할 수 있기 때문이다.

질적사회학에 어떤 의미가 있다면 바로 이 점일 것이다. 우리들의 인생이란 재현 불가능한 일회적 상황 속에서 행하는, 재현 불가능한 일회성의 행위와 선택의 연속이다. 이런 상황과 행위를 계속 관찰해서 기록하는 것에 의미가 있다고 한다면 그것은 그 상황과 행위가 모두 어떠한 형태로든 '인간에 관한 이론'을 풍부하게 해 주기 때문일 것이다.

'인간에 관한 이론'이란 무엇인가? 그것은 그런 상황에 있다면 그런 행위를 하는 것도 무리가 아니라는 '이해', 또한 그런 상황에서 한 그 행동에 얼마나 책임이 있는지를 다시 생각하게 하는 '이해'의 집합이다. 이 이론은 폭주하여 상호 모순되는 다수의 가설을 축소하지 않는다. 오히려 이 이론은 더욱 가설을 늘리려고 한다. 즉, 상호 모순되는 가설 중 어느 하나를 선택하고 다른 모두를 폐기하는 것이 아니라 마치 실물과 같은 크기의 지도를 그리려는 듯, 모순되는 가설들을 최대한 늘리려 한다. 이 이론에 의해 얻을 수 있는 것은 가혹한 상황 속에서도 사람들이 즐겁게 살아가는 것이 가능하다는 것, 그리고 그러한 삶이 가능하다고 하더라도 그 상황의 가혹함을 축소할 필요는 전혀 없다는 '이해'이다.

주체적이고 의도적인 행위를 하고 있다고 해서 그 상황에 대한 책임 전부를 져야만 하는 것은 아니다. 우리들은 주체성과 행위 책임을 일대일로 관계짓는 것을 그만두고, 상황 또는 역사와 구조가 가지는 '의미'를 사회적으로 토의해 나갈 수 있다. 거기에는 책임이 발생하기도 하고 어떤 경우에는 줄어들기도 할 것이다. 말하자면 나는 인간에 관한 이론을 최대한 복잡하게 하려고 한다.

기본적으로 이 세계에 의미란 없다. 우리가 어떤 전쟁에 휘말려들게 되는 것에도, 어떤 계층의 집에 태어나는 것에도, 혹은 '남자'나 '여자'인 것 그 어느 것에도 의미는 없다. 우리들은 절대적인 외부에 연쇄하고 있는 무한한 인과관계의 흐름 안에 갑자기 던져졌고, 거기서 살아가야 한다.

그리고 우리는 이런 인과의 연결고리 안에서 나누어 받은 손안의 자원을 어떻게 해서든 사용해서 필사적으로 살아간다. 의미란 바로 이 '필사적으로 살아가려고 하는 것' 그 자체에 있다. 우리는 왜 우리가 존재하는지 이해할 수 없다. 하지만 이러한 이해 불가능한 세계 안에서 우리가 어떻게 필사적으로 매일을 살아 나가는지에 대해서는 서로 이해할 수 있다.

우리들은 인간에 대한 이론을 만들어 내려고 한다. 이 작업에 끝이란 없다. 이 일은 무한히 계속된다. 사회학자에게 할 수 있는 것이 있다면 그것은 각각 한 번씩만 주어지는 역사와 구조 안에서 그 상황에 놓인 행위자들이 이 행위를 선택했다는 사례의 보고를 무한히 반복하는 것일 것이다.

참고문헌

들어가며

岸政彦 2016〈生活史〉岸政彦·石岡丈昇·丸山里美《質的社会調査の方法—他者の合理性の理解社会学》有斐閣

ドナルド·デイヴィドソン 1991 野本和幸·植木哲也·金子洋之·高橋要 (訳)《真理と解釈》勁草書房

_____ 2010 柏端達也·立花幸司·荒磯敏文·尾形まり花·成瀬尚志 (訳)《真理·言語·歴史》春秋社

中野卓 1977《口述の生活史—或る女の愛と呪いの日本近代》御茶の水書房

인용부 벗기기—포스트구축주의 사회학의 방법

ポール·ウィリス 1996 熊沢誠·山田潤 (訳)《ハマータウンの野郎ども》ちくま学芸文庫

マックス·ウェーバー 1968 林道義 (訳)《理解社会学のカテゴリー》岩波文庫

岸政彦 2013《同化と他者化—戦後沖縄の本土就職者たち—》ナカニシヤ出版

_____ 2015〈量的調査のブラックボックス〉《社会と調査》第15号 社会調査協会

桜井厚 1996〈戦略としての生活—被差別部落のライフストーリーから〉栗原彬 (編)《講座差別の社会学 2 日本社会の差別構造》弘文堂

_____ 2000〈語りたいことと聞きたいことの間で〉好井裕明·桜井厚 (編)《フィールドワークの経験》せりか書房

_____ 2002《インタビューの社会学—ライフストーリーの聞き方》せりか書房

_____ 2005《境界文化のライフストーリー》せりか書房

谷富夫 1989《過剰都市化社会の移動世代—沖縄生活史研究》渓水社

谷富夫 (編) 2008《新版 ライフヒストリーを学ぶ人のために》世界思想社

ドナルド·デイヴィドソン 1991 野本和幸·金子洋之·植木哲也·高橋要 (訳)《真理と解釈》勁草書房

_____ 2010 柏端達也·立花幸司·荒磯敏文·尾形まり花·成瀬尚志 (訳)《真理·言語·歴史》春秋社

八木晃介 1992《部落差別論—生き方の変革を求めて》批評社

푸딩과 사슴벌레―디테일, 실재로 가는 회로

有薗真代 2017《ハンセン病療養所を生きる―隔離壁を砦に》世界思想社

石岡丈昇 2012《ローカルボクサーと貧困世界 — マニラのボクシングジムにみる身体文化》世界思想社

_____ 2013《スクオッターの生活実践―マニラの貧困世界のダイナミズム》シノドス
(http://synodos.jp/international/5455) 2013/09/12
[2020년 12월 현재 다음 사이트에서 접속 가능함. https://blogos.com/article/69896/)

上間陽子 2017《裸足で逃げる―沖縄の夜の街の少女たち》太田出版

金菱清 (編) 2012《3.11慟哭の記録―71人が体感した大津波・原発・巨大地震》新曜社

岸政彦 2013《同化と他者化―戦後沖縄の本土就職者たち》ナカニシヤ出版

C. ギアーツ 1987《文化の解釈学〈1〉》吉田禎吾ほか (訳) 岩波書店

斎藤直子 2017a《結婚差別の社会学》勁草書房

_____ 2017b《二度の結婚差別―Nさん・兵庫・女性》部落解放・人権研究所 (編)《部落問題のいま―差別禁止法制定を求める当事者の声 (7)》部落解放人権研究所

坂田勝彦 2012《ハンセン病者の生活史 ― 隔離経験を生きるということ》青弓社

鍾家新 2017《在日華僑華人の現代社会学:越境者たちのライフ・ヒストリー》ミネルヴァ書房

白波瀬達也 2015《宗教の社会貢献を問い直す―ホームレス支援の現場から》ナカニシヤ出版

樽川典子 2007《喪失と生存の社会学 ― 大震災のライフ・ヒストリー》有信堂高文社

中村英代 2011《摂食障害の語り ―'回復'の臨床社会学》新曜社

西澤晃彦 1995《隠蔽された外部:都市下層のエスノグラフィー》彩流社

朴沙羅 2017《外国人をつくりだす:戦後日本における'密航'と入国管理制度の運用》ナカニシヤ出版

比嘉理麻 2015《沖縄の人とブタ》京都大学学術出版会

丸山里美 2013《女性ホームレスとして生きる ― 貧困と排除の社会学》世界思想社

山北輝裕 2006〈支援者からの撤退かそれとも…― 野宿者支援における応答困難の現場から〉三浦耕吉郎 (編)《構造的差別のソシオグラフィー社会を書く / 差別を書く》世界思想社

오키나와를 이야기하는 방법 바꾸기—실재에 대한 신념

赤嶺政信 2012《歴史のなかの久高島―家·門中と祭祀世界》慶友社
新垣清輝 1956《真和志市誌》真和志市役所
糸満市史編集委員会 1991《糸満市史 資料編一二 民俗資料》糸満市役所
浦添市史編集委員会 1983《浦添市史 第四巻 資料編三 浦添の民俗》浦添市教育委員会
浦添市史編集委員会 1987《浦添市史 第七巻資料編六 浦添の戦後》浦添市教育委員会
沖縄県地域史協議会 2011《琉球·沖縄の地域史研究―沖縄県地域史協議会の三〇年》
小熊誠 編 2016《〈境界〉を越える沖縄―人·文化·民俗》森話社
嘉手納町史編纂委員会 1990《嘉手納町史資料編二民俗資料》嘉手納町役場
岸政彦 2013《同化と他者化―戦後沖縄の本土就職者たち》ナカニシヤ出版
北中城村史編纂委員会 1996《北中城市史 第二巻 民俗編》北中城村役場
宜野座村誌編集委員会 1989《宜野座村誌 第三巻 資料編Ⅲ 民俗·自然·考古》宜野座村役場
宜野湾市誌編集委員会 1985《宜野湾市誌 第五巻 資料編四 民俗》宜野湾市
塩月亮子 2012《沖縄シャーマニズムの近代―聖なる狂気のゆくえ》森話社
北谷町史編集委員会 1992《北谷町史 第三巻 資料編 二民俗 上》北谷町役場
豊見城市市史編集委員会民俗編専門部会 2008《豊見城市史 第二巻 民俗編》豊見城市役所
名護市史編さん委員会 2001《名護市史·本編九民俗Ⅰ 民俗誌》名護市役所
那覇市企画部市史編集室 1979《那覇市史 資料編 第二巻 中の七那覇の民俗》
南西地域産業活性化センター 2003《沖縄県における地域歴史書刊行事業の成果とその意義 調査報告書》
西原町史編纂委員会 1989《南原町史 第四巻 資料編 三 西原の民俗》西原町役場
南風原町史編集委員会 2003《南風原町史 第六巻 民俗資料編 南風原シマの民俗》沖縄県南風原町役場
羽地村誌編集委員会 1962《羽地村誌》羽地村役所
比嘉政夫 1983《沖縄の門中と村落祭記》三一書房
比嘉政夫 1982《沖縄民俗学の方法―民間の祭りと村落構造》新泉社
平敷令治 1990《沖縄の祭祀と信仰》第一書房
屋嘉比収 2009〈戦後世代が沖縄戦の当事者となる試み―沖縄戦地域史研究の変遷,《集団自決》,《強制的集団自殺》》《沖縄戦, 米軍占領史を学びなおす―記憶をいかに継承するか》世織書房

吉野航一 2012《沖縄社会とその宗教世界 ― 外来宗教・スピリチュアリティ・地域振興》榕樹書林
与那原町史編集委員会 2016 読谷村史編集委員会《与那原町史 資料編 戦後の与那原》与那原町教育委員会
読谷村史編集委員会 1995《読谷村史 第四巻 資料編三 読谷の民俗 上》読谷村役場

조정과 개입—사회조사의 사회적 타당성

新睦人 2005《社会調査の基礎理論 ― 仮説づくりの詳細なガイドライン》川島書店
蘭由岐子 2017《〈病いの経験〉を聞き取る(新版) ― ハンセン病者のライフヒストリー》生活書院
岸政彦 2010a〈〈複合下層〉としての都市型部落―二〇〇九年度日之出地区実態調査から〉《部落解放》六二八 解放出版社
_____ 2010b〈貧困という全体性―《複合下層》としての都市型部落から〉《現代思想》三八(八) 青土社
岸政彦・青木恵理子・木村裕樹 2014〈都市型被差別部落の実態調査 ―《大和》地区を中心に〉《国際社会文化研究所紀要》16 龍谷大学国際社会文化研究所
岸政彦・齋藤直子・村津真保呂 2011〈複合下層の変容 ― 都市型被差別部落における高齢化問題を中心に〉《国際社会文化研究所紀要》13 龍谷大学国際社会文化研究所
桜井厚 2002《インタビューの社会学―ライフストーリーの聞き方》せりか書房
盛山和夫 2004《社会調査法入門》有斐閣
谷富夫 2008《新版ライフヒストリーを学ぶ人のために》世界思想社
玉野和志 2008《実践社会調査入門 ― 今すぐ調査を始めたい人へ》世界思想社
ポール・トンプソン 2002 酒井順子(訳)《記憶から歴史へ―オーラルヒストリーの世界》青木書店
中野卓 2003《生活史の研究 (中野卓著作集生活史シリーズ)》東信堂
原純輔・海野道郎 1984《社会調査演習》東京大学出版会
朴沙羅 2017《外国人をつくりだす―戦後日本における〈密航〉と入国管理制度の運用》ナカニシヤ出版
ケン・プラマー 1998 桜井厚・好井裕明・小林多寿子 (訳)《セクシュアルストーリーの時代―語りのポリティクス》新曜社
ダニエル・ベルトー 2003 小林多寿子(訳)《ライフストーリー――エスノ社会学的パースペクティヴ》ミネルヴァ書房

アレッサンドロ・ポルテッリ 2016 朴沙羅 (訳)《オーラルヒストリーとは何か》水声社

ロバート・K・マートン 1961 森東吾・森好夫・金沢実・中島竜太郎 (訳)《社会理論と社会構造》みすず書房

森岡清志 2008〈事例調査とはどのようなものか〉〈事例調査の魅力を高める〉新睦人・盛山和夫編《社会調査ゼミナール》有斐閣

安田三郎・原純輔 1982《社会調査ハンドブック》第三版 有斐閣

吉沢南 2010《私たちの中のアジアの戦争──仏領インドシナの〈日本人〉》有志舎

초출일람

망고와 수류탄―이야기가 태어나는 순간의 길이マンごーと手榴弾―語が生まれる瞬間の長さ
〈マンごーと手榴弾―語が生まれる瞬間の長さ〉,《現代思想》44 (1), 青土社 2016.을 수정함.

인용부 벗기기―포스트구축주의 사회학의 방법鉤括弧を外すこと―ポスト構築主義社会学の方法
〈鉤括弧を外すこと―ポスト社会構築主義社会学の方法論のために〉,《現代思想》43 (11),
青土社 2015.를 수정함.

바다의 밀가루―이야기 속 복수의 시간海の小麦粉―語りにおける複数の時間
〈海の小麦粉―語りにおける複数の時間〉,《現代思想》45 (6), 青土社 2017.을 수정함.

푸딩과 사슴벌레―디테일, 실재로 가는 회로プリントクワガタ―実在への回路としてのディテール
〈プリントクワガタ―質的調査における断片的なディテールについて〉,《現代思想》45 (20),
青土社 2017.을 수정함.

오키나와를 이야기하는 방법 바꾸기―실재에 대한 신념沖縄の語り方を変える―実在への信念
〈沖縄の語り方を変える〉,《社会学評論》67 (4), 466-481, 2016.을 수정함.

조정과 개입―사회조사의 사회적 타당성調整と介入―社会調査の社会的な正しさ
〈量的調査のブラックボックス〉,《社会と調査》15号, 60-73, 2015.를 수정 및 가필함.

폭음 아래에서 산다는 것―선택과 책임에 대해爆音のもとで暮らす―選択と責任について
〈爆音のもとで暮らす―選択と責任について〉,《シノドス》2015(https://synodos.jp/politics/15166)
를 수정함. [2020년 12월 18일 현재 웹사이트 접속 불가.]

담배와 코코아―'인간에 관한 이론'을 위해タバコとココア―'人間に関する理論'のために
〈タバコとココア―'人間に関する理論'のために〉,《atプラス》28号, 太田出版, 2016.을 수정함.

옮긴이의 말

망고와 수류탄 그리고 생활사라는 단어가 담긴 제목에서 독자들은 어떤 이야기를 기대하고 이 책을 집어 들까?

기시 마사히코는 《단편적인 것의 사회학》이라는 책을 내놓으며 이를 논문도 소설도 아닌 그 어떤 에세이적인 글 모음이라고 소개했는데, 이 책 역시 그 어딘가에 속하는 논문 혹은 에세이적인 글들의 모음집이다. 그렇다고 해서 그의 글이 어디에도 속하지 않는다는 뜻은 아니다. 논문이 담을 수 없는 이야기 그리고 소설이 담을 수 없는 실재를 글로 엮어 냈다는 뜻이다. 딱딱하고 과학적인 세계 그리고 허구의 세계 그 사이에서 기시 마사히코는 사람들의 이야기를 써 나갔다.

그리고 그 사람들은 《거리의 인생》에서 마주쳤을 법한 평범한 사람들이다. 너무 평범해서 사회학의 양적조사 방법으로는 다 담아 내지 못하고 질적조사 방법으로 그려 낸다고 해도 주관적이고 감정적이라 여겨지는 이야기를 가진 사람들.

특히 이번 책에서 주로 다뤄지는 사람들은 《처음 만난 오키나와》의 배경이 된 오키나와에서 살아가는 사람들이다. 그들은 오키나와 전투를 겪었고, 미군 기지와 내지인(일본 본토 사람)을 상대로 한 장사를 위주로 생업을 꾸려 가며 빈곤과 차별, 비행장의 폭음에 항상 노출되어 있다. 그들은 오키나와만의 정체성을 지켜 가고 또 새롭게 만들어 가며 그들만의 감각을 가지고 조금이라도 더 즐겁고 나은 삶을 만들기 위해 하루하루 노력하는 사람들이다. 우리와 하나도 다를 것 없는 이들 그리고 우리를 아우를 수 있는 사회학, 이러한 사회학의 연구 방법과 사회이론을 고민하던 저자 기시 마사히코는 《망고와 수류탄》이라는 책을 내놓았다.

기시 마사히코는 사회학을 전공했고 주로 오키나와에 가서 오키나와 사람들의 생활사 조사를 한다. 그리고 그들의 이야기를 사회학적 연구 방법으로 분석하고 논문을 쓴다. 하지만 사회학은 사회 '과학'에 속하는 학문으로 그 연구 방법은 어디까지나 객관적이고 과학적이야 한다. 그러기 위해 사회학자는 차갑고 중립적인 사고와 시각으로 조사 대상을 조사 틀에 맞춰 합리적으로 분석해야 한다. 그렇게 쓰여진 논문 서론에는 가설이, 본론에는 각종 수치가, 결론에는 논리적 분석이 들어간다. 양적조사에 주로 해당하는 설명이긴 하지만 질적조사 방법으로 쓰여진 논문이라고 해도 (심사자 기준에) 지나치게 주관적이거나 감정적인 분석이 들어가면 논문으로 인정받기가 여간 녹록지 않다. 일본 사회학에서는 그 대안으로 구축주의나 라이프 스토리를 들어, 조사 대상자들의 이야기를 '이야기'로만 다루는 조사 방법을 실천해 왔다. 그러나 기시 마사히코가 보기에는 그것 또한 사람과 사람들의 이야기를 이해하는 연구 방법이 아니다. 그래서 그가 제안하는 것은 라이프 히스토리라는 생활사 조사 방법을 통해, 인간을 향한 이론을 구축하는 사회학이다.

흔히 사회학이라고 하면 거대 이론으로 사회가 작동하는 원리를 설명하거나 사회문제와 그 해결 방법을 연구하는 학문이라고 생각한다. 이 정의에 따르면 그 안에서 사는 인간은 크게 주목받지 못한다. 하지만 기시 마사히코는 그의 글쓰기 방법처럼 어디에도 속하기 어려운 사람들의 이야기를 주워 든다. 길 위에 존재하는 작은 돌처럼 분명히 존재하지만 거대 구조 속에 가려지거나 숫자로 다 담기지 못했던 사람들의 이야기를. 그 작은 돌을 하나둘 주워 들며, 손 안에 넣고 만지작거리며, 그들의 삶을 듣고, 기록한다. 그리고 이 작업을 무한 반복해서 이야기를 한 겹 두 겹 쌓아 올린다. 기시 마사히코에 따르면 사회학자가 해야 하는 그리고 할 수 있는 것은 바로 이 작업이다. 원하지도 않은 시대와 장소 그리고 역사적 구조 속에서 태어난 개인들은 가혹한 생활조건 속에서도 조금이라도 더 나은 삶을 살기 위해 고민과 선택을 반복한다. 마치 조각을 하듯, 생활사 조사를 통해 삶의 윤곽을 깎아 내다 보면 어떤 인간의 얼굴이 나오는 것처럼, 사회학자의 임무는 이야기를 듣고 또 기록하는 일을 반복하는 것이다. 그러다 보면 우리는 인간에 대한 이해를 넓힐 수 있고, 이것은 결국 인간에 관한 이론이 될 것이다.

이 책은 인간에 관한 이론을 향한 시도이고 그 작은 결과물이다. 우리는 이 책을 읽으며 오키나와 사람들 혹은 일반적인 의미에서의 우리 이웃을, 보통 사람들을 이해하게 된다. 그리고 화자와 청자 사이에 관계성이 생기듯, 이야기를 듣고 다시 그 이야기를 전달하는 기시 마사히코와 우리들 사이에도 어떤 관계성이 생겨난다. 그 관계성은 아마도 우리는 모두 같은 인간이고, 타인의 이야기를 듣고 이해함으로써 인간 전체에 대한 이해를 확장할 수 있다는 것에 대한 동의일 것이다. 혹시 상대의 이야기에 오류와 착오가 있다고 하더라도 타자에 대한 관용이라는 관점에서 우리는 타인의 이야기를 받아들일 수 있다. 그리고 때로는 우리의 관점과 가설을 수정하면서까지 대화를 계속해 나갈 수 있다. 우리는 책을 읽으며 이러한 기시 마사히코의 생각에 점차 공감하게 될 것이다.

독자들이 이 책을 집어 들 때, 기시 마사히코가 집어 들은 돌을 같이 집어 드는 것이라 생각해 주면 좋겠다. 이 책을 손에 집어 든 동안에는 기시 마사히코 그리고 망고를 건네준 오키나와의 어느 할머니와 함께 수평선 너머의 오키나와 바다를, 그리고 인간이 힘겹게 건너온 시간과 역사적 사건들을 함께 바라보아 주었으면 한다. 그렇게 한다면 대화는 여기서 끝나지 않을 것이다.